JN087367

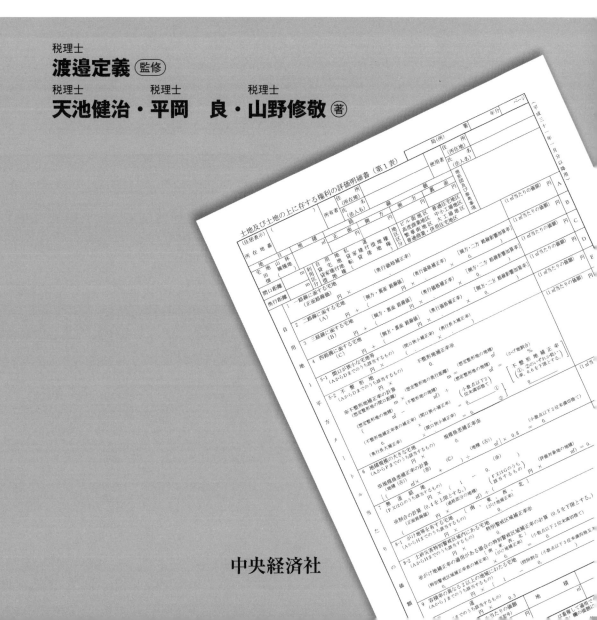

は　じ　め　に

　相続税を計算しようとする場合、まず、最初に考えなければならないのが「どのような相続財産が相続税の課税財産となるのか。また、どういった被相続人の債務や葬式費用が相続税の課税価格から控除することができるのか」といった問題です。

　そして、次に考えなければならないのは、そのような相続税の課税財産をどのように評価すればいいのかという問題です。

　本書は、被相続人の財産について生じる相続税の可否判定や債務控除の可否の問題、相続財産の評価方法や取扱いなどについて五十音索引編で引けるようにし、その詳しい内容については、本文編の解説や図表によりわかりやすく整理しました。また、評価上の重要なチェックポイントについても詳しく解説するとともに、評価の際に使用する評価明細書を作成する場合の留意事項も掲載しました。

　さらに新たな試みとして、読者の方々が確認すべき重要な法令解釈通達やその他法令解釈に関する情報のほか、関連する国税庁の「質疑応答」のほぼ全てについてQRコードで国税庁のホームページ上の該当箇所とリンクさせ、調べることができるようにしました。

　その結果、本書は国税庁のホームページを探して確認する手間と時間が節約できるとともに、紙面を圧縮し携帯性を持たせることができました。

　この本が、多くの実務家の皆様にとって、便利で使い勝手のよいものとして携帯していただき、ご活用いただければ幸いです。

　なお、本文中意見にわたるところは、私見であることをお断り申し上げます。

　最後になりましたが、本書の発刊にあたり何かとお世話になりました中央経済社実務書編集部の牲川健志氏にお礼を申し上げます。

令和3年9月

天　池　健　治

CONTENTS

本　書　の　特　徴

- どのような相続財産が相続税の課税財産となるのか、どういった被相続人の債務が相続税の課税価格から控除することができるのかを、チェックポイントで確認できるようにしました。

- 評価の際に使用する評価明細書を作成する場合の留意事項を記載例と併せて詳解しています。

- 被相続人の財産について相続税の可否判定や債務控除の可否、相続財産の評価方法や取扱いが一目でわかる財産及び債務の五十音索引を載せています。

- 財産評価における重要な法令解釈通達やその他法令解釈に関する情報、国税庁のホームページ上の「質疑応答」は、QRコードを載せて、知りたい情報にすぐにアクセスできるようにしました。

> 　申告書等の書式は、令和３年７月１日現在に公表されているもので解説しています。
> 　申告にあたっては、新書式等の公表・配布により本書の解説と異なる場合がありますのでご注意ください。

凡　例

財産評価基本通達	評基通	所得税法	所法
相続税法	相法	所得税法施行令	所令
相続税法施行令	相令	所得税基本通達	所基通
相続税法施行令附則	相令附則	法人税法施行令	法令
相続税法施行規則	相規	租税特別措置法	措法
相続税法施行規則附則	相規附則	租税特別措置法施行令	措令
相続税法基本通達	相基通	租税特別措置法関係通達	措通

財産及び債務の五十音索引

項　目	評　価　方　法　等
IPO株式	IPO（Intial Public Offering）株式とは、証券市場に新規公開する株式で、①公募等が行われる場合は公開価格、②公募等が行われない場合は課税時期以前の取引価格等を勘案して評価します（評基通174⑵）。☞138頁
青空駐車場の敷地	土地の所有者が、自らその土地を貸駐車場として利用している場合には、その土地の自用地としての価額により評価します。ただし、車庫などの施設を駐車場の利用者の費用で造ることを認めるような契約の場合には、賃借権の価額を控除した金額によって評価します。☞121頁
青地（青道）のある土地	青地（旧水路）のある土地の価額は、青地を含む土地を一画地として評価し、青地部分については、国市町村からの払下費用相当額を控除して評価します。☞平成30年11月30日付東京地裁判決、平成28年12月7日裁決 　青地を含む土地を一画地として評価　－　払下費用相当額
赤道（あかみち）のある土地	赤道は国（道路としての機能がある場合は市区町村）が所有するものであり、赤道がある土地を評価する場合は、原則として赤道を除いてその両側の所有地を別々に評価することになります。ただし、敷地として占有しているなど一定の場合は、赤道を含む土地を一画地として評価し、赤道部分については、国市町村からの払下費用相当額を控除して評価します。 　赤道を含む土地を一画地として評価　－　払下費用相当額
空き家となっている貸家の敷地	その家屋がもっぱら賃貸用として新築されたものであっても、課税時期において現実に貸し付けられていない貸家の敷地については、自用地価額で評価します（評基通26）。なお、課税時期において一時的に空き家であった場合であっても、空き家となっている家屋は自用家屋として評価します（評基通89）。
空室のあるアパートの敷地	課税時期において現実に貸し付けられていないアパート等の敷地は、原則として自用地価額で評価しますが、継続的に賃貸されていたアパートに一時的に空室であったと認められる部分がある場合には、その部分を含めて全体を課税時期において賃貸されていたものとして差し支えありません。なお、家屋の評価についても同様に取り扱われます。☞92頁
アジア開発銀行債	アジア開発銀行債（主に外貨建てで発行される外国債券）の価額は、①金融商品取引所等に上場している場合、②上場していない場合に区分し、次の算式により評価します（評基通197〜197－5）。なお、邦貨換算は、対顧客直物電信買相場（TTB）により計算します（評基通4－3）。☞174頁 ①　課税時期の最終価格　＋　源泉所得税相当額控除後の既経過利息の額 ②　公社債の発行価額　＋　源泉所得税相当額控除後の既経過利息の額
預け金	預け金の価額は、元本の価額（その返済されるべき金額）と利息の価額（課税時期現在の既経過利息として支払を受けるべき金）との合計額によって評価します（評基通204）。☞189頁
アスベスト使用建物	アスベスト使用建物の価額はアスベストの除去が必要である事情について、具体的に建物の価額に影響することを立証することができない限り減額評価はできません。☞平成31年2月20日裁決
あずまや	あずまや（庭園などに眺望、休憩などの目的で設置される簡素な建屋）の価額は、その庭園設備の調達価額（課税時期においてその財産をその財産の現況により取得する場合の価額）の70％に相当する価額によって評価します（評基通92）。

項　目	評　価　方　法　等
アパート	その家屋（アパート）の固定資産税評価額に借家権割合（30％）と賃貸割合を乗じた価額を、その家屋の固定資産税評価額から控除して評価します。（評基通89、93、94）☞128頁 固定資産税評価額 － 固定資産税評価額 × 30％ × 賃貸割合
アフリカ開発銀行債	アフリカ開発銀行債（主に外貨建てで発行される外国債券）の価額は、①金融商品取引所等に上場している場合、②上場していない場合に区分し、次の算式により評価します（評基通197〜197-5）。なお、邦貨換算は、対顧客直物電信買相場（TTB）により計算します（評基通4-3）。☞174頁 ① 課税時期の最終価格 ＋ 源泉所得税相当額控除後の既経過利息の額 ② 公社債の発行価額 ＋ 源泉所得税相当額控除後の既経過利息の額
暗号資産	暗号資産の価額は、原則として、納税義務者が取引を行っている暗号資産交換業者が公表する課税時期における取引価格によって評価します。なお、活発な市場が存在しない暗号資産の場合には、その暗号資産の内容や性質、取引実態等を勘案し、個別に評価します（評基通4-3、5）。 ☞「令和2年12月18日 暗号資産に関する税務上の取扱いについて（情報）」
アンティーク品	アンティーク品の評価は、①書画骨とう品の販売業者が有するものの価額は、たな卸商品等の評価、②上記以外の書画骨とう品の価額は、売買実例価額（ネットなどの相続開始日の取引価格等）、精通者意見価格等を参酌してします（評基通133、135）。☞182頁
ETN	ETN（上場投資証券や指標連動証券とも呼ばれ、特定の指標価格に連動する金融商品）の価額は、「上場株式の評価」（評基通169）に準じて評価します。また受益証券発行信託証券に係る権利の価額は、「配当期待権の評価」に準じて評価します（評基通193、213-2）。☞175頁
ETF	ETF（株価指数などに連動する上場投資信託）の価額は、「上場株式の評価」（評基通169）に準じて評価します。また証券投資信託証券又は受益証券発行信託証券に係る権利の価額は、「配当期待権の評価」に準じて評価します（評基通193、199(2)注）。☞175頁
EB債	他社株転換可能債（EB債）とは、デリバティブにより株価や為替などの変動リスクを背負うことにより、大きな利回りのリターンを得られるもので、その仕組み債の内容（ノックイン価格やノックイン時の償還資産、残存期間など）により評価方法は異なります。☞173頁
育英年金	会社から支給される育英年金は、「契約に基づくもの以外の定期金」（相法3①六）として相続又は遺贈により取得したものとみなされますから、相続税が課税されます。また、この場合の年金は、「有期定期金」（相法24①一）により評価します。☞176頁
遺骨運搬費用	相続人（無制限納税義務者）又は包括受遺者が支出した被相続人が遭難した場合などに支出される死体の捜索又は死体や遺骨の運搬にかかった費用は、葬式費用として債務控除できます（相基通13-4）。☞211頁
遺言執行費用	遺言執行費用は、民法第1021条で「遺言の執行に関する費用は相続財産の負担とする」旨規定していますが、相続開始後に発生する費用であり、被相続人に係る費用ではなく相続人が負担すべき費用ですので債務控除の対象とはなりません。☞210頁
意匠権	意匠権は、特許権の評価（評基通140〜145）の定めを準用して、その権利に基づき将来受ける補償金の額の基準年利率による複利現価の額の合計額によって評価します。なお、権利者が自ら実用新案を実施している場合は、その者の営業権の価額に含めて評価します（評基通146）。☞184頁
遺族一時金	国民年金等の公的年金の加入者に支給される遺族一時金は非課税ですが、公的年金以外から支給される遺族一時金（確定給付企業年金等の年金加入中に相続が発生し、遺族一時金として支給を受けた場合など）については、相続税の課税対象となります。

項　目	評　価　方　法　等
遺族国庫債券	遺族国庫債券（戦没者等の遺族に対する特別弔慰金及び特別給付金等に代えて交付される国庫債券）は、戦没者遺族の配偶者について、特別遺族弔慰金として国債で支給されるもので、支給原因が弔慰金となるので、相続税は課税されません（戦没者の遺族に対する特別弔慰金支給法12）。
遺族年金	厚生年金や国民年金などの受給者が死亡したときに遺族に支給される遺族年金は、契約に基づかない定期金に関する権利（相基通3-46）ですが、各法令に非課税規定が設けられているため、非課税となります。なお、死亡したときに支給されていなかった年金を遺族が支給を受けた場合（未支給年金）は、その遺族の一時所得となります。
遺体解剖費用	遺体解剖費用は、相続税法基本通達13-5（葬式費用でないもの）に列挙されている「医学上又は裁判上の特別の処置に要した費用」に該当するので、葬式費用として債務控除できません（相基通13-5）。⇔死体若しくは遺骨の運搬に要した費用（相基通13-4）
一時使用に係る借地権	建設現場、博覧会場、一時的興行場等の一時使用のための借地権については、借地借家法の手厚い保護規定の適用がなく、期間の満了とともに消滅することとされており、借地権として評価することは適当でないので、雑種地の賃借権の評価方法に準じて評価します（評基通87）。☞95頁
位置指定道路に面している宅地	路線価の設定されていない道路（位置指定道路）のみに接している宅地は、税務署長に対して特定路線価の設定の申出をすることができます。この設定の申出により、税務署長が特定路線価を設定した場合には、この特定路線価を路線価とみなして評価します（評基通14-3）。☞59頁
一団の工場用地	土地の価額は、原則として地目の別に評価し、2以上の地目からなる一団の土地が一体として利用されている場合には、その一団の土地はそのうちの主たる地目からなるものとして、その一団の土地ごとに評価します（評基通7）（大規模工場用地の評価については、「大規模工場用地の評価」（評基通22）から「大規模工場用地の路線価及び倍率」（評基通22-3）を参照）。
一般家庭の庭園設備	庭園設備（庭木、庭石、あずまや、庭池等）の価額は、原則としてその庭園設備の調達価額（課税時期においてその財産をその財産の現況により取得する場合の価額）の70％に相当する価額によって評価しますが（評基通92）、一般家庭の庭園設備は特に評価しなくて構わないものと考えられます。
一般定期借地権	一般定期借地権の価額は、原則として、課税時期において借地人に帰属する経済的利益及びその存続期間を基として評定した価額によって評価しますが、課税上弊害がない限り、財産評価基本通達の定めにかかわらず、次の算式によって評価することができます（評基通27-2）。☞91頁 自用地価額 × （設定時の借地人に帰属する経済的利益 ／ 設定時のその宅地の取引価額） × （課税時期の残存期間年数に応ずる基準年利率による複利年金現価率 ／ 設定期間年数に応ずる基準年利率による複利年金現価率）
一般定期借地権の目的となっている宅地	一般定期借地権の目的となっている宅地は、原則として、その宅地の自用地としての価額から、定期借地権等の価額を控除した金額により評価しますが、課税上弊害がない限り、財産評価基本通達の定めにかかわらず、次の算式によって評価することができます。 自用地価額 － 自用地価額 × （1 － 底地割合） × （課税時期の残存期間年数に応ずる基準年利率による複利年金現価率 ／ 設定期間年数に応ずる基準年利率による複利年金現価率）
一般動産	一般動産（棚卸資産を除きます。）の評価は、原則として、売買実例価額、精通者意見価格等を参酌して評価します。ただし、売買実例価額等が明らかでない場合は、同種及び同規格の新品の小売価額から、取得時期から課税時期までの償却費の額を控除した金額によって評価します。なお、家屋と構造上一体となっている設備については、その家屋の価額に含めて評価します（評基通92、128～130）。☞181頁

あい～あず
あぱ～いつ
いぬ～えん
おう～かい
かい～かそ
かて～きゆ
きゆ～けい
げし～こう
こう～ごる

項　目	評　価　方　法　等
犬	犬の価額は、①販売業者が販売の目的をもって有するものは、「たな卸商品等の評価」（評基通133）によって評価し、②それ以外のものは、売買実例価額（ネットなどの取引情報など）、精通者意見価格等を参酌して評価します（評基通134）。
位牌	位牌は、相続税法第12条（相続税の非課税財産）第2号の「祭具並びにこれらに準ずるもの」に該当し、相続税の課税価格には算入しません（相法12、相基通12−2）。ただし、金の位牌など、日常崇拝の目的に供されず趣味、観賞用又は投資のために保有されるものについては、非課税財産とはなりませんので（相基通12−2）、貴金属や骨とう品として評価します。
位牌の購入費用	相続人（無制限納税義務者）又は包括受遺者が支出した葬式若しくは葬送の際に使用される白木位牌の購入費用は葬式費用として債務控除できますが、仏壇にお祀りする本位牌の購入費用は葬式費用として債務控除できません（相基通13−4）。☞212頁
忌み地	忌み地（事件・事故などで呪いや祟りがあるとされる場所）の価額は、同一路線価の土地に比べ利用価値が低下していると認められる部分の面積に対応する部分の価額に10%を乗じて計算した金額を控除した価額によって評価することができます。☞64頁 宅地の価額 − 利用価値が低下していると認められる部分の面積に対応する価額 × 10%
入会地	入会地とは、村や部落などの村落共同体で総有した土地で、各構成員はその団体財産について持分（持分分割請求権）を持たないため、構成員は入会地を相続財産に含める必要がありません。
医療法人への出資	出資持分は、その医療法人の規模に応じて、類似業種比準価額方式か純資産価額方式、または両方式を併用した方法で評価します。なお、剰余金の配当が禁止されており配当還元方式は適用できません（評基通194−2）。☞167頁
引湯権	引湯権の価額は、鉱泉地の価額又は温泉権の価額に、その引湯権に係る分湯量の割合を乗じて求めた価額から、引湯の条件に応じ、その価額の30%の範囲内において相当と認める金額を控除した価額によって評価します。ただし、別荘、リゾートマンション等に係る引湯権で取引価額が明らかなものについては、その金額によって評価することができます（評基通80）。
引湯権の設定されている温泉権	引湯権（鉱泉地又は温泉権を有する者から分湯をうける者のその引湯する権利）の設定されている温泉権の価額は、温泉権の価額から引湯権の価額を控除した価額によって評価します（評基通79）。 温泉権の価額 − 引湯権の価額
引湯権の設定されている鉱泉地	引湯権（鉱泉地又は温泉権を有する者から分湯をうける者のその引湯する権利）の設定されている鉱泉地の価額は、鉱泉地の価額から引湯権の価額を控除した価額によって評価します（評基通79）。 鉱泉地の価額 − 引湯権の価額
ウィークリーマンションの敷地	ウィークリーマンション（一般的には、賃貸の住居を1週間単位で借りるサービスで、借地借家法の定期建物賃貸借契約に基づいて運営されています。）は、居室の賃貸借ですが借家権がないことから、その敷地はホテルや宿屋の敷地と同様に、自用地価額で評価します。なお、その建物についても自用家屋として評価します。
受取手形	受取手形の価額は、①支払期限の到来している受取手形又は課税時期から6か月を経過する日までの間に支払期限の到来するものは、その券面額によって評価し、②それ以外の受取手形については、金融機関において割引を行った場合の金額によって評価します（評基通206）。☞189頁
受取日歩	被相続人が株式の信用取引（売建て）をしていた場合に発生する日歩の受取（日歩）は、融資を受けた買い方が払う金利のことで、被相続人の財産（未収金）となり、支払日歩（逆日歩）は債務となります。☞138頁

項　目	評　価　方　法　等
牛	牛の価額は、①販売業者が販売の目的をもって有するものは、「たな卸商品等の評価」（評基通133）によって評価し、②それ以外のものは、売買実例価額、精通者意見価格等を参酌して評価します（評基通134）。
馬	馬の価額は、①販売業者が販売の目的をもって有するものは、「たな卸商品等の評価」（評基通133）によって評価し、②それ以外のものは、売買実例価額、精通者意見価格等を参酌して評価します（評基通134）。
売掛金	売掛金の価額は、元本の価額（その返済されるべき金額）と利息の価額（課税時期現在の既経過利息として支払を受けるべき金額）との合計額によって評価します（評基通204）。☞189頁
営業権	営業権の価額は、次の算式によって計算した金額によって評価します（評基通165）。☞186頁 超過利益金額※ × 営業権の持続年数（原則10年）に応ずる基準年利率による複利年金現価率 ※ 超過利益金額＝平均利益金額×0.5 － 標準企業者報酬額 － 総資産価額×5％
永小作権	永小作権の価額は、その残存期間に応じ、その目的となっている土地のこれらの権利を取得した時におけるこれらの権利が設定されていない場合の価額に、一定の割合を乗じて算出した金額によって評価します（相法23）。☞53頁
衛生設備	衛生設備（棚卸資産を除きます。）は、原則として、売買実例価額、精通者意見価格等を参酌して評価します。ただし、売買実例価額等が明らかでない場合は、同種及び同規格の新品の小売価額から、取得時期から課税時期までの償却費の額を控除した金額によって評価します（評基通129）。なお、家屋と構造上一体となっている設備については、その家屋の価額に含めて評価します（評基通92）。
永代供養料	永代供養料は、寺院・霊園が永代にわたって管理又は供養するための支払いであり、葬式の前後に生じる出費で通常葬式に伴うものとは認められないため、葬式費用として債務控除できません（東京地裁 平成30年11月30日）。☞212頁
ABS	ABS（資産担保証券）とは、商業用不動産担保ローンや住宅ローン、自動車ローン、クレジットカードなどに関する貸付金銭債権などの資産を裏付けとして発行される証券の総称で、「利付公社債の評価」（評基通197－2）に準じて評価します。☞173頁
液状化現象により被害を受けた土地等	災害等に伴う液状化現象により被害を受けた土地等の価額は、被害がないものとした場合の土地等の価額から原状回復費用相当額を控除して評価することができます。なお、この場合の原状回復費用相当額については、①原状回復費用の見積額の80％に相当する金額、又は②市街地農地等を宅地に転用する場合において通常必要とされる宅地造成費相当額から算定した金額として差し支えありません（平成30年1月15日「特定非常災害発生日以後に相続等により取得した財産の評価に関する質疑応答事例集」Q5）。
FX取引	相続開始日で未決済の取引がある場合は、その日の最終価格で決済した場合の差損益額が相続財産債務となります。課税時期において差損益額が利益である場合は相続財産となり、損失である場合は債務控除できます。なお、差し入れてある証拠金は相続財産（預け金）となります。
MRF	MRF（マネー・リザーブ・ファンド）とは、オープン型の公社債投資信託であることから、課税時期において解約請求又は買取請求により、証券会社等から支払いを受けることができる価額で評価します（評基通199）。
MMF	MMF（マネー・マネージメント・ファンド）とは、オープン型の公社債投資信託であることから、課税時期において解約請求又は買取請求により、証券会社等から支払いを受けることができる価額で評価します（評基通199）。
延滞税・延滞金	被相続人に係る延滞税や延滞金を負担した相続人（制限納税義務者は、相続により取得した財産でこの法律の施行地にあるものについて負担した公租公課に限ります。）は、債務控除することができます（相法13、14）。ただし、相続人などの責任に基づいて納付されることになった附帯税（延滞税、利子税及び加算税）は、債務控除することができません。☞210頁

あい〜あず
あぱ〜いつ
いぬ〜えん
おう〜かい
かい〜かそ
かて〜きゆ
きゆ〜けい
げじ〜こう
こう〜ごる

項　目	評　価　方　法　等
黄金株	黄金株（拒否権付き株式）とは、株主総会や取締役会などの決議に対して、強力な拒否権を有している種類株式のことですが、拒否権を考慮せずに評価することとされており、普通株式と同様に評価します。☞「拒否権付株式の評価（資産評価企画官情報）（平成19年3月9日）」165頁
欧州復興開発銀行債	欧州復興開発銀行債（主に外貨建てで発行される外国債券）の価額は、①金融商品取引所等に上場している場合、②上場していない場合に区分し、次の算式により評価します（評基通197～197－5）。なお、邦貨換算は、対顧客直物電信買相場（TTB）により計算します（評基通4－3）。☞174頁 ① 課税時期の最終価格 ＋ 源泉所得税相当額控除後の既経過利息の額 ② 公社債の発行価額 ＋ 源泉所得税相当額控除後の既経過利息の額
お供物	相続人（無制限納税義務者）又は包括受遺者が支出した通夜、告別式の際の供花、供物は、葬式の前後に生じた出費で通常葬式に伴うものと認められるものであり、葬式費用として債務控除できます（相基通13－4）。☞211頁
おたまや	おたまや（先祖の霊や貴人の霊を祭っておく建物）は、相続税法第12条（相続税の非課税財産）第2号の「墓所、霊びょう、及び祭具並びにこれらに準ずるもの」に該当し、相続税の課税価格には算入しません（相法12、相基通12－2）。☞213頁
お通夜の費用	相続人（無制限納税義務者）又は包括受遺者が支出したお通夜の費用は、通常葬式に伴うものと認められる範囲内のものは、葬式費用として債務控除できます（相基通13－4）。☞211頁
お墓	墓地や墓石などは、相続税の非課税財産となります（相法12①二、相基通12－1）。 なお、被相続人の生存中に墓碑などを買い入れ、その代金が相続開始時点で未払であるような場合には、当該未払代金は債務控除できません（相法13③、相基通13－6）。☞210頁
オプション付き定期預金	オプション付き定期預金（円定期預金に条件付為替予約が付加された仕組預金）の価額は、「預貯金の評価」（評基通203）により評価します。 課税時期における預入高 ＋ 解約利子の額（源泉徴収後の金額）
オプション料	オプション料（オプション取引の際に、買い手が売り手に対して支払う金額）の価額は、被相続人が①オプションの買い手の場合は、課税時期のオプション価格が相続財産となり、②オプションの売り手の場合は、課税時期のオプション価格が相続債務となります。
お布施	相続人（無制限納税義務者）又は包括受遺者が支出した葬式に際し、僧侶等に謝礼として渡す金銭で、被相続人の職業、財産その他の事情に照らして相当程度と認められるお布施は、葬式費用として債務控除できます（相基通13－4）。☞211頁
温湿度調整設備	温湿度調整設備（棚卸資産を除きます。）は、原則として、売買実例価額、精通者意見価格等を参酌して評価します。ただし、売買実例価額等が明らかでない場合は、同種及び同規格の新品の小売価額から、償却費の額を控除した金額によって評価します。なお、家屋と構造上一体となっている設備については、その家屋の価額に含めて評価します（評基通92、128～130）。
温泉権	温泉権の価額は、その温泉権の設定の条件に応じ、温泉権の売買実例価額（ネットなどのその温泉権の取引情報など）、精通者意見価格等を参酌して評価します（評基通78）。☞116頁
温泉権が設定されている鉱泉地	温泉権が設定されている鉱泉地の価額は、その鉱泉地の価額から温泉権の価額を控除した価額によって評価します（評基通77）。☞116頁 鉱泉地の価額 － 温泉権の価額
外貨（通貨）	金融機関が外貨を円に交換する場合には、対顧客直物電信買相場から金融機関が現金を保有するコスト等を差し引いたところの外国通貨買相場が適用されることになりますが、財産評価に当たっては、統一的に金融機関が外貨を買って円で支払う場合の対顧客直物電信買相場（TTB）により換算することになります（評基通4－3）。☞188頁

項　目	評　価　方　法　等
海外ETF	海外ETF（海外の株価指数などに連動する外国上場投資信託）の価額は、外国上場株式の評価に準じて評価します。また、金銭分配期待権の価額は、配当期待権の評価に準じて評価します。なお、邦貨換算は、対顧客直物電信買相場（TTB）によります（評基通199、4－3）。☞174頁
海外の生命保険	海外の保険業者と締結する生命保険契約又は損害保険契約に基づく保険金等については、これまで相続税の課税対象とはされず、保険金等を受け取った者の一時所得とされていましたが、平成19年4月から相続税の課税対象とされ、国内の生命保険等と同様に扱われます。☞198頁
外貨建てMRF	外貨MRF（換金性・流動性の高い公共債型投資信託の一種）の価額は、解約請求等により証券会社などから支払いを受けることができる価額で評価します。なお、邦貨換算は、対顧客直物電信買相場（TTB）によります（評基通199、4－3）。☞174頁
外貨建てMMF	外貨MMF（換金性・流動性の高い公共債型投資信託の一種）の価額は、解約請求等により証券会社などから支払いを受けることができる価額で評価します。なお、邦貨換算は、対顧客直物電信買相場（TTB）によります（評基通199(1)、4－3）。☞174頁
外貨建て保険	外貨建て保険（保険料を外貨で払い込み、保険金や解約返戻金を外貨で受け取る保険）の価額は、生命保険金の金額又は解約返戻金の金額で評価します。なお、邦貨換算は、対顧客直物電信買相場（TTB）によります（評基通214、4－3）。☞174頁
外貨預金	外貨預金の価額は、預入残高と解約するとした場合に既経過利子の額として支払を受けることができる金額から当該金額につき源泉徴収されるべき所得税の額に相当する金額を控除した金額との合計額によって評価します。なお、邦貨換算は、対顧客直物電信買相場（TTB）によります（評基通4－3、203）。☞174頁、188頁 （預入残高　＋　解約利息の額（源泉税控除後））×　TTB
開業後3年未満の会社の株式	課税時期において、開業後3年未満の会社の株式の価額は、会社規模にかかわらず、純資産価額方式で評価します。なお、同族株主以外の株主等については、配当還元方式により評価することもできます（評基通189－4）。☞157頁
開業前の会社の株式	課税時期において、開業していない会社の株式の価額は、純資産価額方式により評価します（評基通189－5）。なお、同族株主以外の株主等が取得した株式に該当する場合や議決権の合計数が評価会社の議決権総数の50％以下である場合であっても特別な扱いはありません。☞157頁
外国株	外国株の価額は、①取引相場のない株式は、純資産価額方式に準じて評価し（評基通185）、②外国の証券取引所に上場されている株式は、「上場株式の評価」（評基通169）に準じて評価します（評基通4－3、5－2）。☞133頁、165頁
外国為替証拠金取引	相続開始日に外国為替証拠金取引の未決済額がある場合は、その差益金額が相続財産となり、差損金額が相続債務となります。なお、差し入れてある証拠金は相続財産（預け金）となります。
外国債券	外国債券の価額は、①金融商品取引所等に上場している場合は、課税時期の最終価格と源泉所得税相当額控除後の既経過利息の額との合計額によって評価し、②上場していない場合は、公社債の発行価額と源泉所得税相当額控除後の既経過利息の額との合計額によって評価します（評基通197）。なお、邦貨換算は、対顧客直物電信買相場（TTB）によります（評基通4－3）。☞174頁
外国市場に上場している株式	外国の証券取引所に上場されている株式の価額は、「上場株式の評価」（評基通169）に準じて評価します（評基通4－3、5－2）。☞133頁
介護施設未精算金	相続人（無制限納税義務者）が相続開始後に支払った介護施設の未精算金は、未払費用として債務控除の対象となります。なお、入居時に一時金を支払っている場合はその全部又は一部が返還される場合には、その返還金が相続財産となります。

項　目	評　価　方　法　等
介護保険料	相続人（無制限納税義務者）が相続開始後に納付した介護保険料は、未払費用として債務控除の対象となります。また、介護保険料が納め過ぎとなった場合に還付される金額（過誤納金）はその他財産として相続財産に計上します。
介在山林	介在山林（固定資産税の課税区分）とは、市街化区域にある山林のことで、「市街地山林の評価」（評基通49）により、①比準方式、②倍率方式（評基通21）で評価します。 ① [宅地価額] − [造成費] × [地積] ② [固定資産税評価額] × [国税局長の定める倍率]
回収不能な貸付金などの債権	回収不能な貸付金などの債権の価額は、課税時期に破産や倒産などにより、債権回収の見込みがないか又は著しく困難と客観的に認められるときは、元本の価額に算入しないことができます（評基通204、205）。☞189頁
買取価格が定められている株式	買取価格（退職時には、額面価額をもって所有株式を譲渡するという誓約書があるもの）が定められている取引相場のない株式の価額は、その買取価格が時価を表しているものと認められない限り、財産評価基本通達に従って評価します（評基通1）。☞平成2年6月18日裁決
戒名料	相続人（無制限納税義務者）又は包括受遺者がお寺に支払った戒名料は、被相続人の職業、財産その他の事情に照らして相当程度と認められる範囲内のものは、葬式費用として債務控除できます（相基通13−4）。
家屋	家屋の価額は、その家屋の固定資産税評価額（地方税法第381条の規定により家屋課税台帳若しくは家屋補充課税台帳に登録された基準年度の価格又は比準価格）に財産評価基本通達「別表1」に定める倍率1.0を乗じて計算した金額によって評価します（評基通89）。☞128頁 [固定資産税評価額] × [財産評価基本通達の倍率（1.0）]
がけ地等を有する宅地	がけ地等で通常の用途に供することができないと認められる部分を有する宅地（「土砂災害特別警戒区域内にある宅地の評価」（評基通20−6）に該当するものを除きます。）の価額は、その宅地の総地積に対するがけ地部分等の地積の割合に応じる「がけ地補正率表」を乗じて評価します（評基通20−5）。 [宅地価額] × [がけ地補正率表]
加算税	被相続人に係る加算税を負担した相続人又は包括受遺者（制限納税義務者は、取得した財産でこの法律の施行地にあるものについて負担した公租公課に限ります。）は、債務控除することができます（相法13）。ただし、相続人などの責任に基づいて納付されることになった附帯税（延滞税、利子税及び加算税）は差し引くことはできません（相法14）。☞210頁
貸宅地（貸地）	貸宅地（借地権など宅地の上に存する権利の目的となっている宅地）の価額は、その宅地の上に存する権利の区分（①借地権、②定期借地権、③地上権、④区分地上権、⑤区分地上権に準ずる地役権）に応じて評価します（評基通25）。
果実	天然果実の価額は、元物の価額に含めて評価し、法定果実の価額は元物とは別に評価します。ただし、これと異なる取引の慣行がある場合又は評基通第2章以下に特別の定めのある場合においては、その慣行又はその定めによって評価します（評基通4）。☞190頁
貸付金	貸付金の価額は、元本の価額（その返済されるべき金額）と利息の価額（課税時期現在の既経過利息として支払を受けるべき金額）との合計額によって評価します（評基通204）。☞189頁 [元本の価額] + [既経過利息]
貸付信託受益証券	貸付信託の受益証券の価額は、その証券の受託者が課税時期においてその証券を買い取るとした場合における次の算式により計算した金額で評価します（評基通198）。☞175頁 [元本の額] + [既経過収益の額] − [既経過収益の額につき源泉徴収税額] − [買取割引料]

項　目	評　価　方　法　等
貸家	課税時期において貸家の用に供されている家屋の価額は、その家屋の固定資産税評価額に借家権割合と賃貸割合を乗じた価額を、その家屋の評価額から控除して評価します（評基通93）。 固定資産税評価額 － 固定資産税評価額 × 借家権割合（0.3）× 賃貸割合
貸家建築中の宅地	敷地に貸家用の家屋を建築中である場合において相続が開始したときのその敷地の価額は、貸家建付地として考慮すべき借家人の事実上の支配権は存在しないので、原則として自用地価額で評価します。☞65頁
貸家建付借地権	貸家建付借地権の価額は、その借地権の価額にその貸家に係る借家権割合と賃貸割合を乗じて計算した価額をその借地権の価額から控除した金額によって評価します（評基通28）。 借地権の価額 － 借地権の価額 × 借家権割合0.3 × 賃貸割合
貸家建付地	貸家建付地の価額は、その自用地の価額に借地権割合とその貸家に係る借家権割合と賃貸割合を乗じて計算した価額をその自用地の価額から控除した金額によって評価します（評基通26）。 自用地価額 － 自用地価額 × 借地権割合 × 借家権割合0.3 × 賃貸割合
果樹	果樹の価額は、樹種ごとに、①幼齢樹（成熟樹に達しない樹齢のもの）又は②成熟樹の区分ごとに次の算式により評価します（評基通99）。なお、屋敷内にある果樹等でその数量が少なく、かつ、収益を目的として所有するものでないものについては、評価しません（評基通110）。☞190頁 ① 費用現価※の合計額 × 70% ② （費用現価※の合計額 － 成熟時から課税時期までの期間の償却費の額の合計額）×70% ※ 費用現価とは、課税時期までに投下した費用の額を課税時期の価額に引き直した額
過少申告加算税	被相続人に係る過少申告加算税を負担した相続人（制限納税義務者は、取得した財産でこの法律の施行地にあるものについて負担した公租公課に限ります。）又は包括受遺者は、債務控除することができます（相法13）。ただし、相続人などの責任に基づいて納付されることになった附帯税（延滞税、利子税及び加算税）は差し引くことはできません（相法14）。☞210頁
ガス設備	ガス設備（棚卸資産を除きます。）は、原則として、売買実例価額、精通者意見価格等を参酌して評価します。ただし、売買実例価額等が明らかでない場合は、同種及び同規格の新品の小売価額から、償却費の額を控除した金額によって評価します。なお、家屋と構造上一体となっている設備については、その家屋の価額に含めて評価します（評基通92、128～130）。☞181頁
河川を隔てて路線に接している土地	土地、川及び橋を一体として評価した価額から川及び橋部分の価額を差し引き、その後川及び橋をかげ地として不整形地補正等により評価します。なお、橋が架設されていない場合には、上記の評価を行った後に通路に相当する部分の価額を控除しますが、その価額は接道義務を満たす最低限の幅の橋の架設費用相当額（不整形地補正した後の価額の40%相当額を限度）とします。☞64頁
仮想通貨	仮想通貨の価額は、原則として、納税義務者が取引を行っている仮想通貨交換業者が公表する課税時期における取引価格によって評価します。なお、活発な市場が存在しない仮想通貨の場合には、その仮想通貨の内容や性質、取引実態等を勘案し、個別に評価します（評基通4－3、5）。☞188頁
火葬場使用料	相続人（無制限納税義務者）又は包括受遺者が支出した火葬場使用料は、葬式若しくは葬送に際し要した費用と認められることから、葬式費用として債務控除できます（相基通13－4）。☞210頁
火葬費用	相続人（無制限納税義務者）又は包括受遺者が支出した火葬費用は、葬式若しくは葬送に際し、又はこれらの前において要した費用と認められるので、葬式費用として債務控除できます（相基通13－4）。☞211頁

あい〜あず　あぱ〜いつ　いぬ〜えん　おう〜かい　かい〜かそ　かて〜きゆ　きゆ〜けい　げじ〜こう　こう〜ごる

項　目	評　価　方　法　等
家庭用動産	家庭用動産の価額は、原則として、売買実例価額、精通者意見価格等を参酌して評価します。ただし、売買実例価額、精通者意見価格等が明らかでない動産については、その動産と同種及び同規格の新品の課税時期における小売価額から、課税時期までの期間の償却費の額の合計額又は減価の額（定率法）を控除した金額によって評価します（評基通128、130）。※181頁
過納金	過納金とは、いったん有効な納税申告・更正処分・賦課決定等によって確定された税額が納付又は徴収された後、減額更正処分・取消判決等がなされることによって減少した税額に相当する金額で、被相続人の過誤納金は相続財産となります。
株価指数連動債	株価指数連動債（日経平均株価やS&P500種指数等の指数の変動によって、償還額や利率が変動する仕組債）の価額は、課税時期において、①償還が確定している場合には、償還される金額で評価し、②確定していない場合は、利付公社債として評価しますが、課税時期において元本割れが生じている場合は、その損失を見込んで評価しても差し支えありません。※173頁
株式	株式の価額は、①上場株式※133頁、②気配相場等のある株式※138頁、③取引相場のない株式※139頁、④株式の割当てを受ける権利※169頁、⑤株主となる権利※170頁、⑥株式無償交付期待権※170頁、⑦配当期待権※171頁、⑧ストックオプション※172頁、⑨上場新株予約権の区分に従い、その1株又は1個ごとに評価します※172頁。
株式制のゴルフ会員権	株式制のゴルフ会員権の価額は、①取引相場のあるものは、通常の取引価格の70%相当額で評価し、②取引相場のないものは、「取引相場のない株式の評価」（評基通179）により評価します（評基通211）。※195頁
株式等保有特定会社	株式等保有特定会社（会社の総資産価額のうちに占める株式等の価額の割合（相続税評価額ベース）が50%以上である会社の株式）の価額は、原則として、純資産価額方式に準じた方法により評価します（評基通189-3）。※158頁
株式無償交付期待権の発生している株式	株式無償交付期待権（株式の無償交付の基準日の翌日から株式の無償交付の効力が発生する日までの間における株式の無償交付を受けることができる権利）の発生している株式の価額は、①取引相場のない株式である場合は、「取引相場のない株式の評価」（評基通179）、②上場株式の場合は「上場株式の評価」（評基通169）の定めにより評価した金額に「株式の割当てを受ける権利等の発生している株式の価額の修正」（評基通187）をして評価します（評基通192）。※170頁 $$\frac{株式の価額+割当てを受ける株式1株につき払い込むべき金額×株式1株に対する割当株式数}{1+株式1株に対する割当株式数又は交付株式数}$$
株式の割当てを受ける権利	株式の割当てを受ける権利（株式の割当基準日の翌日から株式の割当ての日までの間における株式の割当てを受ける権利）の価額は、財産評価基本通達の定めにより評価した価額に相当する金額（権利落等後の株式の評価額）から割当てを受けた株式1株について払い込むべき金額を控除した価額によって評価します（評基通168(4)、190）。※169頁 株式の価額（権利落等後の株式の評価額）-株式1株について払い込むべき金額
株主となる権利	株主となる権利の価額は、①会社設立の場合は、課税時期以前にその株式1株につき払い込んだ金額によって評価し、②それ以外の場合は、各種株式の評価方法の定めにより評価した価額に相当する金額によって評価します（評基通191）。※170頁
株主優待券	商品券や旅行券、ギフト券、クオカード、株主優待券などの金券は、相続財産となり、その価額は額面金額又は売買実例価額（ネットなどの相続開始日の買取価格）で評価します（相法22）。
寡婦年金	寡婦年金（国民年金の1号被保険者（自営業者）として10年以上保険料を納めた夫が10年以上連れ添った妻に対して支払われる年金）は、相続税の課税対象となりません。
神棚	神棚は、相続税法第12条（相続税の非課税財産）第2号の「墓所、霊びょう、及び祭具並びにこれらに準ずるもの」に該当し、相続税の課税価格には算入しません（相法12、相基通12-2）。なお、その代金が相続開始時点で未払であるような場合には、当該未払代金は債務控除できません（相法13③、相基通13-6）。※213頁

項　目	評　価　方　法　等
仮位牌	相続人(無制限納税義務者)又は包括受遺者が葬儀の際に使用する仮位牌の購入費用は、通常葬式に伴うものと認められる範囲内のものは、葬式費用として債務控除できます。なお、仏壇にお祀りする本位牌の購入費用は葬式費用として債務控除できません(相基通13-4)。☞212頁
借入金	被相続人の借入金を引き継いだ相続人(相続を放棄した者及び相続権を失った者を除きます。)又は受遺者(包括遺贈及び被相続人からの相続人に対する遺贈)の課税価格に算入すべき価額は、当該財産の価額からその者の負担した部分の金額を控除した金額となります(相法13、相基通13-1)。☞210頁
仮葬式	相続人(無制限納税義務者)又は包括受遺者が支出した仮葬式の費用は、葬式費用として債務控除できます(相基通13-4)。☞211頁
仮払金	仮払金の価額は、元本の価額(その返済されるべき金額)と利息の価額(課税時期現在の既経過利息として支払を受けるべき金額)との合計額によって評価します。☞189頁
勧進	勧進(寺院や仏像などの新造・修復・再建のため寄付)は、経済的見返りのない寄付と同様なものと考えられますので評価しません。☞189頁
還付加算金	相続開始前に被相続人が還付請求していた還付金に係る還付加算金は相続財産として計上します。なお、相続開始後の準確定申告に係る還付金の還付加算金は相続税の対象とはならずに相続人の所得(雑所得)となります。☞国税庁HP質疑応答「被相続人の準確定申告に係る還付金等」
還付金	被相続人に係る所得税、住民税、消費税等の還付金、後期高齢者医療保険、介護保険、健康保険などの還付金は、相続財産となります。
元利均等償還が行われる公社債	元利均等償還が行われる公社債は、相続税法第24条(定期金に関する権利の評価)第1項第1号(有期定期金)の規定を準用して評価します(評基通197-4)。☞173頁
期間付終身年金	保証期間付終身年金(終身年金のひとつで、被保険者が生存している限り継続して年金を受け取ることができるタイプの年金)の価額は、①保証期間の残存期間を確定年金として計算した評価額と、②終身年金として計算した評価額のいずれか多い金額で評価します(相法24⑤)☞177頁
企業組合の出資金	企業組合、漁業生産組合その他これに類似する組合等に対する出資の価額は、①組合等の純資産価額を基として「純資産価額」(評基通185)の定めを準用して評価します(評基通196)。なお、出資持分を承継することなく、相続人等が現実に出資払戻請求権を行使して出資の払戻しを受けたときには、その払戻しを受けた出資の金額によって評価します。☞168頁
議決権のない株式	議決権のない株式の価額は、原則として、議決権の有無を考慮せずに原則的評価方式により評価します。なお、一定の要件を満たす場合は原則的評価方式により評価した価額から、その価額に5%を乗じて計算した金額を控除した金額により評価するとともに、当該控除した金額を当該相続又は遺贈により同族株主が取得した当該会社の議決権のある株式の価額に加算して申告することを選択することができます。☞164頁
記念メダル	記念メダルの価額は、一般動産、骨董品の評価を斟酌し、売買実例価額(ネットなどの相続開始日の買取価格)、精通者意見価格等を参酌して評価します(評基通129、135)。
ギフト券	商品券や旅行券、ギフト券、クオカード、株主優待券などの金券は、相続財産になり、その価額は、額面金額又は売買実例価額(ネットなどの相続開始日の買取価格)で評価します(相法22)。
休業中の会社の株式	休業中の会社の株式の価額は、純資産価額方式によって評価します。なお、同族株主以外の者が相続した場合には、通常、配当還元方式によって評価しますが、休業中の会社については、純資産価額によって評価することとされており、配当還元方式は適用できません(評基通189-5)。☞161頁

項　目	評　価　方　法　等
給排水設備	給排水設備（棚卸資産を除きます。）の価額は、原則として、売買実例価額、精通者意見価格等を参酌して評価します。ただし、売買実例価額等が明らかでない場合は、同種及び同規格の新品の小売価額から、取得時期から課税時期までの償却費の額を控除した金額によって評価します（評基通129）。なお、家屋と構造上一体となっている設備については、その家屋の価額に含めて評価します（評基通92）。☞181頁
教育資金の一括贈与を受けた財産	教育資金の一括贈与を受けた財産は、契約期間中に贈与者が死亡した場合には、原則として、その死亡日における非課税拠出額から教育資金支出額を控除した残額に、一定期間内にその贈与者から取得をした信託受益権又は金銭等のうち、この非課税制度の適用を受けたものに相当する部分の価額がその非課税拠出額のうちに占める割合を乗じて算出した金額（管理残額）を、相続財産に加算します（措法70の2の2）。☞205頁
教育用財産	教育用財産（幼稚園等における教育又は保育の用に供するもの）は、被相続人により当該被相続人からの相続の開始の年の5年前の年の1月1日前から引き続いて行われてきた幼稚園等の事業を承継し、当該相続の開始の年以後の年も当該事業を引き続いて行うことが確実であると認められるものは、相続税の課税価格に算入しません（相規附則③）。☞214頁
協業組合の出資	協業組合の出資の価額は、持分会社の出資の評価に準じて評価します。ただし、各組合員の議決権は原則として平等であり、出資と議決権が結びついていないことから、同族株主等の議決権の割合が50%以下の場合の20%評価減、配当還元方式等の定めは適用がありません。☞168頁
共同ビルの敷地	共同ビルの敷地のように個々の宅地が他の筆の宅地と一体となって利用されているのであれば、他の筆の宅地をも併せた、利用の単位となっている1画地の宅地の価額を評価した上で、個々の宅地を評価します（評基通7-2）。☞57頁
共有地	共有地の価額は、共有地全体を評価した価額に共有持分の割合を乗じて、各人の持分の価額を算出して評価します（評基通2）。☞54頁 共有地全体の価額　×　持分割合
共有持分者が死亡した場合	共有財産の共有者の一人が死亡した場合、①死亡した共有者に相続人がいる場合はその相続人が相続しますが、②相続人がいない場合は共有者が遺贈により取得します（民法255）。なお、この場合の申告期限は、特別縁故者の財産分与の請求期限の満了の日の翌日から10月以内となります。☞国税庁HP質疑応答「民法第255条の規定により共有持分を取得した場合の相続税の課税関係」
漁業権	漁業権（漁業権とは、一定の水面で、一定の期間、他人に妨害されることなく特定の漁業を営むことができる権利で、漁業法第60条の定める定置漁業権、区画漁業権及び共同漁業権をいいます。）の価額は、営業権の価額に含めて評価します（評基通163、164）。☞185頁
居住建物	居住建物（配偶者居住権の目的となっている建物）の価額は、次の算式により評価します（相法23の2）。☞131頁 居住建物の相続税評価額　－　配偶者居住権の価額
居住建物の敷地の用に供されている土地	居住建物（配偶者居住権の目的となっている建物）の敷地の用に供されている土地の価額は、次の算式により評価します（相法23の2）。☞124頁 居住建物の敷地の相続税評価額　－　敷地利用権の価額
漁船	漁船の価額は、売買実例価額（ネットなどの相続開始日の取引価格等）、精通者意見価格等を参酌して評価します。これらが明らかでない場合は、同種同型の船舶を新造する場合の価額から経過年数に応ずる償却費の額を控除した価額によって評価します（評基通136）。
拒否権付株式	拒否権付株式（株主総会などにおける決議事項について拒否権を発動できる株式をいい別名「黄金株」ともいわれます。）の価額は、拒否権を考慮せずに一般の株式と同様に評価します。☞163頁（資産評価企画官情報第1号種類株式の評価について（情報）（平成19年3月9日））

項　目	評　価　方　法　等
金貨	金貨の価額は、一般動産（棚卸資産を除きます。）の評価に準じて、売買実例価額（ネットなどの相続開始日の買取価格）、精通者意見価格等を参酌して評価します。☞181頁
金地金	金地金の価額は、一般動産（棚卸資産を除きます。）の評価に準じて、売買実例価額（貴金属業者などの相続開始日の買取価格）等を参酌して評価します（評基通129）。☞181頁
クオカード	商品券や旅行券、ギフト券、クオカード、株主優待券などの金券は、相続財産となり、額面金額又は売買実例価額（ネットなどの相続開始日の買取価格）で評価します（相法22）。
国に寄附（遺贈）した相続財産	相続又は遺贈により財産を取得した者が、取得した財産を申告期限までに国若しくは地方公共団体に贈与をした場合には、相続税の課税価格の計算の基礎に算入しません（措法70①）。また、国に遺贈された財産も相続税の課税価格の計算の基礎に算入しません（相法1の3）。☞213頁
区分所有財産	区分所有に係る財産の各部分の価額は、財産評価基本通達の定めによって評価したその財産の価額を基とし、各部分の使用収益等の状況を勘案して計算した各部分に対応する価額によって評価します（評基通3）。
区分地上権	区分地上権の価額は、その区分地上権の目的となっている宅地（山林）の自用地としての価額に、区分地上権の割合を乗じて計算した金額によって評価します（評基通27－4、53－2、相基通23－1）。☞99頁
区分地上権に準ずる地役権	区分地上権に準ずる地役権の価額は、その承役地である自用地としての価額に、その地役権の設定契約の内容に応じた土地利用制限率を基とした次の割合を乗じて評価します（評基通27－5）。☞99頁 ①　家屋の建築が全くできない場合……50％又は承役地の借地権割合のいずれか高い割合 ②　家屋の構造、用途等に制限を受ける場合……30％
クラウドファンディング	クラウドファンディング（インターネット上で広く資金を集める仕組）は、①「購入型」「寄付型」といった、支援者に請求権などの権利がないものについては評価の対象とならないと考えられますが、②「投資型」「融資型」のような支援金に対して権利を有する形態は投資物件や融資金額で評価すべきものと考えられます。
クラッシックカー	クラッシックカー（ビンテージカー）の価額は、原則として、相続開始時の売買実例価額（ネットなどの相続開始日の買取価格）、精通者意見価格等を参酌して評価します（評基通129、135）。
クレジットカードの未払額	相続人（無制限納税義務者）又は包括受遺者が負担した被相続人のクレジットカードの未払金額は、債務控除の対象となります（相法13）。☞210頁
景観重要建造物である家屋及びその敷地	景観法に基づき景観重要建造物に指定された建造物である家屋及びその敷地の用に供されている宅地は、「伝統的建造物である家屋及びその敷地の用に供されている宅地の評価方法」（評基通24－8、89－2）に準じ、次の算式により評価します。☞85頁 景観重要建造物である家屋及びその敷地の用でないものとした場合の価額 × 70％
傾斜地	宅地及び宅地比準方式により評価する傾斜地（傾斜度3度以上の市街地農地、市街地周辺農地、市街地山林及び市街地原野）を評価する場合、その評価額から国税局長の定める造成費を控除して評価します（評基通40）。なお、宅地への転用が見込めないと認められる場合（近隣の純山林の価額に比準して評価した価額を下回る場合、又は傾斜度30％以上）は、純山林、純農地、純原野により評価します。 比準宅地の評価額 － 国税局長の定める造成費 － 伐採・抜根費
競馬場敷地	競馬場敷地の評価額は、原則として、①「雑種地の評価」（評基通82）を準用して評価しますが、②その規模等の状況からゴルフ場用地と同様に評価することが相当と認められる場合は、「ゴルフ場の用に供されている土地の評価」（評基通83）を準用して評価します。この場合において、造成費に相当する金額については、「市街地山林の評価」（評基通49）の定めにより国税局長が定める金額とします（評基通83－2）。☞120頁

項　目	評　価　方　法　等
下宿家屋	下宿（一般的には一定期間の契約で家屋の一部（部屋）を間借りさせるもので、厳密には旅館業法が適用になります。）は、居室の賃貸借ですが借家権がないことから、その敷地はホテルや宿屋の敷地と同様に、自用地価額で評価します。なお、その建物についても自用家屋として評価します。
結婚・子育て資金の一括贈与を受けた財産	結婚・子育て資金の一括贈与を受けた財産は、契約期間中に贈与者が死亡した場合には、原則として、その死亡日における非課税拠出額から結婚・子育て資金支出額を控除した残額（管理残額）を、相続財産に加算します（措法70の2の3）。☞206頁
気配相場のある株式	気配相場等のある株式（①登録銘柄及び店頭管理銘柄、②公開途上にある株式）の価額は、①日本証券業協会の公表する課税時期の取引価格又は課税時期の属する月以前3か月間の月平均額、②公開価格又は課税時期以前の買取価格を勘案して評価します（評基通168、174）。☞138頁
原材料	原材料の価額は、製造業者が課税時期においてこれを購入する場合の仕入価額に、その原材料の引取り等に要する運賃その他の経費の額を加算した金額によって評価します。ただし、個々の価額を算定し難いものは、たな卸資産の評価の方法（所令99、法令28）に定める方法のうちその企業が所得の金額の計算上選定している方法によることができます（評基通132、133）。☞181頁
建設協力金	建設協力金の価額は、①無利息又は低利である経済的利益相当額を考慮して賃貸料の額を定めている場合は、建設協力金の全額、②それ以外の場合は、元本額から無利息による経済的利益の額（国税庁の定める基準利率による複利現価率により計算した額）を控除した金額が債務控除の金額となります。☞平成19年4月26日、裁決事例☞208頁
建造中の船舶	建造中の船舶の価額は、未完成の状態で、類似ないし同種の売買実例はないことから、「建築中の家屋の評価方法」（評基通91）に準じて、課税時期までに投下された費用の額の合計額の70％に相当する金額によって評価して差し支えないものと考えられます。
建築中のアパートの敷地	建築中のアパートの敷地の価額は、原則として自用地として評価します（評基通89、91）。ただし、古い建物を取り壊して新しい建物に建て替える場合で、旧建物の賃借人が引き続き入居すること、立退料の支払いがないことなど、一定の要件を満たす場合には貸家建付地としての評価が認められます。☞65頁
建築中の家屋	建築中の家屋には、固定資産税評価額が付けられていませんので、その家屋の費用現価（亡くなった日までに投下された建築費用）の70％に相当する金額によって評価します。また、業者へ支払済みの代金が費用現価よりも多ければ前渡金として相続財産に計上し、少なければ未払金として債務控除します（評基通91）。☞128頁
限定承認をした場合の債務控除	限定承認を行った場合には、本来の相続財産の価額を超えて債務を弁済する義務を負わないこととされていますから、本来の相続財産の価額を超える部分（生命保険金、退職手当金などのみなし相続財産から支出した金額）の金額については、債務控除をすることはできません。☞209頁
原野	原野の価額は、①純原野及び中間原野（通常の原野と状況を異にするため純原野として評価することを不当と認めるもの）は、倍率方式、②市街地原野は、宅地比準方式又は倍率方式により評価します（評基通57）。☞115頁
原野の賃借権	原野に係る賃借権の価額は、「耕作権の評価」（評基通42）の定めを準用して、①純原野及び中原野に係る賃借権は原野の価額の50％、②市街地原野に係る賃借権は通常支払われるべき立退料、その付近にある宅地に係る借地権の価額等を参酌して求めた金額で評価します（評基通60）。☞115頁
コインパーキングの敷地	コインパーキングの敷地の価額は、①自らが経営している場合は自用地で評価し、②業者に貸し付けている場合は自用地価額からその契約内容に応じた賃借権割合を控除した金額で評価します（評基通86）。☞121頁

項　目	評　価　方　法　等
高圧線が架設されている宅地	高圧線が架設されている宅地の価額は、承役地である部分も含め全体を評価した価額から、その承役地である部分を1画地として計算した自用地価額を基に、土地利用制限率を基に評価した区分地上権に準ずる地役権の価額を控除して評価します（評基通25、27‐5）。☞88頁 　[全体の評価額] － [承役地部分の自用地価額] × [区分地上権に準ずる地役権割合]
公開空地となっている土地	いわゆる総合設計制度（建築基準法59の2）により容積率の割増しを受け建物を建築する場合には、敷地内に一定の空地を設け、日常一般に公開することが許可の基準となっています。このようないわゆる公開空地として利用されている宅地については、建物の敷地として評価します。☞65頁
公開途上にある株式	公開途上にある株式の価額は、①株式の公募又は売出し（公募等）が行われる場合は、その公開価格により評価し、②公募等が行われない場合は、課税時期以前の取引価格等を勘案して評価します（評基通174）。☞138頁
高額療養費	高額療養費とは、医療費の自己負担額が高額になった場合において、自己負担限度額を超えたときに支給されるものになりますが、この高額療養費の支給が死亡後にあったときは相続財産として計上します。
後期高齢者医療保険料	相続開始後に納付した後期高齢者医療保険料は、未払費用として債務控除の対象となります。また、後期高齢者医療保険料が納め過ぎとなった場合に還付される金額（過誤納金）はその他財産として相続財産に計上します。☞208頁
鉱業権	鉱業権（租鉱権の設定されている鉱山の鉱業権を除きます。）の価額は、①操業している鉱山の鉱業権、②休業している鉱山等で近く所得を得る見込の鉱業権、③休業している鉱山等で近く所得を得る見込がない鉱業権、④探鉱中の鉱山の鉱業権ごとに評価します（評基通156）。☞185頁
公共料金	被相続人に係る電気、ガス、水道、電話などの公共料金を負担した相続人（制限納税義務者は、取得した財産でこの法律の施行地にあるものについて負担した公租公課に限ります。）又は包括受遺者は、債務控除することができます（相法13）。☞208頁
公債	公債（国や地方公共団体が発行する発行者の債務を表示する有価証券）の価額は、銘柄が異なるごとに①「利付公社債の評価」（評基通197‐2）や②「割引発行の公社債の評価」（評基通197‐3）などの区分に従い評価します（評基通197～197‐3）。☞173頁
耕作権	耕作権の価額は、①純農地及び中間農地に係る耕作権は、農地の価額の50％、②市街地周辺農地、市街地農地に係る耕作権はその農地が転用される場合に通常支払われるべき離作料の額、その農地の付近にある宅地に係る借地権の価額等を参酌して求めた金額で評価します（評基通42、43）。なお、やみ小作（農業委員会の許可を受けていないもの）については評価しません。☞107頁
合資会社の出資金	合資会社の出資金の価額は、原則として、「取引相場のない株式の評価方法」（評基通178）に準じて評価しますが、無限責任社員の有する出資金の評価が債務超過額の場合は債務超過額を債務控除します（評基通194）。☞167頁
公社債投資信託	公社債投資信託（証券投資信託のうち、その信託財産を公社債に対する投資として運用することを目的とするもの）の価額は、「証券投資信託受益証券」（評基通199）により評価します。☞175頁 　[課税時期の基準価額] × [口数] － [源泉徴収税額] － [信託財産保留額及び解約手数料]
公衆用道路	公衆用道路は、原則として評価しません。なお、固定資産税評価地目が「公衆用道路」であっても、専ら特定の者の通行の用に供するもの（袋小路のような場合）は、その宅地が私道でないものとして評価した価額の30％相当額で評価します（評基通24）。☞81頁
甲種農地	甲種農地は、原則として純農地に分類され、その農地の固定資産税評価額に、田又は畑の別に、国税局長の定める倍率を乗じて計算した金額によって評価します（評基通34、37）。☞100頁 　[固定資産税評価額] × [国税局長の定める田又は畑の倍率]

項　目	評　価　方　法　等
工場用地	工場用地の価額は、①大規模工場用地（一団の工場用地の地積が5万㎡以上のもの。ただし、路線価地域においては、大工場地区として定められている地域に所在するもの）は、路線価に地積を乗じて計算した価額、倍率地域は固定資産税評価額に大規模工場用地の倍率を乗じて計算した価額。なお、地積が20万㎡以上の場合は、95%を乗じた価額で評価します。② ①以外の工場用地の価額は、通常の宅地と同様に評価します（評基通22）。☞79頁
鉱泉地	鉱泉地の価額は、①利用者が、旅館、料理店等の営業者の場合は、その鉱泉地の固定資産税評価額に、一定の割合を乗じた金額により評価し、②営業者以外の場合はその価額からその価額の30%の範囲内において相当と認める金額を控除した価額によって評価します（評基通69、75）。☞116頁 ① 固定資産税評価額 × $\dfrac{その鉱泉地の課税時期における価額}{その鉱泉地の固定資産税評価額の評定の基準日における価額}$
公租公課	被相続人に係る公租公課を負担した相続人（制限納税義務者は、取得した財産でこの法律の施行地にあるものについて負担した公租公課に限ります。）又は包括受遺者は、債務控除することができます（相法13）。ただし、相続人などの責任に基づいて納付されることになった附帯税（延滞税、利子税及び加算税）は差し引くことはできません。☞210頁
広大地	広大地の評価方法は、課税時期が平成29年12月31日以前の場合に適用があり、平成30年1月1日以降は、「地積規模の大きな宅地の評価方法」（評基通20-2）により評価します。なお、広大地の価額は、次の算式により評価します。☞69頁 宅地の評価額 × 広大地補正率（0.6 − 0.05 × 広大地の地積 ÷ 1,000㎡）
構築物	構築物の価額は、その構築物の再建築価額から、建築の時から課税時期までの期間（その期間に1年未満の端数があるときは、その端数は1年）の償却費の額（償却方法は定率法）の合計額を控除した金額の70%に相当する金額によって評価します（評基通97）。☞132頁 （構築物の再建築価額 − 償却費の額の合計額）× 70%
構築物の所有を目的とする土地の賃借権	構築物の所有を目的とする土地の賃借権の価額は、「賃借権の評価（評基通87）」の定めにより評価することになります。なお、財産評価基本通達上の借地権は、建物の所有を目的とする地上権又は土地の賃借権に限られます。☞94頁
構築物の賃借人の土地に対する権利	構築物の賃貸借については法律上の特別の保護を与えられたものでないこと等から、原則として、構築物の賃借人の構築物の敷地に対する権利は評価しません。また、構築物の賃借人の構築物に対する権利についても評価しません（評基通31）。☞95頁
交通費（葬式に関連する）	相続人（無制限納税義務者）又は包括受遺者が負担する交通費については、喪主や僧侶などの交通費は「葬式の前後に生じた出費で通常葬式に伴うものと認められるもの」と考えられますので、葬式費用として債務控除できますが、親族が遠隔地から葬式に参列するための交通費を負担した場合は、葬式費用として債務控除できないものと考えられます（相法13、相基通13-5）。☞210頁
校庭として貸している土地	校庭として市に賃貸された土地が単に校庭の用に供することのみを目的として賃貸されたものであり、建物の所有を目的とするものでない場合、その賃借権は借地権に該当しませんので、「貸し付けられている雑種地」（評基通86）により評価します。☞121頁
香典	香典は遺族への贈与であり相続財産に該当しません。なお、社会通念上相当と認められるものについては、個人からのもの、法人からのものを問わず、贈与税も所得税も課税されません（相基通21の3-9）。
香典返戻費用	香典返戻費用は、香典を受けた遺族が支出すべき費用であり、葬式費用として債務控除できません（相基通13-5）。☞210頁
合名会社の出資金	合名会社（持分会社（会社法575①）のうち、無限責任社員のみで構成される会社形態）の出資金の価額は、「取引相場のない株式の評価」（評基通178）に準じて評価し、債務超過額の場合は被相続人の持分に応ずる債務超過額を債務控除します（評基通194）。☞167頁

項　目	評　価　方　法　等
国外に所在する土地	国外に所在する土地の価額は、原則として、売買実例価額、鑑定評価額等を参考に評価します。なお、課税上弊害がない限り、取得価額に時点修正するための合理的な価額変動率を乗じて評価ことができます。また、この場合の合理的な価額変動率は公表されている諸外国における不動産に関する統計指標等を参考とすることができます（評基通5−2）。☞65頁
国民健康保険料	相続人（無制限納税義務者）が納付した被相続人の国民健康保険料は、債務控除の対象となります。また、国民健康保険料が納め過ぎとなった場合に還付される金額（過誤納金）は、相続財産となります。
国民年金死亡一時金	国民年金などを受給していた人が死亡したときに遺族に支給される国民年金死亡一時金は、遺族が受け取るべきものであり、相続財産とはなりません。また、国民年金法により支給される国民年金死亡一時金は、非課税と規定されていますので相続人の所得にもなりません。
心付け	相続人（無制限納税義務者）又は包括受遺者が、葬儀の際に支出した火葬場のスタッフや霊柩車などの運転手など支払った心付けは、通常葬式に伴うものと認められる範囲内のものは、葬式費用として債務控除できます（相基通13−4）。☞211頁
個人向け国債	個人向け国債の価額は、課税時期において中途換金した場合に取扱機関から支払いを受けることのできる価額により評価します（評基通5、197−2）。☞173頁 　額面金額　＋　経過利子相当額　−　中途換金調整額
古銭	古銭の評価は、①古銭の販売業者が有するものの価額は、たな卸商品等の評価、②上記以外の古銭の価額は、売買実例価額（ネットなどの相続開始日の買取価格）、精通者意見価格等を参酌して評価します（評基通133、135）。
国庫短期証券	国庫短期証券（日本政府が発行する発行時に割り引いた金額で発行される償還期限が1年以内の割引債）の価額は、「割引発行の公社債の評価」（評基通197−3）により評価します。なお、具体的には国庫短期証券市場の公表している価格により評価します。☞173頁
骨とう品	書画骨とう品等の評価は、①書画骨とう品の販売業者が有するものの価額は、たな卸商品等の評価、②上記以外の書画骨とう品の価額は、売買実例価額（ネットなどの相続開始日の取引価格等）、精通者意見価格等を参酌して評価します（評基通133、135）。
固定資産税	相続人（制限納税義務者は、取得した財産でこの法律の施行地にあるものについて負担した公租公課に限ります。）又は包括受遺者が負担した被相続人に係る固定資産税や都市計画税は、債務控除の対象となります（相基通13−7）。なお、共有不動産である場合はその共有割合に応じて債務控除します。☞210頁
固定資産税評価額が付されていない土地	倍率方式により評価する土地について、固定資産税評価額が付されていない場合及び地目の変更等により現況に応じた固定資産税評価額が付されていない場合には、その土地の現況に応じ、状況が類似する付近の土地の固定資産税評価額を基とし、付近の土地とその土地との位置、形状等の条件差を考慮して固定資産税評価額に相当する額を算出して評価します。☞66頁
ゴルフ会員権	預託金制のゴルフ会員権で、①取引相場のあるものは、通常の取引価格の70％相当額で評価し、②取引相場のないものは、返還時期に応じた預託金等の額で評価します（評基通211）。☞195頁
ゴルフ場敷地	ゴルフ場の用に供されている土地（ゴルフ場用地）は、①市街化区域及びそれに近接する地域にあるものは、宅地であるとした場合の金額の60％に相当する金額から、国税局長の定める造成費の金額にそのゴルフ場用地の地積を乗じて計算した金額を控除した価額によって評価し、②上記以外の地域にあるものは、そのゴルフ場用地の固定資産税評価額に、国税局長の定める倍率を乗じて計算した金額によって評価します（評基通83）。☞119頁

あい〜あず
あぱ〜いつ
いぬ〜えん
おう〜かい
かい〜かそ
かて〜きゆ
きゆ〜けい
げし〜こう
こう〜ごる

項　目	評　価　方　法　等
災害家屋	被災後の現況に応じた固定資産税評価額が付されていない場合には、特定非常災害の発生直前の家屋の価額から、条例に定めるところによりその被災した家屋に適用された固定資産税の軽減又は免除の割合を乗じて計算した金額を控除した金額によって評価することができます（「特定非常災害発生日以後に相続等により取得した財産の評価に関する質疑応答事例集」の送付について（情報））。☞43頁
再開発事業施行地内の土地	再開発事業施行地内の土地は、①権利変換前の場合は、従前土地について評価し、②権利変換後の場合は、従後土地について評価します。☞65頁
祭具	祭具や神具などは、相続税法第12条（相続税の非課税財産）第2号の「祭具並びにこれらに準ずるもの」に該当し、相続税の課税価格には算入しません（相法12、相基通12-2）。ただし、金の祭具、神具など、日常崇拝の目的に供されず趣味、観賞用又は投資のために保有されるものについては、非課税財産とはなりません（相基通12-2）。☞213頁
財形住宅（一般、年金）貯蓄	勤労者財産形成（住宅）貯蓄の価額は、次の算式により評価します。ただし、課税時期の既経過利子の額が少額なものに限り、同時期現在の預入高によって評価できます。 預入高 ＋ 解約利息（源泉税額控除後）
採石権	採石権とは、他人の土地において岩石や砂利などを採取する権利（採石法4）のことで、鉱業権及び租鉱権の評価に準じて評価します（評基通160）。☞185頁
財投機関債	財投機関債（財投機関が民間の金融市場において個別に発行する債券）は、①金融商品取引所等に上場している場合は、課税時期の最終価格と源泉所得税相当額控除後の既経過利息の額との合計額によって評価し、②上場していない場合は、公社債の発行価額と源泉所得税相当額控除後の既経過利息の額との合計額によって評価します（評基通197～197-5）。☞173頁
魚	魚の価額は、①販売業者が販売の目的をもって有するものは、「たな卸商品等の評価」（評基通133）によって評価し、②それ以外のものは、売買実例価額（ネットなどの取引情報など）、精通者意見価格等を参酌して評価します（評基通134）。☞182頁
先物取引保証金	先物取引保証金は、先物取引を行う際に商品取引会社や証券会社に差し入れる担保であり、担保財産が金銭であればその金額が相続財産となり、有価証券であればその有価証券を評価した額が相続財産となります。
雑種地	雑種地の価額は、①国税局長が倍率を定めている地域にある雑種地の価額は、その雑種地の固定資産税評価額にその倍率を乗じて計算した金額によって評価し、②①以外の雑種地は、状況が類似する付近の土地の価額を基とし、その土地とその雑種地との位置、形状等の条件の差を考慮して評定した価額によって評価します（評基通82）。☞117頁
雑種地の賃借権	雑種地の賃借権の価額は、その賃貸借契約の内容、利用の状況等を勘案して、①地上権に準ずる権利として評価することが相当と認められる賃借権、②①以外の賃借権に区分して、下記の算式により評価します（評基通87）。☞122頁 (1) 雑種地の自用地価額 × 法定地上権割合と借地権割合とのいずれか低い割合 (2) 雑種地の自用地価額 × 法定地上権割合 × 50%
サブリース契約している敷地	賃貸物件（貸アパート・マンションなど）をサブリース契約（一括借上げ契約）で貸し付けている家屋の敷地の価額は、原則として「貸家建付地の評価」（評基通26）により評価します。なお、相続開始時点で空室があったとしても、サブリース会社に全部を賃貸していることから賃貸割合は100%となります。☞92頁
サムライ債	サムライ債（海外の発行体が日本の国内市場で円建て発行する債券）の価額は、①金融商品取引所等に上場、②上場していない場合に区分し次の算式により評価します（評基通197～197-5）。☞173頁 (1) 課税時期の最終価格 ＋ 既経過利息の額（源泉税控除後） (2) 公社債の発行価額 ＋ 既経過利息の額（源泉税控除後）

項　目	評　価　方　法　等
産業廃棄物の存する土地	課税時期において、産業廃棄物が地中に埋設されているのは明らかである場合は、産業廃棄物が埋設されていないものとした場合の評価額から産業廃棄物除去費用に相当する金額を控除して評価します。☞65頁
残存期間の不確定な地上権	立木一代限りとして設定された地上権などのように残存期間の不確定な地上権の価額は、課税時期の現況により、立木の伐採に至るまでの期間をその残存期間として「地上権の評価」及び「永小作権の評価」の規定（相法23、地価税法24）によって評価します（評基通53）。☞112頁
３年以内贈与財産	相続又は遺贈により財産を取得した者が当該相続の開始前３年以内に当該相続に係る被相続人から贈与により財産を取得したことがある場合においては、その者については、当該贈与により取得した財産（特定贈与財産を除きます。）の価額（当該財産に係る贈与の時における価額）を相続税の課税価格に加算します（相法19、相基通19－１）。☞204頁
山林（土地）	山林の価額は、その地区について評価倍率表で定める区分により、①純山林及び中間山林（通常の山林と状況を異にするため純山林として評価することを不適当と認めるものに限ります。）は倍率方式、②市街地山林は宅地比準方式又は倍率方式により評価します（評基通45）。☞108頁
市街化調整区域内の雑種地	市街化調整区域内の雑種地は、状況が類似する付近の土地の価額を基として評価しますが、宅地に比準して評価する場合、法的規制等（開発行為の可否、建築制限、位置等）に係る斟酌割合（減価率）は、市街化の影響度と雑種地の利用状況によって個別に判定します。☞117頁 状況が類似する付近の土地の価額 × （1－宅地に比準して評価した場合の斟酌割合）
市街地原野	市街地原野の価額は、原則としてその原野が宅地であるとした場合の１㎡当たりの価額から、その原野を宅地に転用する場合において通常必要と認められる１㎡当たりの造成費（国税局長の定める金額）を控除した金額に、地積を乗じて計算した金額により評価します（評基通58－３）。☞113頁 宅地であるとした場合の価額 － 宅地転用に通常必要と認められる国税局長の定める造成費
市街地山林(土地)	市街地山林の価額は、原則として、次の算式により評価します。なお、宅地への転用が見込めないと認められる場合には、近隣の純山林の価額に比準して評価します（評基通49）。☞108頁 宅地であるとした場合の価額 － 宅地転用に通常必要と認められる国税局長の定める造成費
市街地周辺農地	市街地周辺農地とは、市街地農地を除く、①第３種農地に該当するもの、②近傍農地の売買実例価額、精通者意見価格等に照らし、第３種農地に準ずる農地と認められるものをいい、その農地が市街地農地であるとした場合の価額の80％に相当する金額によって評価します（評基通34、36～40）。☞100頁 市街地農地の価額 × 80％
市街地農地	市街地農地とは、農地法に規定する許可（転用許可）を受けた農地、市街化区域内にある農地、転用許可を要しない農地として、都道府県知事の指定を受けたものをいい、①宅地比準方式又は②倍率方式により評価します（評基通34、36～40）。☞101頁 ① 農地が宅地であるとした場合の１㎡当たりの価額 － １㎡当たりの造成費 × 地積 ② 固定資産税評価額 × 国税局長の定める倍率
仕掛品	仕掛品の価額は、製造業者がその仕掛品の原材料を課税時期において購入する場合における仕入価額に、その原材料の引取り、加工等に要する運賃、加工費その他の経費の額を加算した金額によって評価します。ただし、個々の価額を算定し難い場合は、所得税の計算上選定している方法によることができます（評基通133）。☞181頁
敷金	被相続人が賃借人から預かっている敷金は、債務控除の対象となります。また、預かり期間が５年を超える無利息又は低利のものは、その敷金に係る相続開始時現在の経済的利益の金額を複利現価率で計算し、敷金の金額からこの経済的利益の額を控除した金額が債務控除の対象となります。なお、被相続人が賃貸人に預けている敷金は、相続財産となります。☞210頁

さい～しき

しき～しみ

しみ～じゆ

じゆ～しよ

しよ～せい

せい～そう

そう～たく

たく～ちゆ

ちゆ～てい

項　目	評　価　方　法　等
敷地権	敷地権（マンションなどの区分所有建物において、建物と一体化した土地に対する権利）の価額は、敷地権の対象となっている土地全体について評価した価額に、敷地権に係る権利（借地権、地上権、定期借地権等）の種類に応じた評価を行い、その評価額に区分所有者が有する敷地権の割合を乗じて評価します。 敷地権対象地全体の権利に応じた評価額 × 敷地権割合
事業用定期借地権	事業用定期借地権の価額は、原則として、課税時期において借地人に帰属する経済的利益及びその存続期間を基として評定した価額によって評価します。ただし、課税上弊害がない場合に限り、その定期借地権等の目的となっている宅地の課税時期における自用地としての価額に、一定の算式により計算した数値を乗じて評価することができます（評基通27－2）。☞96頁
地金	金（地金）の価額は、原則として、売買実例価額（ネットなどの相続開始日の買取価格）、精通者意見価格等を参酌して評価します（評基通129）。☞181頁
仕組債	仕組債（株価や為替などの変動リスクを背負うことにより、大きな利回りのリターンを得られるもの）の価額は、原則として、その仕組債の内容（ノックイン価格やノックイン時の償還資産、残存期間など）により評価方法が異なりますが、相続開始日の販売会社の買取価額が合理的なものである限り、その価額で評価してよいものと考えられます。
事業税	被相続人に係る事業税を負担した相続人（制限納税義務者は、取得した財産でこの法律の施行地にあるものについて負担した公租公課に限ります。）又は包括受遺者は、その負担した金額を債務控除することができます（相法13）。☞210頁
市県民税	被相続人に係る市県民税を負担した相続人（制限納税義務者は、取得した財産でこの法律の施行地にあるものについて負担した公租公課に限ります。）は、その負担した金額を債務控除することができます（相法13）。☞210頁
時効取得した土地	被相続人が占有してきた土地について、相続人が時効取得を主張して訴訟を提起し、裁判で認められた場合、その効力は時効の起算日に遡及しますが、被相続人が時効を援用していなかったので、相続税の課税財産に算入しません。なお、相続人が時効を援用したときに一時所得として所得税が課されます。
自己株式	評価会社が自己株式を所有している場合の株主区分の判定は、その自己株式に係る議決権の数は無いものとして計算した議決権の数をもって評価会社の議決権の総数となります。なお、自己株式は、取引相場のない株式の評価明細書第5表には記載を要しません（評基通188－3）。
資材置き場	第三者に貸し付けている資材置き場は、賃借権が設定されている雑種地として評価します。ただし、農地等の価額を基として評価した場合は、原則として、農業用施設用地の評価（評基通24－5）に準じて、農地等の価額に造成費相当額を加算した価額により評価します（ただし、その価額は宅地の価額を基として評価した価額を上回りません。）（評基通7、82）。☞120頁
資産担保証券	資産担保証券（ABS）とは、商業用不動産担保ローンや住宅ローン、自動車ローン、リース、クレジットカードなどに関する貸付金銭債権などの資産を裏付けとして発行される証券の総称で、「利付公社債の評価」（評基通197－2）に準じて評価します。☞173頁
四十九日の費用	「四十九日」とは、命日から数えて49日目に行う追善法要（法会）のことで、財産評価基本通達の「葬式費用でないもの」に記載のある「法会に要する費用」に該当しますので、葬式費用として債務控除できません（相基通13－5）。☞212頁
死体捜索費用	相続人（無制限納税義務者）又は包括受遺者が支出した遺体の捜索、死体や遺骨の運搬費は、葬式費用として債務控除できます（相基通13－4）。なお、遺体解剖費用は、医学上又は裁判上の特別の処置に要した費用とされ葬式費用として債務控除できません（相基通13－5）。☞211頁

項　目	評　価　方　法　等
自治会に寄附（遺贈）した相続財産	自治会は、その構成員である町又は字の区域その他市町村内の一定の区域内に住所を有する者の利益のために活動するものであることから、相続税法第12条第１項第３号に規定する「公益を目的とする事業を行う者」に該当しません。したがって、相続税法第66条第１項の規定により、自治会に相続税が課税されます（相法12①、66）。☞213頁
失踪宣告が行われたことに伴い死亡退職金が支払われた場合	従業員が行方不明となり、失踪期間満了後に死亡退職金を支給した場合は、死亡したとみなされた日から３年を経過した日以後に支払われることになりますが、従業員が死亡した場合には、退職手当金等の額は、退職給与規程の定めるところに基づいて自動的に確定すると解されますので、相続税法第３条第１項第２号に規定する退職手当金等に該当します。なお、役員の場合は株主総会等の決議により決まりますので、遺族の一時所得に該当します。☞202頁
実用新案権	実用新案権は、「特許権の評価」（評基通140～145）の定めを準用して、その権利に基づき将来受ける補償金の額の基準年利率による複利現価の額の合計額によって評価します。なお、権利者が自ら実用新案を実施している場合は、その者の営業権の価額に含めて評価します（評基通146）。☞184頁
私道	私道の価額は、①専ら特定の者の通行の用に供されている私道は、宅地として評価した価額の30％に相当する価額によって評価し、②その私道が不特定多数の者の通行の用に供されているときは、その私道の価額は評価しません（評基通24）。☞80頁
自動積立定額貯金	自動積立定額貯金の価額は、課税時期における預入高と解約利率により計算した既経過利子の額（源泉徴収されるべき所得税等の額に相当する金額を控除した金額）との合計額により評価します（評基通203）。☞188頁 預入高　＋　解約利息（源泉税額控除後）
支払期日未到来の既経過賃料	賃貸料の支払期日を毎月末日とする賃貸借契約において、その月の初めから相続開始までの期間に対応する既経過分の賃料相当額については、その賃料の支払期日が到来していないので、相続税の課税価格に算入しなくて差し支えありません（評基通208）。☞190頁
地盤に甚だしい凹凸のある宅地	地盤に甚だしい凹凸のある宅地の価額は、同一路線価の土地に比べ利用価値が低下していると認められる部分の面積に対応する部分の価額に10％を乗じて計算した金額を控除した価額によって評価することができます。☞64頁 宅地の価額　－　利用価値が低下していると認められる部分の面積に対応する価額　×10％
死亡広告	相続人（無制限納税義務者）又は包括受遺者が支出した死亡広告費用は、葬式の前後に生じた出費で通常葬式に伴うものと認められるので、葬式費用として債務控除できます（相基通13－４）。☞211頁
死亡診断書	相続人（無制限納税義務者）又は包括受遺者が医療機関に支払った死亡診断書の費用は、火葬の際に必要な書類であり、葬式の前後に生じた出費で通常葬式に伴うものと認められるので、葬式費用として債務控除できます（相基通13－４）。☞211頁
死亡退職金を辞退した場合	遺族が受領した退職金は、その支給について正当な権限を有する株主総会及び取締役会の決議に基づいて支給されたものであることから、受領した退職金を返還したとしても相続税が課税されることにかわりはありません。☞202頁
死亡退職時に遺族補償金として支給された金額	死亡退職時に遺族補償金として支給された金額は、名目はどうであれ、被相続人の勤務に基づいて支給されるものですから、相続税法基本通達３－17のただし書に該当し、相続税法第３条第１項第２号に規定する退職手当金等に該当します。☞201頁
市民農園として貸し付けている農地（生産緑地地区内）	市民農園の用に供されている農地（生産緑地地区内）は耕作権の目的となっている農地には該当しません。このため、当該市民農園は、生産緑地としての利用制限に係る斟酌と賃貸借契約の期間制限に係る斟酌をして評価します（評基通41、87(2)）。☞105頁 農地の価額　×　（１－法定地上権割合×0.5※） ※一定の要件を満たす農地は20％の減額をすることができます。

項　目	評　価　方　法　等
市民緑地契約が締結されている土地	一定の要件（都市緑地法第55条第1項に規定する市民緑地で貸付期間が20年以上など）を満たす市民緑地契約が締結されている土地の価額は、次の算式により評価します。☞111頁 市民緑地契約が締結されていないものとして評価した価額　×　80％
借地権	借地権の価額は、自用地の価額に国税局長の定める借地権割合を乗じて求めます。ただし、借地権の設定に際しその設定の対価として通常権利金その他の一時金を支払うなど借地権の取引慣行があると認められる地域以外の地域にある借地権の価額は評価しません（評基通27）。☞93頁
借地権と区分地上権に準ずる地役権とが競合する土地	借地権と区分地上権に準ずる地役権などが設定されている宅地の価額は、その宅地の自用地価額から区分地上権に準ずる地役権の価額とその宅地に区分地上権に準ずる地役権が設定されていることに伴う調整をした後の借地権の価額を控除した価額によって評価します（評基通25－3(3)、27－5、27－6(2)）。☞90頁 自用地価額　－（自用地価額　×　地役権割合）－（自用地価額　×　借地権割合　×　（1－地役権割合））
借家権	借家権の価額は、家屋の評価又は附属設備等の評価等の定めにより評価したその借家権の目的となっている家屋の価額に、国税局長の定める借家権割合（30％）を乗じて計算した金額によって評価します。ただし、借家権の価額は、その権利が権利金等の名称をもって取引される慣行のない地域にあるものについては、評価しません（評基通94）。☞128頁
借家人の有する宅地等に対する権利	借家人がその借家の敷地である宅地等に対して有する権利の価額は、原則として、次に掲げる算式により計算した価額によって評価します。ただし、これらの権利が権利金等の名称をもって取引される慣行のない地域にあるものについては、評価しません（評基通31）。☞94頁 借家の敷地である宅地に係る借地権の価額　×　借家権割合（30％）　×　賃借割合
社債	公社債の価額は、①利付公社債、②割引発行の公社債、③元利均等償還が行われる公社債、④転換社債型新株予約権付社債の区分に従い、券面額100円当たりの価額に公社債の券面額を100で除した数を乗じて計算した金額によって評価します（評基通197）。☞173頁
社債類似株式	社債類似株式（一定期日後に発行価額で償還される、議決権を有しないなどの条件を満たす株式）の価額は、社債に類似していることから、「利付公社債の評価」（評基通197－2）に準じて評価します。☞173頁 公社債の発行価額　＋　既経過利息の額（源泉税控除後）
社宅の敷地	社宅は、一般の家屋の賃貸借と異なり賃料が極めて低廉であるなどその使用関係は従業員の身分を保有する期間に限られることから、一般的に借地借家法の適用はないとされています。したがって、社宅の敷地の価額は、自用地として評価します（評基通26）。☞93頁
重加算税	相続開始後に納付した被相続人に係る重加算税を負担した相続人（制限納税義務者は、取得した財産でこの法律の施行地にあるものについて負担した公租公課に限ります。）又は包括受遺者は、相続人の責めに帰すべき事由により納付することとなったものを除き、債務控除の対象となります（相法13）。☞210頁
終身定期金	終身定期金は、次の①～③のいずれか多い金額によって評価します（相法24①三）。☞176頁 ①　解約返戻金の金額 ②　当該一時金の金額 ③　給付金額の1年当たりの平均額に、契約目的者に係る余命年数に応ずる予定利率による複利年金現価率を乗じて得た金額
終身保険	終身保険（一般的に一定額の死亡保障・高度障害保障が一生続く保険）は、保険事故発生の有無により①「生命保険金」（相法3、12）又は②「生命保険契約に関する権利の評価」（評基通214）により評価します。☞198頁

項　　目	評　価　方　法　等
住宅取得等資金の贈与	住宅取得等資金の贈与の特例（措法70の２）により贈与税の課税価格に算入されなかった住宅取得資金の金額は、相続の開始前３年以内に被相続人から贈与により取得した場合においても、贈与税の申告書を提出していれば相続税の課税価格に加算する必要がありません（相通70の２－14）。☞204頁
重度心身障害者医療費助成金	重度心身障害者医療費助成金は、医療機関を受診した場合の医療費の一部を都道府県や市が助成する制度で、被相続人に係る当該助成金が相続開始後に支払われた場合は、相続財産として計上します。
収入保障保険金	収入保障保険（死亡保険金を分割で受け取ることのできる保険）は、給付金を受け取る権利（定期金に関する権利）の評価額が課税対象となります。なお、相続人（相続放棄者や相続権を失った者を除きます。）の給付金を受け取る権利の評価額に対しては、一定額が非課税（500万円×法定相続人の数）とされます（相法３、12、15）。☞198頁
住民税	相続開始後に納付した被相続人に係る住民税を負担した相続人（制限納税義務者は、取得した財産でこの法律の施行地にあるものについて負担した公租公課に限ります。）又は包括受遺者は債務控除の対象となります（相法13）。なお、住民税は死亡した年度分についてはかかりません。☞210頁
住民税の還付金	被相続人に係る所得税、住民税、消費税等の還付金、後期高齢者医療保険、介護保険、健康保険などの還付金は、相続財産となります。
重要文化財建造物	重要文化財建造物である家屋の価額は、当該家屋の固定資産税評価額の30％で評価します。 なお、固定資産税評価額が付されていない場合には、その文化財建造物の再建築価額から、経過年数に応ずる減価の額を控除した価額の70％に相当する金額で評価します（評基通89－２）。☞129頁
重要文化財建造物の敷地	重要文化財建造物の敷地は、それが重要文化財建造物の敷地でないものとした場合の価額の30％で評価します。なお、倍率地域で固定資産税評価額が付されていない場合には、その宅地と状況が類似する付近の宅地の固定資産税評価額を基とし評価します（評基通24－８、83－３）。☞85頁
受益証券発行信託の受益証券	受益証券発行信託の受益証券のうち、上場されているもの（ETF、ETN）の価額は、１口ごとに評価するものとし、「上場株式の評価」（評基通169）から「上場株式についての最終価格の月平均額の特例」（評基通172）までの定めに準じて評価し、受益証券発行信託証券に係る金銭分配期待権の価額は、「配当期待権の評価」（評基通193）に準じて評価します（評基通213－２）。☞175頁
出資金	出資金は、出資先の企業形態により、持分会社の出資、医療法人の出資、農業協同組合等の出資、企業組合等の出資などの区分により評価します（評基通194～196）。☞166頁
出版権	出版権の価額は、出版業を営んでいる者の有するものにあっては、営業権の価額に含めて評価し、その他の者の有するものにあっては、評価しません（評基通154）。☞184頁
種類株式	種類株式とは、会社法108条に基づき、株式会社が剰余金の配当その他の権利の内容が異なる２種類以上の株式を発行した場合の各株式をいい、配当優先株式、無議決権株式、社債類似株式、拒否権付株式について評価の定めがあります。☞162頁
準確定申告に係る還付加算金	被相続人の準確定申告に係る還付加算金は、確定申告書の提出により原始的に取得するものであることから相続人の固有財産となります。したがって、相続税の対象とはならずに相続人の雑所得の対象となります。
純金積立て	純金積立て（毎月一定金額の純金を少しずつ購入する投資方法）の価額は、原則として、売買実例価額（純金積立を利用している業者の買取価格）、精通者意見価格等を参酌して評価します（評基通129）。☞181頁
純原野	純原野の価額は、その原野の固定資産税評価額に、状況の類似する地域ごとに、その地域にある原野の売買実例価額、精通者意見価格等を基として国税局長の定める倍率を乗じて計算した金額によって評価します（評基通58）。☞113頁

項　目	評　価　方　法　等
純山林	純山林の価額は、その山林の固定資産税評価額に、地勢、土層、林産物の搬出の便等の状況の類似する地域ごとに、その地域にある山林の売買実例価額、精通者意見価格等を基として国税局長の定める倍率を乗じて計算した金額によって評価します（評基通47）。☞108頁
純農地	純農地の価額は、その農地の固定資産税評価額に、田又は畑の別に、地勢、土性、水利等の状況の類似する地域ごとに、その地域にある農地の売買実例価額、精通者意見価格等を基として国税局長の定める倍率を乗じて計算した金額によって評価します（評基通37）。☞100頁 固定資産税評価額　×　国税局長の定める倍率
傷害疾病定額保険	傷害疾病定額保険の死亡保険金は、相続税法第3条第1項第1号に規定する生命保険契約に含まれます（相基通3－4）。なお、相続人（相続放棄者や相続権を失った者を除きます。）が受け取った生命保険金には非課税限度額　（500万円×法定相続人の数）があります（相法3、12、15）。☞198頁
消火設備	消火設備は、原則として、売買実例価額、精通者意見価格等を参酌して評価します。ただし、売買実例価額等が明らかでない場合は、同種及び同規格の新品の小売価額から、取得時期から課税時期までの償却費の額を控除した金額によって評価します。なお、家屋と構造上一体となっている設備については、その家屋の価額に含めて評価します（評基通92、128～130）。☞181頁
小規模共済金	小規模共済とは、中小企業基盤整備機構が運営する小規模企業の経営者や役員、個人事業主などのための積立による退職金制度で、契約者の死亡により支払われた共済金は死亡退職金と扱われます。
小規模宅地	個人が、相続や遺贈によって取得した財産のうち、その相続開始の直前において被相続人又は被相続人と生計を一にしていた被相続人の親族の事業の用又は居住の用に供されていた建物等の敷地となっている宅地等のうち一定のものがある場合には、その宅地等のうち一定の面積までの部分については、相続税の課税価格に算入すべき価額の計算上、一定額を減額します（措法69の4）。
証券CFD	証券CFD（差金決済）とは、証拠金を預託し、株価指数、債券先物等の指数価格に連動する商品に投資し、差金決済が行われる取引であり、相続発生日で未決済の取引がある場合は、その日の最終価格で決済した場合の利益又は損失の金額が相続税財産となります。
証券投資信託	証券投資信託の評価は、①金融商品取引所に上場されている証券投資信託の受益証券については、上場株式の評価の定めに準じて評価し、②それ以外の証券投資信託の受益証券は、解約請求等により、証券会社等から支払いを受けることができる価額で評価します（評基通199）。☞175頁
昇降設備	昇降設備は、原則として、売買実例価額、精通者意見価格等を参酌して評価します。ただし、売買実例価額等が明らかでない場合は、同種及び同規格の新品の小売価額から、取得時期から課税時期までの償却費の額を控除した金額によって評価します。なお、家屋と構造上一体となっている設備については、その家屋の価額に含めて評価します（評基通92、128～130）。☞181頁
上場株式	上場株式は原則として、①課税時期の最終価格、②課税時期の属する月の月中平均額、③課税時期の属する前月の月中平均額、④課税時期の属する前々月の月中平均額のうち、最も低い価額によって評価します（評基通168～172）。☞133頁
上場新株予約権	上場新株予約権は、①金融商品取引所に上場されているものは、課税時期の最終価格と上場期間中の新株予約権の毎日の最終価格の平均額のいずれか低い価額によって評価し、②上場廃止後権利行使期間内にあるものは、課税時期におけるその目的たる上場株式の評価額から権利行使価額を控除した金額に、新株予約権1個の行使により取得することができる株式数を乗じて計算した金額によって評価します（評基通193－3）。☞172頁

項　目	評　価　方　法　等
上場投資証券	ETNや指標連動証券とも呼ばれ（受益証券発行信託証券）、特定の指標に連動する金融商品で、「上場株式の評価」（評基通169）に準じて評価します。また受益証券発行信託証券に係る権利の価額は、「配当期待権の評価」（評基通193）に準じて評価します（評基通199(2)注）。☞133頁
上場不動産投資信託	上場不動産投資信託（J-REIT）は、「上場株式の評価」（評基通169）に準じて評価します。なお、不動産投資信託証券に係る投資口の分割等に伴う無償交付期待権の価額は「株式無償交付期待権の評価」（評基通192）に準じて評価し、金銭分配期待権の価額は「配当期待権の評価」（評基通193）に準じて評価します（評基通213）。☞175頁
使用貸借している土地	使用貸借に係る使用借権の価額は、零として取り扱われるので、使用貸借により貸し付けられている土地について、使用借人が賃貸建物等の敷地として利用していても自用地の価額により評価します。また、所有する宅地の一部を自ら使用し、他の部分を使用貸借により貸し付けている場合には、その全体を1画地の宅地として評価します。☞昭和48年11月1日付直資2-189 ☞57頁
譲渡担保	譲渡担保（金銭消費貸借の担保として当該担保物の所有権を移転したもの又は債務金額によって買戻しする特約のあるもの）については、①債権者は、債権金額を課税価格計算の基礎に算入し、当該譲渡担保財産は算入しません。②債務者は、当該譲渡担保の目的たる財産を課税価格計算の基礎に算入し、債務金額に相当する金額は控除します（相基通11の2-6）。
消費税	被相続人に係る消費税を負担した相続人（制限納税義務者は、取得した財産でこの法律の施行地にあるものについて負担した公租公課に限ります。）又は包括受遺者は、債務控除することができます（相基通13-8）。なお、準確定申告に係る消費税についても債務控除が可能です。☞210頁
消費税の還付金	被相続人に係る所得税、住民税、消費税等の還付金、後期高齢者医療保険、介護保険、健康保険などの還付金は、相続財産となります。
商標権	商標権は、特許権の評価（評基通140〜145）の定めを準用して、その権利に基づき将来受ける補償金の額の基準年利率による複利現価の額の合計額によって評価します。なお、権利者が自ら実用新案を実施している場合は、その者の営業権の価額に含めて評価します（評基通146）。☞184頁
商品	棚卸商品の価額は、販売価額から、適正利潤の額、予定経費の額及びその商品につき納付すべき消費税額を控除した金額によって評価します。ただし、個々の価額を算定し難い場合は、所得税の計算上選定している方法によることができます（評基通133）。☞181頁
商品券	商品券や旅行券、ギフト券、クオカード、株主優待券などの金券は、相続財産になり、額面金額又は売買実例価額（ネットなどの相続開始日の買取価格）で評価します（相法22）。
消滅時効の完成した債務	相続の開始の時において、既に消滅時効の完成した債務は、「確実と認められる債務」（相法14①）に該当しないものであり、債務控除できません（相基通14-4）。☞210頁
賞与	相続開始の時において支給期の到来していない賞与、俸給、給料等は、本来の相続財産に該当します（相基通3-32、3-33）ので、相続税法第12条第1項第6号に規定する退職手当金等の非課税規定の適用がありません。
ショーグン債	ショーグン債（外国の発行者が日本国内で発行する外貨建ての債券）の価額は、①金融商品取引所等に上場、②上場していない場合に区分し次の算式により評価します（評基通197〜197-5）。なお、邦貨換算は、対顧客直物電信買相場（TTB）により計算します（評基通4-3）。☞174頁 ① 課税時期の最終価格 ＋ 既経過利息の額（源泉税控除後） ② 公社債の発行価額 ＋ 既経過利息の額（源泉税控除後）

さい〜しき｜しき〜しみ｜しみ〜じゆ｜じゆ〜しよ｜しよ〜せい｜せい〜そう｜そう〜たく｜たく〜ちゆ｜ちゆ〜てい

項　目	評　価　方　法　等
書画	アンティーク品や書画骨とう品等の評価は、①書画骨とう品の販売業者が有するものの価額は、たな卸商品等の評価、②上記以外の書画骨とう品の価額は、売買実例価額（ネットなどの相続開始日の取引価格等）、精通者意見価格等を参酌して評価します（評基通133、135）。☞182頁
所得税	被相続人に係る所得税を負担した相続人（制限納税義務者は、取得した財産でこの法律の施行地にあるものについて負担した公租公課に限ります。）又は包括受遺者は、債務控除することができます（相法13）。なお、準確定申告に係る所得税についても債務控除が可能です。☞210頁
所得税の還付金	被相続人に係る所得税、住民税、消費税等の還付金は、相続財産となります。なお、還付加算金は相続人の請求によって原始的に取得するものであり、所得税（雑所得）の課税対象となり、相続税の課税価格には算入されません。
所得補償保険金	死亡後に支払われた所得補償保険（自営業の方などが病気やケガによって仕事ができなくなった場合に備えるために、年収の一定割合を補償する保険）は、本来の相続財産であり、非課税規定の適用がありません（相基通3－7）。⇔収入保障保険金
初七日の費用	「初七日」は、追善法要（法会）のことで、財産評価基本通達の「葬式費用でないもの」に記載のある「法会に要する費用」に該当しますので、葬式費用として債務控除できません（相基通13－5）。なお、初七日の際に納骨を行ったときは、納骨費用と初七日の法会費用が明確に区分できる場合には、納骨費用を葬式費用として債務控除することができます。☞212頁
所有権留保契約に基づく不動産	購入代金を完済していないため、所有権留保契約により所有権移転登記を受けていない不動産は、その不動産を自己の財産と同様に使用・収益・処分することが可能であると認められる限り、相続財産としてその相続税評価額を課税価格に算入します。
じんかい処理設備	じんかい処理設備（棚卸資産を除きます。）は、原則として、売買実例価額、精通者意見価格等を参酌して評価します。ただし、売買実例価額等が明らかでない場合は、同種及び同規格の新品の小売価額から、償却費の額を控除した金額によって評価します。なお、家屋と構造上一体となっている設備については、その家屋の価額に含めて評価します（評基通92、128～130）。☞181頁
新株引受権	新株引受権は、その株式の割当てを受ける権利の発生している株式について、各種株式の評価方法の定めにより評価した価額から割当てを受けた株式1株につき払い込むべき金額を控除した金額によって評価します（評基通191）。☞170頁
新規公開株	IPO（Intial Public Offering）株式とは、証券市場に新規公開する株式で、①株式の公募又は売出し（公募等）が行われる場合は、その公開価格により評価し、②公募等が行われない場合は、課税時期以前の取引価格等を勘案して評価します（評基通174）。☞138頁
神具	神具は、相続税法第12条（相続税の非課税財産）第2号の「祭具並びにこれらに準ずるもの」に該当し、相続税の課税価格には算入しません。☞213頁
心身障害者扶養共済制度に基づく受給権	心身障害者扶養共済制度（条例の規定により地方公共団体が精神又は身体に障害のある者に関して実施する共済制度で政令で定めるもの）に基づいて支給される給付金を受ける権利は、相続税の課税価格に算入しません（相法12①四）。
信託受益権	信託受益権の価額は、次により評価します（評基通202）。☞196頁 (1)　元本と収益との受益者が同一人である場合　信託財産の価額により評価。 (2)　元本と収益の受益者が元本及び収益の一部を受ける場合　信託財産の価額に受益割合を乗じて計算した価額により評価。 (3)　元本の受益者と収益の受益者とが異なる場合　収益受益権の評価額は、受益者が将来受けるべき各年の利益の額を課税時期から受益の時期までの期間に応ずる基準年利率による複利現価率を乗じて計算した金額の合計額。元本受益権の評価額は、信託財産の価額から収益受益権の評価額を控除した価額

項　目	評　価　方　法　等
震動の甚だしい宅地	震動の甚だしい宅地は、同一路線価の土地に比べ利用価値が低下していると認められる部分の面積に対応する部分の価額に10%を乗じて計算した金額を控除した価額によって評価することができます。☞64頁 宅地の価額 － 利用価値が低下していると認められる部分の面積に対応する価額 × 10%
信用金庫、信用組合の出資金	信用金庫、信用組合のように、その組合の行う事業によって、その組合員及び会員のために最大の奉仕をすることを目的とし営利を目的として事業を行わない組合等に対する出資金は、払済出資金額によって評価します（評基通195）。☞168頁
信用取引配当金	信用取引で建玉を保有している場合、決算日の概ね3〜4か月後に配当落調整額の授受が行われます。配当落調整額は、被相続人が買建てしていた場合は相続財産となり、売建ての場合は相続債務となります。☞138頁
水道施設利用権	水道施設利用権とは、水道事業者に対して水道施設を設けるために要する費用を負担し、その施設を利用して水の供給を受ける権利をいい、税法上は繰延資産に計上されますが、財産性がなく、相続税の課税財産に該当しません。
水没した土地	災害等によって海面下に没した（水没した）土地等の価額は、その状態が一時的なものである場合を除いて、評価しないこととします（平成30年1月15日「特定非常災害発生日以後に相続等により取得した財産の評価に関する質疑応答事例集」Q4）。
水路のある宅地	水路や河川を隔てて土地がある場合、評価対象地が接道義務を満たしているものと認められれば、評価対象地と橋そして水路を含めた全体を想定整形地とし、そこから評価対象地を除いた橋と水路の部分をかげ地として不整形地の斟酌を行い評価します。☞65頁
ストックオプション	その目的たる株式が上場株式又は気配相場等のある株式であり、課税時期が権利行使可能期間内にあるストックオプションの価額は、次の算式によって評価します（評基通193－2）（非上場会社が発行するストックオプションの価額については、その発行内容等を勘案し個別に評価）。☞172頁 （課税時期における株式の価額 － 権利行使価額）× ストックオプション1個の行使可能株式数
ストリップス国債	ストリップス国債とは、国債の元本部分と利金部分が分離して別々に流通するゼロクーポン債であり、割引債の評価の定めに準じた次の算式で評価します（評基通197－2）。☞173頁 発行価額 ＋ 既経過償還差益 ＋ 既経過利息（源泉所得税相当額控除後）
清算中の会社	清算中の会社の株式は、清算の結果分配を受ける見込みの金額の課税時期から分配を受けると見込まれる日までの期間（その期間が1年未満であるとき又はその期間に1年未満の端数があるときは、これを1年とします。）に応ずる基準年利率による複利現価の額によって評価します（評基通189(6)）。☞161頁
生産品	生産品の価額は、販売価額から、その販売価額のうちに含まれる適正利潤の額、予定経費の額及び製品につき納付すべき消費税額を控除した金額によって評価します。ただし、個々の価額を算定し難い場合は、所得税の計算上選定している方法によることができます（評基通133）。☞181頁
生産緑地	生産緑地の価額は、課税時期において、①買取りの申出をすることができない生産緑地と、②買取りの申出ができる生産緑地に区分により、次の算式で評価します（評基通40－3）。☞104頁 ① 生産緑地でないものとして評価した価額 ×（1 － 買取期間に応ずる通達に定める割合） ② 生産緑地でないものとして評価した価額 × 95%
生存条件付定期金	定期金給付契約に関する権利で、その権利者に対し、一定期間、かつ、その目的とされた者の生存中、定期金を給付する契約（生存条件付定期金）に基づくものの価額は、有期定期金として算出した金額又は終身定期金として算出した金額のいずれか少ない金額により評価します（相法24③）。⇔収入保障保険金

さい〜しき

しき〜しみ

しみ〜じゅ

じゅ〜しょ

しょ〜せい

せい〜そう

そう〜たく

たく〜ちゅ

ちゅ〜てい

項　目	評　価　方　法　等
製品	製品の価額は、販売価額から、その販売価額のうちに含まれる適正利潤の額、予定経費の額及び製品につき納付すべき消費税額を控除した金額によって評価します。ただし、個々の価額を算定し難い場合は、所得税の計算上選定している方法によることができます（評基通133）。☞181頁
セイフティ共済の解約手当金	経営セイフティ共済（中小企業倒産防止共済）は、加入者の死亡と同時にその時点で解約されたものとみなされ、加入者の事業所得等の収入となります。この解約手当金の支給を受ける権利は、亡くなられた加入者の相続財産となります。
政府保証債	政府保証債（特別の法律によって設立された政府関係機関や株式会社などが事業資金を調達するために発行する債券）は、①金融商品取引所等に上場している場合、②上場していない場合により次の算式により評価します（評基通197～197－5）。☞173頁 ① 課税時期の最終価格 ＋ 既経過利息の額（源泉税控除後） ② 公社債の発行価額 ＋ 既経過利息の額（源泉税控除後）
生命保険金	被相続人の死亡により生命保険金を取得した場合においては、当該保険金のうち被相続人が負担した保険料等の金額の当該契約に係る保険料で被相続人の死亡の時までに払い込まれたものの全額に対する割合に相当する部分が相続又は遺贈により取得したものとみなされます。なお、相続人（相続放棄者や相続権を失った者を除きます。）が受け取った生命保険金には非課税限度額　（500万円×法定相続人の数)があります（相法3、12、15）。☞198頁
生命保険の権利	相続開始の時において、まだ保険事故が発生していない生命保険契約に関する権利の価額は、解約返戻金の額によって評価します。解約返戻金（源泉徴収税額控除後の金額）のほかに支払われることになる前納保険料（前払保険料）の金額、剰余金の分配等がある場合にはこれらの金額を加算した金額によって評価します（評基通214）。
生命保険料の返還金（払戻金）	生命保険契約の定めるところにより生命保険契約の解除又は失効によって支払を受ける金額又は一定の事由（被保険者の自殺等）に基づき保険金の支払をしない場合において支払を受ける払戻金等は、「生命保険契約に関する権利」（相法3①三）に該当します（相基通3－39）。
税理士費用	相続税の申告のために支出した税理士費用は、相続開始後に発生する費用であり、被相続人に係る費用ではなく相続人が負担すべき費用ですので債務控除の対象とはなりません。
世界銀行債	世界銀行債の価額は、①金融商品取引所等に上場、②上場していない場合に区分し次の算式により評価します（評基通197～197－5）。なお、邦貨換算は、対顧客直物電信買相場（TTB）により計算します（評基通4－3）。☞173頁 ① 課税時期の最終価格 ＋ 既経過利息の額（源泉税控除後） ② 公社債の発行価額 ＋ 既経過利息の額（源泉税控除後）
接道義務を満たさない土地	建築基準法では、「建築物の敷地は道路に2m以上接しなければならない。」と定められており接道義務を果たていない宅地は、「無道路地の評価」（評基通20－3）に準じて評価します。☞72頁
セットバックが必要な土地	建築基準法第42条第2項に規定する道路に面しており、将来、建物の建替え時等に同法の規定に基づき道路敷きとして提供しなければならない部分を有する宅地の価額は、次の算式により計算した金額によって評価します（評基通24－6）。☞83頁 宅地の評価額 － 宅地の評価額 × セットバック要する部分の地積 ÷ 宅地の総地積 × 70%
ゼロクーポン債	ゼロクーポン債とは、額面金額より割り引いて発行される利息がゼロ（利札クーポンがない）の債券で、割引債の評価の定めに準じた次の算式で評価します（評基通197－2）。☞173頁 発行価額 ＋ 既経過償還差益 ＋ 既経過利息（源泉税控除後）
前納保険料	相続や遺贈によって取得したものとみなされる保険金には、本来の保険金のほか、保険契約に基づき分配を受ける剰余金、割戻しを受ける割戻金及び払戻しを受ける前納保険料で、保険金とともに受け取るものも含まれますので、一定額の非課税の適用があります（相基通3－8）。

項　目	評　価　方　法　等
船舶	船舶は、原則として、売買実例価額、精通者意見価格等を参酌して評価します。これらが明らかでない場合は、同種同型の船舶を新造する場合の価額から経過年数に応ずる償却費の額を控除した価額によって評価します（評基通136）。☞182頁
占用権	占用権の価額は、占用権の目的となっている土地の価額に、次に掲げる区分に従い、それぞれ次に掲げる割合を乗じて計算した金額によって評価します。①取引事例のある占用権は国税局長が定める割合、②地下街又は家屋の所有を目的とする占用権は借地権割合の3分の1に相当する割合、③上記以外の占用権は法定地上権割合の3分の1に相当する割合により評価します（評基通87−5）。☞123頁
占用権の目的となっている土地	占用権の目的となっている土地は、その占用権の目的となっている土地の付近にある土地の評価額を基とし、その土地とその占用権の目的となっている土地との位置、形状等の条件差及び占用の許可の内容を勘案して評価します（評基通87−6）。☞123頁
増改築後の家屋	増改築等に係る家屋の状況に応じた固定資産税評価額が付されていない場合の家屋は、①状況の類似した付近の家屋の固定資産税評価額を基として、その付近の家屋との構造、経過年数、用途等の差を考慮して評定した価額を加算した価額に基づき評価します。②状況の類似した付近の家屋がない場合には、その増改築等に係る部分の再建築価額から課税時期までの間における償却費相当額を控除した価額の70％に相当する金額を加算した価額で評価します。☞128頁
葬祭費	葬祭費は、被相続人ではなく相続人が受け取るべきものであり、相続財産とはなりません。なお、国民健康保険法により支給される葬祭費は、非課税と規定されていますので相続人の所得にもなりません。
葬式会場使用料	相続人（無制限納税義務者）又は包括受遺者が支出した会場使用料は、葬式の前後に生じた出費で通常葬式に伴うものと認められるので、葬式費用として債務控除できます（相基通13−4）。☞211頁
葬式費用	葬式費用として債務控除できるものは、①葬式、若しくは葬送に際し、又はこれらの前において、埋葬、火葬、納骨又は遺がい若しくは遺骨の回送その他に要した費用、②葬式に際し、施与した金品で、被相続人の職業、財産その他の事情に照らして相当と認められるもの、③そのほか、葬式の前後に生じた出費で通常葬式に伴うものと認められるもの、④死体捜索又は死体若しくは遺骨の運搬に要した費用とされています（相基通13−4）。☞211頁
造成中の宅地	造成中の宅地の価額は、その土地の造成工事着手直前の地目により評価した価額に、その宅地の造成に係る費用現価（課税時期までに投下した日等の額を課税時期の価額に引き直した額の合計額）の80％に相当する金額を加算した金額によって評価します（評基通24−3）。☞82頁 　造成工事着手直前の地目により評価した価額 ＋ 造成に係る費用現価 × 80％
相続開始前3年以内に贈与があった財産	相続又は遺贈により財産を取得した者が当該相続の開始前3年以内に当該相続に係る被相続人から贈与により財産を取得したことがある場合においては、その者については、当該贈与により取得した財産（特定贈与財産を除きます。）の価額（当該財産に係る贈与の時における価額）を相続税の課税価格に加算します（相法19、相基通19−1）。☞204頁
相続財産に関する費用	相続財産に関する費用（民法第885条に規定する相続財産の中から支弁する相続財産に関する費用）は、債務控除できません（相基通13−2）。☞210頁
相続時精算課税適用財産	相続時精算課税の制度を適用した贈与財産の価額は、相続時精算課税に係る贈与者である父母又は祖父母が亡くなった時の相続税の計算上、相続財産の価額に加算するとともに、既に納めた相続時精算課税に係る贈与税相当額を控除して計算します（相法21の15）。☞205頁
相続登記費用	相続した不動産を登記するために支出した相続登記費用は、相続開始後に発生する費用であり、被相続人に係る費用ではなく相続人が負担すべき費用ですので債務控除の対象とはなりません。☞210頁

さい〜しき　しき〜しみ　しみ〜じゅ　じゅ〜しょ　しょ〜せい　せい〜そう　そう〜たく　たく〜ちゅ　ちゅ〜てい

項　目	評　価　方　法　等
相当地代に満たない地代を支払っている貸宅地	相当地代に満たない地代を支払っている場合の貸宅地の価額は、自用地としての価額から「相当の地代に満たない地代を支払っている場合の借地権の評価」を控除した金額（地代調整貸宅地価額）によって評価します。ただし、その金額が自用地価額の80％を超える場合は、80％に相当する金額によって評価します（課資2−58（例規）直評7）。☞89頁
相当地代に満たない地代を支払っている借地権	相当地代に満たない地代を支払っている場合の借地権の価額は、原則として、次に定める算式に準じて計算した金額によって評価します（課資2−58（例規）直評4）。☞89頁 自用地価額 × 借地権割合 ×（1−（実際地代−通常地代）÷（相当地代−通常地代））
相当の地代を支払っている借地権	相当の地代を支払っている場合の当該土地に係る借地権の価額は、①権利金等を供与していない場合は借地権の価値はないものとして評価しません。②①以外の場合は「相当の地代に満たない地代を支払って土地の借受けがあった場合」に準じて評価します（課資2−58（例規）直評3）。☞89頁
相当地代を収受している貸宅地	相当の地代を収受している貸宅地の価額は、①権利金等を収受していない場合は自用地価額の80％に相当する金額により評価し、②①以外の場合は自用地価額から「相当の地代を支払っている場合の借地権の評価額」を控除した金額により評価します（課資2−58（例規）直評6）。☞89頁
側方路線に一部接している宅地	評価する宅地の一部分のみが側方路線に接している場合には、土地価格に影響を及ぼすのは、その側方路線に直接面している部分であるので、側方路線影響加算額を調整の上、評価します。☞65頁
訴訟中の権利	訴訟中の権利の価額は、課税時期の現況により係争関係の真相を調査し、訴訟進行の状況をも参酌して原告と被告との主張を公平に判断して適正に評価することとされています（評基通210）。なお、勝訴の可能性が高い場合、訴訟物や訴訟額から勝訴した場合の弁護士報酬額等を控除した金額により評価するものと考えられます。
損害賠償金債権	被害者が死亡したことに対して支払われる損害賠償金は相続税の対象とはなりません。この損害賠償金は遺族の所得になりますが、非課税規定により所得税も課税されません（昭和57年5月17日直資2−178）。なお、被相続人が損害賠償金を受け取ることに生存中決まっていたが、受け取らないうちに死亡してしまった場合には、その損害賠償金を受け取る権利、すなわち債権が相続財産となります。
損害賠償金債務	損害を与えた原因が被相続人の行為に基づくものであれば、相続人は、責任を相続により承継することになります（民法896）ので、相手に支払うべき損害賠償金は被相続人の債務に該当します。☞210頁
損害保険の解約返戻金	損害保険契約である定期金給付契約に関する権利を取得した時において、その契約を解約するとしたならば支払われるべき解約返戻金や前納保険料が相続財産となります。☞198頁
存続期間の定めのない永小作権	存続期間の定めのない永小作権の価額は、存続期間を30年（別段の慣習があるときは、それによる。）とみなし、その目的となっている農地の価額に「地上権及び永小作権の評価」（相法23）割合（40％）を乗じて算出した金額によって評価します（評基通43）。☞120頁 農地の価額 × 40％（存続期間30年とする永小作権の割合）
田	田や畑などの農地は、①純農地、中間農地は固定資産税評価額に国税局長の定める倍率を乗じて評価し、②市街地農地は宅地であるとした場合の価額から国税局長の定める造成費を控除した金額によって評価し、③市街地周辺農地は、②で評価した金額の80％で評価します（評基通34他）。☞100頁
第1種農地	第1種農地は、原則として純農地に分類され、その農地の固定資産税評価額に、田又は畑の別に、国税局長の定める倍率を乗じて計算した金額によって評価します（評基通34、37）。☞100頁 固定資産税評価額 × 国税局長の定める田畑の倍率

項　目	評　価　方　法　等
大規模工場用地	大規模工場用地（５万㎡以上のもの）の価額は、①路線価地域に所在するもの、②倍率地域に所在するものの区分に従い、次の算式により評価します。ただし、その地積が20万㎡以上のものの価額は、次により計算した価額の95％に相当する価額によって評価します（評基通22）。☞79頁 ①　正面路線の路線価　×　大規模工場用地の地積　×（95％） ②　固定資産税評価額　×　国税局長の定める大規模工場用地の倍率　×（95％）
第３種農地	第３種農地は、原則として市街地周辺農地に分類され、市街地農地であるとした場合の価額の80％に相当する金額によって評価します（評基通34、39）。☞100頁 市街地農地の価額　×　80％
代償財産	代償財産の価額は、代償分割の対象となった財産を現物で取得した者が他の共同相続人又は包括受遺者に対して負担した債務（代償債務）の額の相続開始の時における金額によります。ただし、次の算式に準じる合理的な方法によることもできます（相基通11の２－９、10）。 代償債務の額　×　代償財産の相続開始時の評価額　÷　代償財産の時価
退職金	退職手当金等で、被相続人の死亡後３年以内に支給が確定（支給額が確定していないものを除きます。）したものは、相続財産とみなされて相続税の課税対象となります（相法３二、相基通３－30、３－31）。なお、相続人（相続放棄者や相続権を失った者を除きます。）が受け取った退職手当金等には非課税限度額（500万円×法定相続人の数）があります（相令１の３）。☞201頁
退職金を支給した場合	被相続人の死亡によって事業を廃止して被相続人が雇用していた従業員を解雇する場合において、その者に退職金を支払っているときは、その支給された退職金は、被相続人の生前事業を営む期間中の労務の対価であり、被相続人の債務として確実なものであると認められますから、その金額を債務控除することができます。☞210頁
退職手当金等を定期金として受給した場合	被相続人の退職手当金等を定期金として受給した場合は、契約に基づかない定期金に関する権利に該当せず、退職手当金等として課税されます（相法３①二、六、相基通３－47）。なお、相続人（相続放棄者や相続権を失った者を除く）が受け取った退職手当金等には非課税限度額（500万円×法定相続人の数）があります（相令１の３）。☞198頁
退職年金の継続受取人が取得する権利	退職年金を受けている者の死亡により、その相続人その他の者が当該年金を継続して受けることとなった場合（これに係る一時金を受けることとなった場合を含みます。）においては、当該年金の受給に関する権利は、その継続受取人となった者が相続又は遺贈により取得したものとみなされ、定期金の評価に基づき評価します（相法３①六、24、相基通３－29）。☞176頁
第２種農地	第２種農地は、原則として中間農地に分類され、その農地の固定資産税評価額に、田又は畑の別に、国税局長の定める倍率を乗じて計算した金額によって評価します（評基通34、38）。☞100頁 固定資産税評価額　×　国税局長の定める田畑の倍率
太陽光発電敷地	太陽光発電敷地の価額は、①自己の居住用家屋の上に太陽光発電設備を設置している場合は自用地評価し、②賃貸アパートの家屋の屋根の上に太陽光発電設備を設置している場合は太陽光発電設備による電力を賃貸アパートに使用せず、自ら使用するか又は一部を売電している場合でも、全体を「貸家建付地」として評価しても差し支えないものと考えられます。
太陽光発電設備	屋根に設置する太陽光発電設備（太陽光パネル）の価額は、財産評価基本通達に定める「一般動産」として評価します。償却費の額を計算する場合における耐用年数は、耐用年数省令別表第二「31電気業用設備」「その他の設備」「主として金属製のもの」17年で計算します。☞181頁
宅地	宅地の評価は、原則として、その所在する地域について国税庁が定めた評価方法である①路線価方式（市街地的形態を形成する地域にある宅地）②倍率方式（路線価方式以外の宅地）によって評価します（評基通11）。☞56頁

項　目	評　価　方　法　等
宅地比準方式	宅地比準方式とは、その農地等が宅地であるとした場合の1㎡当たりの価額からその農地等を宅地に転用する場合にかかる通常必要と認められる1㎡当たりの造成費に相当する金額を控除した金額に、その農地等の地積を乗じて計算した金額により評価する方法をいいます。☞101頁 （農地等が宅地であるとした場合の1㎡当たりの価額 － 1㎡当たりの造成費）× 地積
他社株転換可能債	他社株転換可能債（EB債）とは、デリバティブにより株価や為替などの変動リスクを背負うことにより、大きな利回りのリターンを得られるもので、その仕組債の内容（ノックイン価格やノックイン時の償還資産、残存期間など）により評価方法は異なります。☞174頁
多数の路線に接する宅地	多数の路線に接する宅地の価額は、各路線が正面路線に対し側方路線としての効用を果たすのか、裏面路線としての効用を果たすのかを個々に検討し、それぞれの路線価にその適用すべき側方路線影響加算率又は二方路線影響加算率を乗じた金額を基に評価します。☞62頁
建物	建物の価額は、その建物の固定資産税評価額（地方税法第381条の規定により家屋課税台帳若しくは家屋補充課税台帳に登録された基準年度の価格又は比準価格）に財産評価基本通達「別表1」に定める倍率1.0を乗じて計算した金額によって評価します（評基通89）。☞128頁 固定資産税評価額 × 財産評価基本通達の倍率（1.0）
建物更生共済に関する権利	建物更生共済契約は、積立型の損害保険で、共済契約者について相続が開始した場合には、共済契約者の相続人に契約が承継されることから、建物更生共済契約に関する権利が相続税の課税対象となり、その評価額は、相続開始時における解約返戻金相当額となります。
建物譲渡特約付借地権	建物譲渡特約付借地権の価額は、定期借地権等に分類され原則として、課税時期において借地人に帰属する経済的利益及びその存続期間を基として評定した価額によって評価します。ただし、課税上弊害がない場合に限り、その定期借地権等の目的となっている宅地の課税時期における自用地としての価額に、一定の算式により計算した数値を乗じて評価することができます（評基通27－2）。☞96頁
建物附属設備	建物附属設備等は、①家屋と構造上一体となっている設備はその家屋の価額に含めて評価、②門、塀等の設備の価額は、その附属設備の再建築価額から、建築の時から課税時期までの期間の償却費の額を控除した金額の70%に相当する金額によって評価、③庭園設備の価額は、その庭園設備の調達価額の70%に相当する価額によって評価します（評基通92）。☞131頁
棚卸資産	棚卸資産は、①商品、②原材料、③半製品及び仕掛品、④製品及び生産品の区分により評価し、原則として、販売価額から、適正利潤の額、予定経費の額及びその商品につき納付すべき消費税額を控除した金額によって評価します。ただし、個々の価額を算定し難い場合は、所得税の計算上選定している方法によることができます（評基通133）。☞181頁
頼母子 （たのもし）	頼母子（複数の個人又は法人等が講等の組織に加盟して、金品を定期又は不定期に講等に対して払い込み、利息の額で競合う競りや抽選によって金品の給付を受ける権利）の価額は、課税時期までの掛金総額によって評価します（評基通207）。☞189頁
タワーマンション	居住用超高層建築物（タワーマンション）の評価は、原則として、通常の分譲マンションの評価と同様ですが、通達に基づく評価額が著しく不適当と認められる場合（市場価格との乖離率の幅、個別的な要素も考慮）は、国税庁長官の指示を受けて評価することになっています（評基通6）。
単位型投信	単位型投資信託（ユニット型投資信託）とは、最初の募集期間にしか購入することができない投資信託のことで、課税時期において解約請求等により、証券会社等から支払いを受けることができる価額として次の算式により計算した金額によって評価します（評基通199(2)）。☞175頁 基準価額 × 口数 － 源泉徴収されるべき金額 － 信託財産留保額及び解約手数料

項　目	評　価　方　法　等
団体信用保険の住宅ローン	団体信用保険の付された住宅ローンは、債務者の死亡により保険金でその債務が補填されることになるため、債務控除の対象とはなりません。
地役権	区分地上権に準ずる地役権は、その承役地である自用地としての価額に、その地役権の設定契約の内容に応じた土地利用制限率を基とした次の割合を乗じて評価します（評基通27－5）。☞99頁 (1)　家屋の建築が全くできない場合　50％又は承役地の借地権割合のいずれか高い割合 (2)　家屋の構造、用途等に制限を受ける場合　30％
遅延利息	生命保険金の支払いが遅れたことに伴い発生する遅延利息は、生命保険金とともに支払われますが、受取人に対する遅延損害金であり、相続財産に含まれません。遅延利息は、受け取った相続人等の雑所得となります（相基通3－8）。
地下鉄のトンネルが通っている土地	地下鉄のトンネルの所有を目的とする区分地上権が設定されている宅地の価額は、その宅地の自用地としての価額から、区分地上権の価額を控除した金額によって評価します。なお、地下鉄のずい道の所有を目的として設定した区分地上権を評価するときにおける区分地上権の割合は、30％とすることができます（評基通25⑷、27－4）。☞87頁 宅地の自用地評価額　－　宅地の自用地評価額　×　30％
池沼	池沼の価額は、「評価単位」（評基通7－2）及び「評価の方式」（評基通57）から「土地の上に存する権利が競合する場合の賃借権又は地上権の評価」（評基通60－4）までの定めを準用して評価します（評基通62）。なお、池沼が路線価地域に所在する場合は、造成費用を控除します。
地上権	地上権とは、「他人の土地において工作物又は竹木を所有するため、その土地を使用する権利」です（民法265）。地上権（区分地上権を除きます。）の価額は、その残存期間に応じ、その土地の評価額に、相続税法第23条に定める割合を乗じて算出した金額によって評価します（相法23）。☞99頁
地方公共団体に寄附した相続財産	相続又は遺贈により財産を取得した者が、当該取得した財産を申告期限までに国若しくは地方公共団体に贈与をした場合には、相続税の課税価格の計算の基礎に算入しません（措法70①）。☞213頁
地方公社債	地方公社債の価額は、①金融商品取引所等に上場、②上場していない場合に区分し次の算式により評価します（評基通197～197－5）。☞173頁 ①　課税時期の最終価格　＋　既経過利息の額（源泉税控除後） ②　公社債の発行価額　＋　既経過利息の額（源泉税控除後）
地方税	住民税及び固定資産税等の地方税は、地方税法に賦課期日が1月1日と定められており、地方税法第9条第1項により被相続人に課されるべき地方税を納める義務を承継することになっていることから、承継した相続人（制限納税義務者は、取得した財産でこの法律の施行地にあるものについて負担した公租公課に限ります。）又は包括受遺者は債務控除できます（相法13①一、14①）。☞210頁
中間原野	中間原野の価額は、その原野の固定資産税評価額に、地価事情の類似する地域ごとに、その地域にある原野の売買実例価額、精通者意見価格等を基として国税局長の定める倍率を乗じて計算した金額によって評価します（評基通58－2）。☞113頁 固定資産税評価額　×　国税局長の定める原野の倍率
中間山林	中間山林の価額は、その山林の固定資産税評価額に、地価事情の類似する地域ごとに、売買実例価額、精通者意見価格等を基として国税局長の定める倍率（評価倍率表には例えば「中28」のように記載されています。）を乗じて計算した金額によって評価します（評基通48）。☞108頁 固定資産税評価額　×　国税局長の定める山林の倍率
中間農地	中間農地の価額は、その農地の固定資産税評価額に、田又は畑の別に、地価事情の類似する地域ごとに、その地域にある農地の売買実例価額、精通者意見価格等を基として国税局長の定める倍率を乗じて計算した金額によって評価します（評基通36－2、38）。☞100頁 固定資産税評価額　×　国税局長の定める田畑の倍率

項　目	評　価　方　法　等
中期国債ファンド	中期国債ファンドの価額は、課税時期において解約請求等により、証券会社等から支払いを受けることができる価額で評価します（評基通199(1)）。☞175頁
駐車場	駐車場の価額は、①一般的な駐車場として契約している場合には、自用地価額により評価、②車庫などの施設を駐車場の利用者の費用で造ることを認めるような契約の場合には、その土地の自用地価額から賃借権の価額を控除した金額によって評価します（評基通82、86、87）。☞121頁
弔慰金	弔慰金は、①業務上の死亡であるとき　②業務上の死亡でないときに区分し、下記の金額の範囲内であれば課税財産となりませんが、当該金額を超える部分の金額は退職手当金等に該当するものとされます（相法3、相基通3－20）。 　①　被相続人の死亡当時における賞与以外の普通給与の3年分に相当する金額 　②　被相続人の死亡当時における賞与以外の普通給与の半年分
長期国債	長期国債（償還期間が5年超10年以下の国債）の価額は、①金融商品取引所等に上場、②上場していない場合に区分し次の算式により評価します（評基通197～197－5）。173頁 ① 課税時期の最終価格 ＋ 既経過利息の額（源泉税控除後） ② 公社債の発行価額 ＋ 既経過利息の額（源泉税控除後）
長期平準定期保険金（契約に関する権利）	長期平準定期保険（保険満了時の被保険者の年齢が70歳を超え、かつ、加入時の被保険者の年齢に保険期間の2倍に相当する数を加えた数が105を超えるもの）の保険金は、保険事故発生の有無により、①「生命保険金」（相法3、12）又は②「生命保険契約に関する権利の評価」（評基通214）により評価します。☞198頁
町内会に寄附（遺贈）した相続財産	町内会は、その構成員である町又は字の区域その他の市町村内の一定の区域内に住所を有する者の利益のために活動するものであることから、相続税法第12条第1項第3号に規定する「公益を目的とする事業を行う者」に該当しません。したがって、相続税法第66条第1項の規定により、町内会に相続税が課税されます（相法12①、66）。☞214頁
貯金	貯金の価額は、次の算式によって評価します。ただし、定期預金、定期郵便貯金及び定額郵便貯金以外の預貯金については、課税時期の既経過利子の額が少額なものに限り、同時期現在の預入高によって評価することができます（評基通203）。☞188頁 預入高 ＋ 解約利息の額（源泉税控除後）
著作権	著作権の価額は、著作者の別に一括して次の算式によって計算した金額によって評価します。ただし、個々の著作物に係る著作権について評価する場合には、その著作権ごとに次の算式によって計算した金額によって評価します（評基通148）。☞184頁 年平均印税収入の額 × 0.5 × 課税時期後の印税収入推算年数に応ずる基準年利率による複利年金現価率
著作隣接権	著作隣接権（俳優、歌手などの実演家、レコード製作者及び放送事業者等を保護するためのもので、著作隣接権の存続期間は、その属する年の翌年から起算して50年を経過した時をもって満了（著作権法111②））の評価は、著作権の評価の定めに準じて評価します（評基通154－2）。☞184頁
貯蓄預金	貯蓄預金とは、普通預金より金利が高く、定期預金より換金性が高い預金で、次の算式によって評価します。ただし、定期性預貯金以外の既経過利子の額が少額なものに限り、同時期現在の預入高によって評価することができます（評基通203）。☞188頁 預入高 ＋ 解約利息の額（源泉税控除後）
追加型投信	追加型投信（オープン型投資信託）とは、運用開始後も購入できる投資信託のことで、課税時期において解約請求等により、証券会社等から支払いを受けることができる価額として次の算式により計算した金額によって評価します（評基通199）。☞175頁 基準価額 × 口数 － 源泉徴収されるべき金額 － 信託財産留保額及び解約手数料

項　目	評　価　方　法　等
追加預託金のある ゴルフ会員権	名義変更時に追加の預託金を支払うゴルフ会員権には、①退会又は譲渡の際に追加預託金の返還を受けられるものと、②当初の預託金と一体化してその後の取引価格の中に織り込まれるものがあります。取引相場のあるゴルフ会員権は次の算式により評価し、取引相場のないゴルフ会員権はゴルフ会員権の評価額と返還時期に応じた預託金の合計額で評価します（評基通211）。☞195頁 課税時期の通常の取引価格 × 70% ＋ 取引価格に含まれない追加預託金の額
追徴金	被相続人が刑の言渡しを受け、判決の確定した罰金、追徴金は、相続税の課税価格の計算上、債務控除することができます。☞210頁
通院給付金	死亡後に支払われた被相続人が受取人の通院給付金は、本来の相続財産であり、非課税規定の適用がありません（相基通3－7）。なお、受取人が被相続人以外である場合は、その者が取得するものであり、相続税の課税財産になりません。
通常貯金	通常貯金は、次の算式によって評価します。ただし、定期性預貯金以外の既経過利子の額が少額なものに限り、同時期現在の預入高によって評価することができます（評基通203）。☞188頁 預入高 ＋ 解約利息の額（源泉税控除後）
通常貯蓄預金	通常貯蓄預金（通常貯金よりも有利な利子が付く出し入れ自由な金融商品）は、次の算式によって評価します。ただし、定期性預貯金以外の既経過利子の額が少額なものに限り、同時期現在の預入高によって評価することができます（評基通203）。☞188頁 預入高 ＋ 解約利息の額（源泉税控除後）
通常の地代を支払っている貸地	通常の地代が支払われている場合の貸地の価額については、通常の貸地の評価と同様に自用地価額から借地権価額を控除した金額によって評価します（評基通27、課資2－58（例規）直評（趣旨））。☞89頁 自用地価額 － 自用地価額 × 借地権割合
通常の地代を支払っている借地	通常の地代が支払われている場合の借地権の価額については、通常の借地権の評価と同様に自用地価額に借地権割合を乗じた金額によって評価します（評基通27、課資2－58（例規）直評（趣旨））。☞89頁 自用地価額 × 借地権割合
通知預金	通知預金（7日間据え置いた後、2日前に通知をすれば自由に引き出せる預金）の価額は、次の算式によって評価します。ただし、定期性預貯金以外の既経過利子の額が少額なものに限り、同時期現在の預入高によって評価することができます（評基通203）。☞188頁 預入高 ＋ 解約利息の額（源泉税控除後）
積立貯金	積立貯金（通常貯金口座から定期的に定額貯金口座に貯蓄する預金）の価額は、次の算式によって評価します。ただし、定期性預貯金以外の既経過利子の額が少額なものに限り、同時期現在の預入高によって評価することができます（評基通203）。☞188頁 預入高 ＋ 解約利息の額（源泉税控除後）
積立利率変動型終身保険（契約に関する権利）	積立利率変動型終身保険（市場の金利動向によって積立利率が変動し、積立に対する保険金や解約返戻金が変動する保険）は、保険事故発生の有無により、①「生命保険金」（相法3、12）又は②「生命保険契約に関する権利の評価」（評基通214）により評価します。
庭園設備	庭園設備（庭木、庭石、あずまや、庭池等）の価額は、その庭園設備の調達価額（課税時期においてその財産をその財産の現況により取得する場合の価額）の70%に相当する価額によって評価します（評基通92(3)）。
低解約返戻金型終身保険（契約に関する権利）	低解約返戻金型終身保険（保険料の支払期間中の解約返戻金の返戻率を低く抑えてある終身保険）は、保険事故発生の有無により、①「生命保険金」（相法3、12）又は②「生命保険契約に関する権利の評価」（評基通214）により評価します。☞198頁
定額貯金	定額貯金の価額は、次の算式によって評価します。ただし、既経過利子の額が少額なものに限り、同時期現在の預入高によって評価することができます（評基通203）。☞188頁 預入高 ＋ 解約利息の額（源泉税控除後）

さい～しき
しき～しみ
しみ～じゅ
じゅ～しょ
しょ～せい
せい～そう
そう～たく
たく～ちゅ
ちゅ～てい

項　目	評　価　方　法　等
定期金（定期金に関する権利）	定期金に関する権利とは、契約によりある期間定期的に金銭その他の給付を受けることを目的とする債権をいい、権利を取得した時において定期金給付事由が、①発生しているものと、②発生していないものに区分して評価します（相法24、25）。☞178頁
定期借地権	定期借地権の価額は、原則として、課税時期において借地権者に帰属する経済的利益及びその存続期間を基として評定した価額によって評価します。ただし、課税上弊害（権利金の追加払いがある場合や地価の上昇による自然発生的な差額地代が明確に生じている場合）がない限り、その定期借地権等の目的となっている宅地の自用地としての価額に、一定の算式により計算した数値を乗じて計算した金額によって評価することができます（評基通27－2）。☞96頁
定期付終身保険金（契約に関する権利）	定期付終身保険（終身保険契約に定期保険を特約の形で付加した保険）は、保険事故発生の有無により、①「生命保険金」（相法3、12）又は②「生命保険契約に関する権利の評価」（評基通214）により評価します。なお、相続人（相続放棄者や相続権を失った者を除きます。）が受け取った生命保険金には非課税限度額（500万円×法定相続人の数）があります（相法3、12、15）。☞198頁
定期積金	定期積金の価額は、課税時期における預入高と解約利息の額から源泉徴収される額を控除した金額との合計額により評価。ただし、課税時期の既経過利子の額が少額なものに限り、同時期現在の預入高によって評価します（評基通203）。☞188頁 預入高 ＋ 解約利息の額（源泉税控除後）
定期保険の死亡保険金	定期保険（保障期間を契約時に定め、契約終了時に返戻金のない保険）の死亡保険金は、相続財産とみなされます。なお、相続人（相続放棄者や相続権を失った者を除きます。）が受け取った生命保険金には非課税限度額（500万円×法定相続人の数）があります（相法3、12、15）。☞198頁
提供公園	提供公園（開発面積3000㎡以上の大規模なマンションを建築する際に都市計画法によりマンション側が整備をしなければならない公園）は、自治体に無償提供していますので、相続税の課税財産となりません（非課税財産）。
定期預金	定期預金の評価は、課税時期における預入高と解約利息の額から源泉徴収される額を控除した金額との合計額により評価。ただし、課税時期の既経過利子の額が少額なものに限り、同時期現在の預入高によって評価します（評基通203）。☞188頁 預入高 ＋ 解約利息の額（源泉税控除後）
逓減定期保険金（契約に関する権利）	逓減定期保険（保険料は一定であるが、契約時の保険金が契約期間の年数が経つごとに一定金額まで減少するもの）は、①「生命保険金」（相法3、12）又は②「生命保険契約に関する権利の評価方法」（評基通214）により評価します。なお、相続人（相続放棄者や相続権を失った者を除きます。）が受け取った生命保険金には非課税限度額（500万円×法定相続人の数）があります（相法3、12、15）。☞178頁
停止条件付遺贈財産	停止条件付遺贈の成就前に相続税の申告書を提出するときは、当該遺贈の目的となった財産については、相続人が民法第900条から第902条まで及び第903条の規定による相続分によって課税価格を計算します。ただし、当該財産の分割があり、その分割がこの割合に従ってされなかった場合において当該分割により申告することもできます（相基通11の2－8）。
ディスカウント債	ディスカウント債（通常よりも低い利率で、発行価額が額面金額よりも低く設定されており、償還時には額面で償還される債券）は、次の算式によって評価します。ただし、課税時期の予想売却価格が、評価額を下回る場合は、予想売却価格によって評価することができます。☞174頁 発行価額 ＋ 既経過償還差益 ＋ 既経過利息（源泉税控除後）
逓増定期保険金（契約に関する権利）	逓増定期保険（定期保険の一種であり、保険料は変わらずに保障が段階的に増えていくもの）は、「生命保険金」（相法3、12）又は「生命保険契約に関する権利の評価方法」（評基通214）により評価します。なお、相続人（相続放棄者や相続権を失った者を除きます。）が受け取った生命保険金には非課税限度額（500万円×法定相続人の数）があります（相法3、12、15）。☞178頁

項　　目	評　価　方　法　等
抵当権が設定されている土地	抵当権が設定されている土地については、原則として抵当権が設定されていることを考慮しないで評価します。ただし、課税時期において、債務者が弁済不能の状態にあるため、抵当権が実行されることが確実であり、かつ、債務者に求償しても弁済を受ける見込みがない場合に限り、債務者の弁済不能と認められる部分の金額が債務控除できます（相基通14－3(1)、11の2－1(3)）。
抵当証券	抵当証券（不動産の抵当権付き貸付債権を、小口に証券化した金融商品）は、①金融商品取引業者等の販売するものは、次の算式により評価し、②①以外の抵当証券は、「貸付金の評価」（評基通204、205）に準じて評価します（評基通212）。☞195頁 元本の額 ＋ 既経過利息（源泉税控除後） － 解約手数料
庭内神しの敷地	庭内神し（屋敷内にある神の社や祠等）敷地は、その建立の経緯・目的、現在の礼拝の態様等も踏まえ、日常礼拝の対象とされている場合には、その敷地及び附属設備は、相続税の非課税財産に該当します。☞214頁
鉄道、軌道地	鉄道又は軌道の用に供する土地（鉄軌道用地）の価額は、その鉄軌道用地に沿接する土地の価額※の3分の1に相当する金額によって評価します（評基通84）。 その鉄軌道用地に沿接する土地の価額※ × 1／3 ※　その鉄軌道用地をその沿接する土地の地目、価額の相違等に基づいて区分し、その区分した鉄軌道用地に沿接するそれぞれの土地の価額を考慮して評定した価額の合計額。
鉄道の高架下の賃借権	建物の所有を目的とする鉄道の高架下の土地の賃借権の価額は、その賃借権の目的となっている宅地の自用地評価額にその設定契約の内容に応じた土地利用制限率を基とした割合（区分地上権の割合）を乗じて評価するものと解されます（評基通25(4)、27－4）。☞平成19年9月28日東京地裁☞95頁 宅地の自用地評価額 × 区分地上権の割合
デュアル・カレンシー債	デュアル・カレンシー債（元本の払込みと償還が同じ通貨で、利息の支払通貨が異なる債券）は、金融商品取引所等に、①上場しているもの、②上場していないものに区分し、次の算式により評価します（評基通197～197－5）。なお、邦貨換算は、対顧客直物電信買相場（TTB）により計算します（評基通4－3）。☞173頁 ① 課税時期の最終価格 ＋ 既経過利息の額（源泉所得税相当額控除後） ② 発行価額 ＋ 既経過利息の額（源泉所得税相当額控除後）
転換社債型新株予約権付社債	転換社債型新株予約権付社債（一定価格（転換価格）で株式に転換できる権利の付いた社債）は、①金融商品取引所等に上場しているもの、②①以外のもので株価が転換価格を超えるもの、③②以外のものに区分し、次の算式により評価します（評基通197－5）。☞173頁 ① 課税時期の最終価格 ＋ 既経過利息の額（源泉所得税相当額控除後） ② 転換社債の発行会社の株式の価額 × 100円 ÷ 転換価格 ③ 発行価額 ＋ 既経過利息の額（源泉所得税相当額控除後）
電気設備	電気設備（棚卸資産を除きます。）は、原則として、売買実例価額、精通者意見価格等を参酌して評価します。ただし、売買実例価額等が明らかでない場合は、同種及び同規格の新品の小売価額から、取得時期から課税時期までの償却費の額を控除した金額によって評価します。なお、家屋と構造上一体となっている設備については、その家屋の価額に含めて評価します（評基通92、128～130）。☞181頁
電子マネー	電子マネーのうち、①前払い式（プリペイドタイプ）のもの（SuicaやICOCAなどの交通系、nanacoや楽天Edy、WAONなどの流通系、PayPayやau PAY、LINE PAY）は、チャージ残高が相続財産となり、②後払い式（ポストペイタイプ）のもの（QUICPay、iDなど）は、相続開始後に支払期日が到来するものが債務控除の対象になります。
転借権	転借権（借地権の目的となっている宅地の転借権）の価額は、次の①の算式により評価し、その転借権が貸家の敷地の用に供されている場合は、②の算式によって評価します（評基通30）。☞94頁 ① 借地権の評価額 × 借地権割合 ② 転借権の評価額 － 転借権の評価額 × 借家権割合 × 賃貸割合

てい～てん
てん～とし
どし～のう
のう～ふた
ふつ～ほし
ぼせ～むせ
むど～りし
りつ～わり

項　目	評　価　方　法　等
転貸借地権	転貸借地権（他から借り受けている宅地を自己の用に供することなく、他に転貸している場合の借地権）の価額は、次の算式によって評価します（評基通29）。☞94頁 　借地権の価額　－　転借権の価額
店頭ＦＸ	相続開始日で未決済の取引がある場合は、その日の最終価格で決済した場合の差益金額が相続財産となります。課税時期において差益金額が利益である場合は相続財産となり、損失である場合は債務控除できます。なお、差し入れてある証拠金は相続財産（預け金）となります。
伝統的建造物	伝統的建造物である家屋の価額は、当該家屋の固定資産税評価額の70％で評価します。なお、固定資産税評価額が付されていない場合には、その文化財建造物の再建築価額から、経過年数に応ずる減価の額を控除した価額の70％に相当する金額で評価します（評基通89－2）。☞129頁
伝統的建造物の敷地	伝統的建造物の敷地は、それが重要文化財建造物の敷地でないものとした場合の価額の70％で評価します。なお、倍率地域で固定資産税評価額が付されていない場合には、その宅地と状況が類似する付近の宅地の固定資産税評価額を基とし評価します（評基通24－8）。☞85頁
電話加入権	電話加入権の評価は、次に掲げる区分に従い評価します（評基通161）。 ①　取引相場のある電話加入権の価額は、課税時期における通常の取引価額に相当する金額 ②　①以外の電話加入権の価額は、国税局長の定める標準価額（令和2年全国一律1,500円） なお、令和3年1月1日以後の相続等からは、売買事例、精通者意見等を参酌して評価することになります（改正評基通161）。☞185頁
同族株式	株式を取得した株主が、その会社の経営支配力を有している株主（同族株主等）かそれ以外の株主かの区分により、それぞれ、類似業種比準方式、純資産価額方式若しくはその併用方式による原則的評価方式か、特例的な評価方式の配当還元方式により評価します。また、資産保有状況、営業の状態が一般の会社と異なると認められる特定の会社は、特定の評価会社の株式として純資産価額方式を基本として評価します。☞139頁
登録有形文化財建造物	登録有形文化財建造物である家屋の価額は、当該家屋の固定資産税評価額の70％で評価します。 なお、固定資産税評価額が付されていない場合には、その文化財建造物の再建築価額から、経過年数に応ずる減価の額を控除した価額の70％に相当する金額で評価します（評基通24－8、89－2）。☞129頁
登録有形文化財建造物の敷地	登録有形文化財建造物の敷地は、それが重要文化財建造物の敷地でないものとした場合の価額の70％で評価します。なお、倍率地域で固定資産税評価額が付されていない場合には、その宅地と状況が類似する付近の宅地の固定資産税評価額を基とし評価します（評基通24－8）。☞85頁
道路との高低差がある宅地	道路より高い位置にある宅地又は低い位置にある宅地で、同一路線価の土地に比べ利用価値が低下していると認められる部分の面積に対応する部分の価額に10％を乗じて計算した金額を控除した価額によって評価することができます。☞64頁 　宅地の価額　－　利用価値が低下していると認められる部分の面積に対応する価額　×10％
特定公益信託に支出した金銭	相続や遺贈で取得した財産（生命保険金や退職手当金も含まれます。）を特定の公益信託の信託財産とするために申告期限までに支出した場合は、その支出した金銭は相続税の対象とはなりません（措法70③）。☞213頁
特定疾病保障保険金（契約に関する権利）	特定疾病保障保険（生存中に保険金が受け取れる保険）は、「生命保険金」（相法3、12）又は「生命保険契約に関する権利の評価方法」（評基通214）により評価します。なお、相続人（相続放棄者や相続権を失った者を除く）が受け取った死亡保険金には非課税限度額（500万円×法定相続人の数）があります（相法3、12、15）。また、生前に支払われる「特定疾病保険金」は、非課税所得となります（所基通9－21）。☞198頁

項　目	評　価　方　法　等
特定市民農園の用地	特定市民農園の用地として貸し付けられている土地の価額は、その土地が特定市民農園の用地として貸し付けられていないものとして評価した価額から、その価額に30％を乗じて計算した金額を控除した金額によって評価します。
特定非常災害により被災した土地等	特定非常災害発生日の属する年末までの間に相続等により取得した特定非常災害により被災した特定地域内にある土地等の価額は、路線価及び倍率に「国税局長が特定地域内の一定の地域ごとに定めた調整率」を乗じて評価することができます（災害個別通達2）。
特別縁故者が取得した財産	特別縁故者（相続人がいない場合に家庭裁判所から相続財産の分与を受けた者）が相続財産の分与を受けた場合、①申告期限は分与を受けた日から10か月以内で、②財産の評価時点は分与時の相続税評価額に基づいて評価し、③基礎控除額（平成27年以降は3,000万円）及び相続税額の計算等は相続開始日の法令によります（相法4、民法958の3）。なお、④相続税額の2割加算が適用され、⑤小規模宅地等の特例の適用はできません。
特別寄与料	特別寄与者（相続人以外の親族）が支払いを受けるべき特別寄与料の額（民法1050）については、分与を受けた金額又は特別寄与料の額から、葬式費用又は療養看護のための入院費用等の金額を控除した価額をもって、当該分与された価額又は特別寄与料の額とします（相基通4-3）。なお、特別寄与料を支払った相続人はその金額を債務控除します（相法13）。
特別弔慰金等を元の勤務先から受けた場合	元の勤務先から支給された特別弔慰金等は、雇用者以外の者から支払われるもので被相続人の生前の役務の対価とはいえませんから、その特別弔慰金は相続税法第3条第1項第2号に規定する退職手当金等に該当しません。遺族の一時所得となります。
特別緑地保全地区内にある原野	特別緑地保全地区内にある原野の価額は、原野の評価額から、その価額に80％を乗じて計算した金額を控除した金額によって評価します（評基通58-5）。☞114頁 原野の評価額 － 原野の評価額 × 80％
特別緑地保全区域内の山林	都市緑地法第12条に規定する特別緑地保全地区内にある山林（林業を営むために立木の伐採が認められる山林で、純山林に該当するものを除きます。）の価額は、次の算式①によって評価します（評基通50-2）。なお、管理協定が締結されている山林については、次の算式②によって評価します。☞110頁 ① 山林の評価額 － 山林の評価額 × 80％ ②（山林の評価額 － 山林の評価額）× 80％ × 80％
匿名組合契約に係る権利	匿名組合とは、当事者の一方（匿名組合員）が、相手方（営業者）のために出資をし、その営業から生ずる利益を分配することを約する契約をいいます。匿名組合員の有する財産は、利益配当請求権と匿名組合契約終了時における出資金返還請求権が一体となった債権的権利であり、その価額は、営業者が匿名組合契約に基づき管理している全ての財産・債務を対象として、課税時期において、その匿名組合契約が終了したものとした場合に、匿名組合員が分配を受けることができる清算金の額に相当する金額により評価します。☞168頁
都市計画道路予定の区域内にある宅地	都市計画道路予定地の区域内となる部分を有する宅地の価額は、都市計画道路予定地でないものとした場合の価額に、地区区分、容積率、地積割合の別に応じて財産評価基本通達で定める補正率を乗じて計算した価額によって評価します（評基通24-7）。☞84頁 都市計画道路予定地でないものとした場合の価額 × 財産評価基本通達で定める補正率
都市公園の用地	都市公園の用地として貸し付けられている土地の価額は、その土地が都市公園の用地として貸し付けられていないものとして評価した価額から、その価額に40％を乗じて計算した金額を控除した金額によって評価します。☞平成4年4月22日付 法令解釈通達 その土地の評価額 － その土地の評価額 × 40％

てい～てん

てん～とし

どし～のう

のう～ふた

ふつ～ほし

ほせ～むせ

むど～りし

りつ～わり

項　目	評　価　方　法　等
土砂災害特別警戒区域内にある宅地	土砂災害特別警戒区域内となる部分を有する宅地の価額は、土砂災害特別警戒区域内でないものとした場合の価額に、その宅地の総地積に対する土砂災害特別警戒区域内となる部分の地積の割合に応じて付表9「特別警戒区域補正率表」に定める補正率を乗じて評価します（評基通20-6）。☞77頁 土砂災害特別警戒区域内でないものとした場合の価額 × 特別警戒区域補正率
土壌汚染地	土壌汚染地の評価額は、その土地の評価した価額から、浄化・改善費用の80％相当額や使用制限による減価、心理要因による減価などを控除して計算するものと考えられます。☞平成16年7月5日　資産課税課情報 その土地の評価額 － 浄化・改善費用 × 80％ － その他の減価要因
土地区画整理事業施行中の宅地の評価	仮換地が指定されている宅地の価額は、①その仮換地の価額（清算金が徴収されるものは減算し、交付されるものは加算）によって評価します。ただし、当該工事が完了するまでの期間が1年を超えると見込まれる場合は、その仮換地の価額の95％で評価します。②仮換地の造成工事前で、仮換地について使用収益ができないときには、従前の宅地の価額により評価します（評基通24-2）。 なお、仮換地が指定されていない宅地は、従前の宅地の価額により評価します。☞82頁 ① 仮換地の価額 × (95％) ± 清算金の額
土地保有特定会社の株式	土地保有特定会社の株式の価額は、①同族株主が取得した株式は純資産価額方式によって評価します。また、議決権割合が50％以下の同族株主グループは、その金額に80％を乗じて計算した金額とします（評基通189-4）。なお、②同族株主以外の株主等が取得した株式は、配当還元方式により計算した金額又は純資産価額方式によって評価します。☞161頁
読経料	相続人（無制限納税義務者）又は包括受遺者が支出した読経料は、葬式の前後に生じた出費で通常葬式に伴うものと認められるものであり葬式費用として債務控除できます（相基通13-4）。☞211頁
特許権	特許権の価額は、権利者が自ら特許発明を実施している場合を除き、その権利に基づき将来受ける補償金の額の基準年利率による複利現価の額の合計額によって評価します（50万円に満たない場合は評価しません。）。なお、特許権者が自ら特許発明を実施している場合の特許権はその者の営業権の価額に含めて評価します（評基通140～145）。☞183頁
TOPIXオプション	TOPIXオプション（東証株価指数（TOPIX）を対象原資産とする株価指数のオプション取引）は、オプションの買い手は課税時期の市場のオプション価格が相続財産となり、オプションの売り手は引受価格（オプション料）から課税時期の市場のオプション価格を差し引いた金額が相続財産又は債務となります。
鳥	鳥の価額は、①販売業者が販売の目的をもって有するものは、「たな卸商品等の評価」（評基通133）によって評価し、②それ以外のものは、売買実例価額（ネットなどの取引情報など）、精通者意見価格等を参酌して評価します（評基通134）。☞182頁
取引相場のない株式	取引相場のない株式は、相続や贈与などで株式を取得した株主が、その株式発行会社の経営支配力を有している株主（同族株主等）かそれ以外の株主かの区分により、それぞれ類似業種比準方式、純資産価額方式若しくはその併用方式による原則的評価方式か特例的な評価方式の配当還元方式により評価します（評基通178）。☞139頁
取引相場のないゴルフ会員権	取引相場のないゴルフ会員権は、次の区分に応じて評価します（評基通211）。☞195頁 ①　株式制の会員権は、株式として評価した価額 ②　預託金制の会員権は、返還時期に応じた預託金等の評価額 ③　株式制であり預託金も必要な会員権は、株式として評価した価額＋②の評価額）
2項道路に面する土地	建築基準法第42条第2項に規定する道路に面しており、将来、建物の建替え時等に同法の規定に基づき道路敷きとして提供しなければならない部分を有する宅地の価額は、次の算式により計算した金額によって評価します（評基通24-6）。☞83頁 宅地の評価額 － 宅地の評価額 × セットバック要する部分の地積 ÷ 宅地の総地積 × 70％

項　目	評　価　方　法　等
日経225オプション	日経225オプション（日経平均株価を対象原資とするオプション取引）は、オプションの買い手は課税時期の市場のオプション価格が相続財産となり、オプションの売り手は引受価格（オプション料）から課税時期の市場のオプション価格を差し引いた金額が相続財産又は債務となります。
入院給付金	死亡後に支払われた被相続人が受取人の入院給付金は、本来の相続財産であり、非課税規定の適用がありません（相基通3－7）。なお、受取人が被相続人以外である場合は、その者が取得するものであり、相続税の課税財産になりません。
庭木、庭石、庭池	庭木、庭石等（庭木設備）の価額は、その庭園設備の調達価額（課税時期においてその財産をその財産の現況により取得する場合の価額）の70％に相当する価額によって評価します（評基通92(3)）。
認定事業計画に基づき貸し付けられている農地	認定事業計画（都市農地の貸借の円滑化に関する法律4）に従って賃借権が設定されている農地の価額は、その農地の自用地としての価額から、その価額に5％を乗じて計算した金額を控除した価額によって評価します。☞104頁 　農地の自用地価額　－　農地の自用地価額　×　5％
猫	猫の価額は、①販売業者が販売の目的をもって有するものは、「たな卸商品等の評価」（評基通133）によって評価し、②それ以外のものは、売買実例価額（ネットなどの取引情報など）、精通者意見価格等を参酌して評価します（評基通134）。☞182頁
年金払いで受ける死亡退職金	年金払いで受ける死亡退職金の価額は、相続税法第24条の定期金の評価規定に基づき解約返戻金相当額などの金額で評価します（相法24①）。☞201頁
農業協同組合の出資金	農業協同組合のように、その組合の行う事業によって、その組合員及び会員のために最大の奉仕をすることを目的とし、営利を目的として事業を行わない組合等に対する出資金は、払込出資金額によって評価します（評基通195）。☞168頁
農業振興地域内の農地	農業振興地域内の農地は、①農用地区域内のものは「純農地の評価」（評基通36）によって評価し、②農用地区域外のものは農地法の分類（甲種農地、第1種農地から第3種農地）に従い評価します（評基通34）。
農業用施設用地	農業用施設用地の価額は、①農用地区域内又は市街化調整区域内に存する場合、その宅地が農地であるとした場合の1㎡当たりの価額に、宅地とする場合に通常必要と認められる1㎡当たりの造成費を加算した金額に、地積を乗じて評価し、②農用地区域内等以外の地域に存する場合、通常の宅地又は雑種地の評価方法により評価します（評基通24－5）。☞82頁 　①（農地であるとした場合の1㎡当たりの価額　＋　1㎡当たりの造成費）×地積
農用地利用増進法等の規定により設定された賃借権により貸付けられた農用地等	農用地利用増進法の農用地利用増進計画によって設定された賃貸借に基づき貸し付けられている農用地の価額は、その農用地が貸し付けられていないものとして評価した価額から、その価額に5％を乗じて計算した金額を控除した金額によって評価します。
納骨費用	相続人（無制限納税義務者）又は包括受遺者が支出した納骨費用は、葬式若しくは葬送に際し、又はこれらの前において要する費用であり、葬式費用として債務控除できます（相基通13－4）。☞211頁
農地	農地は、次の分類によりそれぞれ評価します（評基通36、36－2、37、38）。☞100頁 　① 純農地、中間農地は、その固定資産税評価額に国税局長の定める倍率を乗じた金額 　② 市街地農地は、宅地として評価した価額から国税局長の定める造成費を控除した金額 　③ 市街地周辺農地は、②で評価した金額の80％で評価した金額

項　目	評　価　方　法　等
農地中間管理機構に賃貸借により貸し付けられている農地	農地中間管理事業の推進に関する法律に規定する農地中間管理機構に賃貸している農地（農地法第３条第１項第14号の２の規定に基づき農地中間管理機構に貸し付けられている農地のうち、賃貸借期間が10年未満のものを除きます。）の価額は、次の算式により評価します（評基通41）。☞106頁 　農地の自用地価額　×　95％
農用地利用集積計画により賃借権が設定されている農地	農業経営基盤強化促進法に基づく農用地利用集積計画の公告により賃借権が設定されている農地の価額は、その農地の自用地としての価額からその価額に５％を乗じて計算した金額を控除した価額によって評価します。☞106頁 　農地の自用地価額　×　95％
配偶者居住権	配偶者居住権の価額は、次の算式により評価します（相法23の２）。☞居住建物（配偶者居住権の目的となっている建物）、敷地利用権（居住建物の敷地を配偶者居住権に基づき使用する権利）☞130頁 $$\text{居住建物の相続税評価額} - \text{居住建物の相続税評価額} \times \frac{\text{耐用年数}-\text{経過年数}-\text{存続年数}}{\text{耐用年数}-\text{経過年数}} \times \text{存続年数に応じた法定利率による複利現価率}$$
配偶者居住権の敷地利用権	配偶者居住権の敷地利用権の価額は、次の算式により評価します（相法23の２）。☞124頁 $$\text{居住建物の敷地の用に供される土地の相続税評価額} - \text{居住建物の敷地の用に供される土地の相続税評価額} \times \text{存続年数に応じた法定利率による複利現価率}$$
配当期待権	配当期待権（配当交付基準日の翌日から、配当金交付の効力が発生する日までの間における配当金の交付を受けることができる権利）の価額は、次の算式により評価します（評基通193）。☞171頁 　予想配当金額　－　その配当から控除される源泉税額等
配当優先の無議決権株式	配当優先の無議決権株式の価額は、①類似業種比準方式で評価する場合は、１株当たりの配当金額について、株式の種類ごとに計算して評価、②配当還元方式は、株式の種類ごとに実際の配当金により評価します。なお、無議決権株式については、原則として、議決権の有無を考慮せずに評価することとなりますが、一定の要件に該当し、相続人から相続税の法定申告期限までに調整計算の選択届出書が提出された場合は、その計算により評価することができます。☞164頁
売買契約中の土地	売買契約中の土地について、①売主に相続が開始した場合は、土地の所有権が売主に残っているとしても、課税財産となるのは売買残代金債権となります。②買主に相続が開始した場合は、相続税の課税財産に含まれるものは、土地の所有権移転請求権等の債権的権利であり、売買契約における売買価額となり、未払代金が債務となります。☞平成14年７月「資産税審理事例集」
畑	田や畑などの農地の価額は、次の分類によりそれぞれ評価します（評基通34他）。☞100頁 　①純農地、中間農地は、その固定資産税評価額に国税局長の定める倍率を乗じた金額 　②市街地農地は、宅地として評価した価額から国税局長の定める造成費を控除した金額 　③市街地周辺農地は、②で評価した金額の80％で評価した金額
罰金	被相続人が刑の言渡しを受け、判決の確定した罰金、追徴金は、相続税の課税価格の計算上、債務控除することができます。☞210頁
花輪や生花の費用	相続人（無制限納税義務者）又は包括受遺者が葬儀の際に支払った花輪や生花の費用は、通常葬式に伴うものと認められる範囲内のものは、葬式費用として債務控除できます（相基通13－４）。なお、参列者の負担すべきものを支払った場合を除きます。☞210頁
パラジウム	パラジウム地金の価額は、一般動産（棚卸資産を除きます。）の評価に準じて、売買実例価額（貴金属業者などの相続開始日の買取価格）等を参酌して評価します（評基通129）。☞181頁
半製品	半製品の価額は、製造業者がその半製品の原材料を課税時期において購入する場合における仕入価額に、その原材料の引取り、加工等に要する運賃、加工費その他の経費の額を加算した金額によって評価します。ただし、個々の価額を算定し難い場合は、所得税の計算上選定している方法によることができます（評基通133）。☞181頁

項　目	評　価　方　法　等
ビール券	商品券や旅行券、ギフト券、クオカード、株主優待券などの金券は、相続財産になり、額面金額又は売買実例価額（ネットなどの相続開始日の買取価格）で評価します（相法22）。
引揚者国庫債券	引揚者国庫債券とは、戦没者などの遺族や強制引揚げを余儀なくされた引揚者などに対して、弔慰金、給付金などの金銭の支給に代えて交付される国債で、古銭などの評価に準じてネット上の取引価額や買取り業者価格を参考として評価するものと考えられます。
被災した家屋	被災家屋の価額は、被災後の現況に応じた固定資産税評価額が付されていない場合には、原則として、特定非常災害の発生直前の家屋の価額から、その被災した家屋に適用された 固定資産税の軽減又は免除の割合を乗じて計算した金額を控除した金額によって評価することができます。☞「特定非常災害発生日以後に相続等により取得した財産の評価に関する質疑応答事例集」(情報)　　被災前の家屋の固定資産税評価額 － 被災前の家屋の固定資産税評価額 × 軽減又は免除の割合
ヒット	ヒットは契約締結日に満期日を定めず、据置期間1か月を経過した後は手数料なしで、いつでも自由に必要な額だけ引き出せる金銭信託で、次の算式によって評価します。ただし、既経過利子の額が少額なものに限り、同時期現在の預入高によって評価することができます（評基通203）。☞188頁　　預入高 ＋ 解約利息の額（源泉税控除後）
ビットコイン	仮想通貨の価額は、原則として、納税義務者が取引を行っている仮想通貨交換業者が公表する課税時期における取引価格によって評価します。なお、活発な市場が存在しない仮想通貨の場合には、その仮想通貨の内容や性質、取引実態等を勘案し、個別に評価します（評基通4－3、5）。☞188頁
避雷針設備	避雷針設備（棚卸資産を除きます。）の価額は、原則として、売買実例価額、精通者意見価格等を参酌して評価します。ただし、売買実例価額等が明らかでない場合は、同種及び同規格の新品の小売価額から、取得時期から課税時期までの償却費の額を控除した金額によって評価します。なお、家屋と構造上一体となっている設備については、その家屋の価額に含めて評価します（評基通92、128〜130）。☞181頁
風景地保護協定が締結されている土地	一定の要件を満たす風景地保護協定が締結されている土地については、風景地保護協定区域内の土地でないものとして評価した価額から、その価額に20％を乗じて計算した金額を控除して評価します。☞111頁　　風景地保護協定区域内の土地でないものとして評価した価額 × 80％
袋地	通路部分だけが道路に接し、奥の方が広くなっている土地を袋地といいます。その土地の形状から旗竿地ということもあります。袋地の価額は、間口狭小補正率、奥行長大補正率又は不整形率補正率を適用して評価します。☞61頁
不合理分割地	宅地は、1画地の宅地（利用の単位となっている1区画の宅地をいいます。）を評価単位とします。ただし、贈与、遺産分割等による宅地の分割が親族間等で行われた場合において、例えば、分割後の画地が宅地として通常の用途に供すことができないなど、その分割が著しく不合理であると認められるときは、その分割前の画地を「1区画の宅地」として評価します（評基通7－2）。☞54頁
不整形地	不整形地の価額は、標準的な整形地の価格である路線価に、評価対象地の不整形の程度に応じ財産評価基本通達に定める「不整形補正率」（付表5）を乗じて評価します（評基通20）。☞63頁　　路線価 × 不整形補正率
負担付遺贈財産	負担付遺贈により取得した財産の価額は、負担がないものとした場合における当該財産の価額から当該負担額（当該遺贈のあった時において確実と認められる金額に限ります。）を控除した価額によります（相基通11の2－7）。

てい〜てん
てん〜とし
どし〜のう
のう〜ふた
ふつ〜ほし
ほせ〜むせ
むど〜りし
りつ〜わり

項　目	評　価　方　法　等
普通預金	普通預金の価額は、次の算式によって評価します。ただし、定期預金、定期郵便貯金及び定額郵便貯金以外の預貯金については、課税時期の既経過利子の額が少額なものに限り、同時期現在の預入高によって評価することができます（評基通203）。☞188頁 預入高 ＋ 解約利息の額（源泉税控除後）
仏壇、仏具、仏像	仏壇等は、相続税法第12条（相続税の非課税財産）第2号の「墓所、霊びょう、及び祭具並びにこれらに準ずるもの」に該当し、相続税の課税価格には算入しません（相法12、相基通12-2）。ただし、金の仏壇、仏具、仏像など、日常崇拝の目的に供されず趣味、観賞用又は投資のために保有されるものについては、非課税財産とはなりません（相基通12-2）。☞214頁
不動産所有権付リゾート会員権	不動産売買契約（土地及び建物並びに附属施設の共用部分）と施設相互利用契約とが一体として取引される不動産付施設利用権（リゾート会員権）（仲介業者等による取引相場があるもの）は、「取引相場のあるゴルフ会員権の評価方法」（評基通211）に準じて、課税時期における通常の取引価格の70％相当額により評価します。☞195頁
不動産投資信託	上場不動産投資信託（J-REIT）の価額は、「上場株式の評価」（評基通169）に準じてします。なお、不動産投資信託証券に係る投資口の分割等に伴う無償交付期待権の価額は「株式無償交付期待権の評価」（評基通192）に準じて評価し、金銭分配期待権の価額は「配当期待権の価額」（評基通193）に準じて評価します（評基通213）。☞175頁
不特定多数の者の通行の用に供されている私道	通り抜けできる私道や行き止まりの私道でもその私道を通行して不特定多数の者が集会所、地域センター及び公園などの公共施設や商店街等に出入りするために利用されているときは、その私道の価額は評価しません（評基通24）。☞81頁
プラチナ	プラチナ地金の価額は、一般動産（棚卸資産を除きます。）の評価に準じて、売買実例価額（ネットなどの相続開始日の買取価格）等を参酌して評価します（評基通129）。☞181頁
プリペイドカード	プリペイドカードの価額は、課税時期におけるカードの残高により評価します。
プレジャーボート	プレジャーボート（モーターボート、ヨット等海洋レクリエーションに使用される小型船舶）の価額は、売買実例価額（ネットの取引価格、買取業者の見積額など）、精通者意見価格等を参酌して評価します（評基通136）。☞182頁
文化財建造物	文化財建造物である家屋の価額は、その固定資産税評価額に文化財建造物の種類に応じた倍率を乗じて計算した金額を控除した金額で評価します。なお、固定資産税評価額が付されていない場合には、その再建築価額から、経過年数に応ずる定額法の減価の額を控除した額の70％に相当する金額によって評価します（評基通89-2、24-8）。☞129頁 固定資産税評価額 ×（1 － 倍率（重要文化財は0.7、登録有形文化財、伝統的建造物は0.3））
文化財建造物の敷地	文化財保護法に規定する家屋の敷地の用に供されている敷地の価額は、その敷地の価額から、その価額に文化財建造物の種類に応じて定める倍率を乗じて計算した金額を控除した金額によって評価します。なお、倍率方式で評価する場合に固定資産税評価額が付されていない場合は、状況が類似する付近の宅地の固定資産税評価額を基として評価します（評基通24-8）。☞84頁 敷地の価額 ×（1 － 倍率（重要文化財は0.7、登録有形文化財、伝統的建造物は0.3））
分収林契約に基づいて貸し付けられている山林	立木の伐採又は譲渡による収益を一定の割合により分収することを目的として締結された分収林契約に基づいて設定された地上権又は賃借権の目的となっている山林の価額は、その分収林契約により定められた山林の所有者に係る分収割合に相当する部分の山林の自用地としての価額と、その他の部分の山林について貸し付けられている山林の評価等の定めにより評価した価額との合計額によって評価します（評基通51～52）。☞112頁 自用地価額 × 分収割合 ＋（自用地価額 － 地上権又は賃借権の価額）×（1 － 分収割合）
米州開発銀行債	米州開発銀行債は、金融商品取引所等に上場している場合は、課税時期の最終価格と源泉所得税相当額控除後の既経過利息の額との合計額によって評価し、上場していない場合は、公社債の発行価額と源泉所得税相当額控除後の既経過利息の額との合計額によって評価します（評基通197～197-5）。なお、邦貨換算は、対顧客直物電信買相場（TTB）により計算します（評基通4-3）。☞174頁

項　目	評　価　方　法　等
塀等の設備	門、塀、外井戸、屋外じんかい処理設備等の附属設備の価額は、その附属設備の再建築価額から、建築の時から課税時期までの期間（1年未満の端数があるときは、その端数は1年）の定率法により計算した償却費の額の合計額を控除した金額の70％に相当する金額によって評価します（評基通92(2)）。
変額保険金（契約に関する権利）	変額保険（保険金額と解約返戻金が運用に応じて変動する保険）は、「生命保険金」（相法3、12）又は「生命保険契約に関する権利の評価方法」（評基通214）により評価します。☞198頁
変動金利定期預金	変動金利定期預金（適用金利が一定期間ごとに変更される定期預金）の価額は、次の算式によって評価します（評基通203）。☞188頁 預入高 ＋ 解約利息の額（源泉税控除後）
保安林等の土地	森林法その他の法令の規定に基づき土地の利用又は立木の伐採について制限を受けている山林の価額は、その山林の評価額（倍率方式により評価すべき場合は、近傍の固定資産税評価額）から、その価額に、それらの法令に基づき定められた伐採制限に基づく控除割合（一部皆伐0.3、択伐0.5、単木選伐0.7、禁伐0.8）を乗じて計算した金額を控除した金額によって評価します（評基通50、123）。☞109頁 山林の評価額 － （山林の評価額 × 伐採制限に基づく割合）
保安林等の立木	森林法その他の法令に基づき伐採の禁止又は制限を受ける立木の価額は、森林等の立木の評価額から、その価額に、それらの法令に基づき定められた伐採制限に基づく控除割合（一部皆伐0.3、択伐0.5、単木選伐0.7、禁伐0.8）を乗じて計算した金額を控除した価額によって評価します（評基通123）。☞192頁 立木の評価額 － （立木の評価額 × 伐採制限に基づく割合）
法会費用	法会費用は、相続税法基本通達13−5に列挙されている「葬式費用とならないもの」に該当するので、葬式費用として債務控除できません。☞212頁
ボート	プレジャーボート（モーターボート、ヨット等海洋レクリエーションに使用される小型船舶）は、売買実例価額（船舶業者等の買取価額など）、精通者意見価格等を参酌して評価します（評基通136）。☞182頁
牧場	牧場の価額は、「原野の評価方法」（評基通57）に準じて、①純原野及び中間原野（通常の原野と状況を異にするため純原野として評価することを不適当と認めるもの）は、倍率方式、②市街地原野は、宅地比準方式又は倍率方式により評価します（評基通61）。☞114頁
保証期間付終身年金	保証期間付終身年金（終身定期金のうち被保険者が年金支払期間の中途で死亡した場合であっても一定の保証期間内は死亡後に年金が支払われる年金）は、有期定期金として算出した金額と終身定期金として算出した金額のいずれか多い金額により評価します（相法24⑤）。☞177頁
保証金	不動産賃貸の際に授受される保証金は、賃貸契約の内容に応じて、課税時期における返還すべき金額は、借主にとっては財産（債権）となり、貸主にとっては債務となります。 定期借地権等の設定に際に保証金等（保証金、敷金などその名称のいかんを問わず借地契約の終了の時に返還を要するものとされる金銭等）の授受がある場合には、借地人にとっては、債権額を、地主にとっては債務額を計上しますが、この場合の保証金等は、次の①と②の合計額となります。 ① 保証金等の額 × 課税時期における定期借地権の残存期間年数に応ずる基準利率による複利現価率 ② 保証金等の額 × 基準年利率未満の約定利率×課税時期における定期借地権の残存期間年数に応ずる基準利率による複利年金現率
保証債務	保証債務は、原則として、債務控除できません。ただし、債務者が弁済不能の状態にあり、かつ、債務者に求償して返還を受ける見込みがない場合には、債務者が弁済不能の部分の金額は、当該保証債務者の債務として控除することができます（相基通14−3）。☞210頁

項　目	評　価　方　法　等
墓石、墓地、墓碑、墓所	墓石、墓地、墓碑、墓所は、相続税法第12条（相続税の非課税財産）第1項第2号の「墓所、霊びょう、及び祭具並びにこれらに準ずるもの」の「墓所、霊びょう」に含まれ、相続税の課税財産とはなりません。☞213頁
歩道状空地	歩道状空地（その宅地の位置関係、形状等や道路としての利用状況、これらを踏まえた道路以外の用途への転用の難易等に照らし、客観的交換価値に低下が認められるもの）は、私道の評価（評基通24）により評価します。☞平成29年2月28日最判☞81頁
埋蔵文化財包蔵地	埋蔵文化財包蔵地の価額は、その土地が埋蔵文化財包蔵地でないものとして評価した価額から、発掘調査費用相当額の80%相当額を控除して計算するものと考えられます。☞平成20年9月25日裁決 その土地の評価額 － 発掘調査費用相当額 × 80%
埋葬料、埋葬費	埋葬料、埋葬費は、被相続人ではなく相続人が受け取るべきものであり、相続財産とはなりません。なお、健康保険法により支給される埋葬料、埋葬費は、非課税と規定されていますので相続人の所得にもなりません。
前受賃料	相続開始日において、賃貸借契約の支払期日前に入金がある賃料は、前受賃料として債務控除します。なお、既に収入すべき期限が到来しているもので、まだ収入していない賃料は未収賃料として相続財産に加算します（評基通208）。
前払保険料	前払保険料は、原則として、本来の相続財産となりますが、死亡保険金とともに支払いを受ける前払保険料の額は、相続税法第3条第1項第1号の規定により相続又は遺贈により取得したものとみなされる保険金とされます（相基通3-8）。☞199頁
間口の狭い宅地	路線に接する間口の狭い宅地は、路線価に「奥行価格補正率」及び「間口狭小補正率」を乗じ、さらに奥行が長大な宅地については、「奥行長大補正率」を乗じた価額によって評価します。☞61頁 路線価 × 奥行価格補正率 × 間口狭小補正率 × 奥行長大補正率 × 地積
マンション敷地内の共有地	マンションの敷地の用に供されている宅地等で、多数の者により共有されている宅地の価額は、その敷地全体を評価した価額に、その共有者の共有持分の割合を乗じた金額で評価します。なお、そのマンション敷地に公衆化している道路等の施設の用に供されており、この評価方法により評価することが著しく不適当であると認められる場合には、その公衆化している道路等の施設の用に供されている宅地部分を除いて評価して差し支えないとされています。☞庁事例集273
マンスリーマンション	マンスリーマンション（一般的には、賃貸の住居を月単位で借りるサービスで、借地借家法の定期建物賃貸借契約に基づいて運営されています。）の価額は、居室の賃貸借ですが借家権がないことから、その敷地はホテルや宿屋の敷地と同様に、自用地価額で評価します。なお、その建物についても自用家屋として評価します。
未経過保険料	相続や遺贈によって取得したものとみなされる保険金には、本来の保険金のほか、保険契約に基づき分配を受ける剰余金、割戻しを受ける割戻金及び払戻しを受ける前納保険料で、保険金とともに受け取るものも含まれます（相基通3-8）。☞199頁
未支給年金	未支給年金とは、その死亡した者に支給すべき年金給付でまだその者に支給しなかったものをいい、死亡した受給権者の遺族の固有の権利であり、相続税の課税対象にはなりません。なお、未支給年金は、支給を受けた遺族の一時所得となります（所基通34-2）。
未収賃料	相続開始日において、賃貸借契約の支払期日が到来しているもので、まだ収入していない賃料は未収賃料として相続財産に加算します。なお、契約上の支払期日前に支払いのあった賃料は前受賃料として債務控除します（評基通208）。
未収天然果実	課税時期において、その後3か月以内に収穫することが予想される果実、立毛等の天然果実は、その天然果実の発生の基因となった財産とは別に評価するものとし、その価額は、課税時期における現況に応じ、収穫時において予想されるその天然果実の販売価額の70%に相当する金額の範囲内で相当と認める価額によって評価します（評基通209）。☞190頁

項　目	評　価　方　法　等
未収入金	未収入金の価額は、元本の価額（その返済されるべき金額）と利息の価額（課税時期現在の既経過利息として支払を受けるべき金額）との合計額によって評価します（評基通204）。☞189頁
未収配当金	配当金交付に関する株主総会決議の翌日から配当金を受け取るまでの間に相続が発生した場合の未収配当金は、予想配当の金額から当該金額につき源泉徴収されるべき所得税の額に相当する金額を控除した金額によって評価します（評基通193）。
ミニ株	ミニ株（上場株式の取引単位未満株で売買できる制度）の価額は、「上場株式の評価」（評基通169）に準じて評価します。☞133頁
ミニゴルフ場の敷地	ミニゴルフ場と呼ばれるものは、その規模が千差万別であるため、個々のミニゴルフ場ごとにその規模等の状況から判定することになりますが、次のような規模を有するもの（大工場地区に所在するものを除きます。）については、「ゴルフ場用地の評価」（評基通83）を準用して評価し、これに該当しないものは、「雑種地の評価」（評基通82）の定めにより評価します。☞120頁 ①　地積が10万㎡以上でホール数が18以上あり、かつ、ホールの平均飛距離が100m以上 ②　ホール数が9〜17で、ホールの平均距離が150m以上
未払金	被相続人の未払金を引き継いだ相続人（相続を放棄した者及び相続権を失った者を除きます。）又は受遺者（包括遺贈及び被相続人からの相続人に対する遺贈）は、債務控除することができます（相法13、相基通13−1）。なお、墓地や仏壇などの非課税財産に係る未払金は債務控除することができません。☞210頁
民泊建物の敷地	民泊（一般的には、既存の住宅を1日単位で利用者に貸し出すもので、住宅宿泊事業法の規定に基づいて運営されています。）は、居室の賃貸借ですが借家権がないことから、その敷地はホテルや宿屋の敷地と同様に、自用地価額で評価します。なお、その建物についても自用家屋として評価します。
無議決権株式	無議決権株式の価額は、原則として、議決権の有無を考慮せずに原則的評価方式により評価します。なお、一定の要件を満たす場合は原則的評価方式により評価した価額から、その価額に5％を乗じて計算した金額を控除した金額により評価するとともに、当該控除した金額を当該相続又は遺贈により同族株主が取得した当該会社の議決権のある株式の価額に加算して申告することを選択することができます。☞164頁
無期定期金	無期定期金は、次の①〜③のいずれか多い金額によって評価します（相法24①二）。☞176頁 ①　解約返戻金の金額 ②　当該一時金の金額 ③　給付金額の1年当たりの平均額を、予定利率で除して得た金額
無償返還の届出書が提出されている貸宅地	無償返還届出書が提出されている貸宅地の価額は、自用価額の80％で評価します。なお、使用貸借（権利金や地代のやり取りがなく借主が無償で利用している場合）に係る土地について無償返還届出書が提出されている場合は、自用地として評価します。☞89頁 自用価額 × 80％
無償返還の届出書が提出されている借地権	無償返還届出書が提出されている借地権の価額は、評価しません。 ただし、当該土地を借地している会社が被相続人の関係する同族会社である場合は、当該同族会社の株式の評価上、自用地の評価額×20％を純資産価額に算入します。☞90頁
無尽	無尽（複数の個人や法人等が講等の組織に加盟して、金品を定期又は不定期に講等に対して払い込み、利息の額で競う競りや抽選によって金品の給付を受ける権利）の価額は、課税時期までの掛金総額によって評価します（評基通207）。☞189頁
無選択型終身保険金（契約に関する権利）	無選択型終身保険（被保険者についての健康状態の告知のない生命保険）は、「生命保険金」（相法3、12）又は「生命保険契約に関する権利の評価」（評基通214）により評価します。☞198頁

てい〜てん
てん〜とし
どし〜のう
のう〜ふた
ふつ〜ほし
ぼせ〜むせ
むと〜りし
りつ〜わり

項　目	評　価　方　法　等
無道路地	無道路地とは、道路に接していない宅地（接道義務を満たしていない宅地を含みます。）をいい、実際に利用している路線の路線価に基づき不整形地の評価によって計算した価額から、接道義務を満たす通路部分の価額（その価額の40％の範囲内）を控除するなどして評価します（評基通20−3）。^{評72頁}
無保険車傷害保険契約に係る保険金	無保険車傷害保険契約に基づいて取得する保険金は、損害賠償金としての性格を有することから、相続税法第3条第1項第1号の規定により相続又は遺贈により取得したものとみなされる保険金には含まれません（相基通3−10）。
名義株名義預金	相続税の対象となる財産は、財産の名義にかかわらず実質的に被相続人に帰属していたものです。名義財産の帰属の判定においては、①出捐者（資金の拠出者）は誰か、②通帳や印鑑の管理者は誰か、③利益の享受者は誰か、④処分者は誰か、⑤名義人、出捐者、管理者等との関係はどうかなどの事情を考慮して判断します。
モーターボート	プレジャーボート（モーターボート、ヨット等海洋レクリエーションに使用される小型船舶）は、売買実例価額、精通者意見価格等を参酌して評価します（評基通136）。^{評182頁}
持株会	持株会（従業員が当該会社の株式を取得することを目的とする組織で、組織形態は民法第667条第1項に基づく組合）の所有する株式は組合員の共有となりますが、「取引相場のない株式の評価」（評基通178）においては、個々の組合員が所有しているものとして評価します。^{評141頁}
持分会社の出資金	持分会社（合名会社、合資会社又は合同会社）の出資金の価額は、①持分を承継する場合は、「取引相場のない株式の評価」（評基通178）に準じて評価し、②持分の払戻しを受ける場合は、持分の払戻請求権として評価し、評価すべき持分会社の課税時期における各資産を財産評価基本通達の定めにより評価した価額の合計額から課税時期における各負債の合計額を控除した金額に、持分を乗じて評価します（評基通194）。^{評167頁}
門、塀等の設備	門、塀、外井戸、屋外じんかい処理設備等の附属設備の価額は、その附属設備の再建築価額から、建築の時から課税時期までの期間（1年未満の端数があるときは、その端数は1年）の定率法により計算した償却費の額の合計額を控除した金額の70％に相当する金額によって評価します（評基通92(2)）。^{評131頁}
役員退職金	役員退職金は、①被相続人の死亡後3年以内に支給が確定したものの支給を受けた場合は、相続又は遺贈により取得したものとみなされ（相法3①二）、②3年経過後に支給が確定したものは相続人の一時所得になります（所基通34−2）。^{評201頁}
やみ小作地	農地に賃借権等の権利を設定するためには農地法第3条の定めるところにより都道府県知事（現行原則として農業委員会）の許可を受けなければならないので、いわゆるやみ小作については、耕作権を認めることはできません。したがって、その農地は自用地として評価します。^{評107頁}
遊園地用地	遊園地、運動場、競馬場その他これらに類似する施設の用に供されている土地の価額は、原則として、「雑種地の評価」（評基通82）を準用して評価します。その規模等の状況からゴルフ場用地と同様に評価することが相当と認められる遊園地等の用に供されている土地の価額は、「ゴルフ場用地の評価」（評基通83）の定めを準用して評価します（評基通83−2）。^{評120頁}
有価証券オプション取引	有価証券オプション取引は、①オプションの買い手は課税時期の市場のオプション価格が相続財産となり、②オプションの売り手は引受価格（オプション料）から課税時期の市場のオプション価格を差し引いた金額が相続財産又は債務となります。
有期定期金	有期定期金は、次の①〜③のいずれか多い金額によって評価します（相法24①一）。^{評176頁} 　①　解約返戻金の金額 　②　当該一時金の金額 　③　給付を受けるべき金額の1年当たりの平均額×残存期間に応ずる予定利率による複利年金現価率

項　目	評　価　方　法　等
優先株	配当優先株式（利益配当に関して優先した取扱いを受ける株式）の価額は、①類似業種比準方式で評価する場合は、１株当たりの配当金額について、株式の種類ごとに計算して評価、②配当還元方式で評価する場合は、株式の種類ごとに実際の配当金により評価します。☞162頁
養育年金付こども保険	養育年金付こども保険に係る保険契約者が死亡した場合の年金受給権は、保険契約者が負担した保険料に対応する部分は生命保険金とみなされ（相法3①一）、保険契約者以外の者が負担した保険料に対応する部分は、贈与により取得したものとみなされます（相法5①）。☞198頁
容積率の異なる地域にわたる宅地	容積率の異なる2以上の地域にわたる宅地は、その宅地の評価額から、その価額に次の算式により計算した割合を乗じて計算した金額を控除することにより評価します（評基通20−7）。☞79頁 $\left(1-\dfrac{容積率の異なる各部分の容積率に地積を乗じて計算した合計額}{正面路線に接する部分の容積率×宅地の総地積}\right)×\begin{array}{c}容積率が価額に\\及ぼす影響度\end{array}$
養老保険	養老保険（被保険者が一定の年齢に達するまで生存したとき、又は保険期間内に死亡したときに保険金が支払われるもの）は、「生命保険金」（相法3、12）又は「生命保険契約に関する権利の評価」（評基通214）により評価します。☞198頁
余剰容積率の移転を受けている宅地	自用地としての価額を基に、容積率の制限を超える延べ面積の建築物を建築するために設定している権利の内容、建築物の建築状況等を勘案して評価することとされていますが、次の算式により計算した金額によって評価できるとされています（評基通23、23−2）。☞80頁 自用地価額 ×（1 + 支払った対価の額 ÷ 移転前の宅地の通常の取引価額）
余剰容積率を移転している宅地	余剰容積率を移転している宅地の価額は、自用地としての価額を基に、設定されている権利の内容、建築物の建築制限の内容等を勘案して評価することとされていますが、次の算式により計算した金額によって評価できるとされています（評基通23、23−2）。☞80頁 自用地価額 ×（1 − 取受した対価の額 ÷ 移転前の宅地の通常の取引価額）
預託金	預託金（一定の金額を無利息で預け入れる金銭）は、貸付金債権（預貯金以外の預け金）の評価方法（評基通204）に準じて評価します。☞179頁
預託金制のゴルフ会員権	預託金制のゴルフ会員権の価額は、①取引相場のあるものは、通常の取引価格の70％相当額で評価し、取引価格に含まれない預託金等があるときは、返還時期に応じた預託金等の評価額との合計額で評価し、②取引相場のないものは、返還時期に応じた預託金等で評価します（評基通211）。☞195頁
預託保証金	預託保証金（信用取引、FX取引等で証券会社等に取引開始前に預託している金銭）は、貸付金債権（預貯金以外の預け金）の評価方法（評基通204）に準じて評価します。☞189頁
預貯金	預貯金は、次の算式によって評価します。ただし、定期預金、定期郵便貯金及び定額郵便貯金以外の預貯金については、課税時期の既経過利子の額が少額なものに限り、同時期現在の預入高によって評価することができます（評基通203）。☞188頁 預入高 + 解約利息の額（源泉税控除後）
リート（REIT）	上場不動産投資信託（J-REIT）は、上場株式に準じて評価します。なお、不動産投資信託証券に係る投資口の分割等に伴う無償交付期待権の価額は株式無償交付期待権の評価に準じて評価し、金銭分配期待権の価額は配当期待権の価額に準じて評価します（評基通169、192、193、213）。☞175頁
利子税	被相続人に係る利子税を負担した相続人（制限納税義務者は、取得した財産でこの法律の施行地にあるものについて負担した公租公課に限ります。）は、債務控除することができます（相法13）。ただし、相続人などの責任に基づいて納付されることになった附帯税（延滞税、利子税及び加算税）は差し引くことはできません。☞189頁

項　目	評　価　方　法　等
利付債 利付公社債	利付債の価額は、①金融商品取引所に上場しているもの、②証券業協会で公表しているもの、③上記以外のものとに区分して、次のように評価します（評基通197〜197－5）。☞173頁 ① 課税時期の最終価格 ＋ 既経過利息の額（源泉税控除後） ② 公表された課税時期の平均値 ＋ 既経過利息の額（源泉税控除後） ③ 公社債の発行価額 ＋ 既経過利息の額（源泉税控除後）
リバース・デュアル・カレンシー債	リバース・デュアル・カレンシー債（払込みと償還が日本円で、利払いが日本円以外の通貨の外国債券）は、利付債の評価方法に準じて評価します（評基通197〜197－5）。 なお、邦貨換算は、対顧客直物電信買相場（TTB）により計算します（評基通4－3）。☞174頁
立竹	立竹（庭園にある立竹を除きます。）の価額は、売買実例価額、精通者意見価格等を参酌して評価します（評基通124）。なお、庭園にある立竹の価額は、庭園設備と一括して庭園設備の評価の定め（評基通92）により評価します（評基通125）。☞191頁
立木	立木は、① 森林の立木、② ①以外の立木、③ 庭園にある立木に区分して評価します（評基通111）。なお、相続又は包括遺贈により取得した立木の価額は、立木の評価額に85％を乗じた金額によることができます（相法26）。☞191頁 ① 主要樹種の標準価額 × 地味級 × 立木度 × 地利級 × 森林の地積 ② 立木1本当たりの売買実例、意見価格 × 立木の本数 ③ 庭園設備の調達価額 × 70％
利用価値の著しく低下している土地	普通住宅地区にある宅地で、その利用価値が付近にある他の宅地の利用状況からみて、著しく低下しているものの価額は、利用価値が低下していると認められる部分の面積に対応する価額に10％を乗じて計算した金額を控除した価額によって評価することができます。ただし、路線価又は倍率が状況を考慮して付されている場合には、この斟酌はしません。☞64頁
旅行券	商品券や旅行券、ギフト券、クオカード、株主優待券などの金券は、相続財産になり、額面金額又は売買実例価額（ネットなどの相続開始日の買取価格）で評価します（相法22）。
利率変動型積立終身保険	利率変動型積立終身保険（市場の金利動向によって積立利率が変動し、積立に対する保険金や解約返戻金が変動する保険）は、その契約内容によって生命保険金又は定期金に関する権利の評価方法により評価します（相法3、24）。☞198頁
臨時的な使用に係る賃借権	臨時的な使用に係る賃借権及び賃貸借期間が1年以下の賃借権（賃借権の利用状況に照らして賃貸借契約の更新が見込まれるものを除きます。）については評価しません。また、この場合の賃借権の目的となっている雑種地の価額は、自用地価額で評価します。☞122頁
るいとう	るいとう（選択した上場銘柄を毎月一定額購入していく株式取引）の評価額は、上場株式の評価方法に準じて評価します（評基通169）。☞133頁
霊柩車費用	相続人（無制限納税義務者）又は包括受遺者が支出した霊柩車の費用は、葬式若しくは葬送に際し、又はこれらの前において要する費用であり、葬式費用として債務控除できます（相基通13－4）。☞211頁
礼状の作成費用	相続人（無制限納税義務者）が支出した会葬者へのお礼状に係る費用は、葬式若しくは葬送に際し、又はこれらの前において要する費用であり、葬式費用として債務控除できます（相基通13－4）。☞211頁
霊びょう	霊廟は、相続税法第12条（相続税の非課税財産）第1項第2号の「墓所、霊びょう、及び祭具並びにこれらに準ずるもの」の「霊びょう」に該当し、相続税の課税価格には算入しません。☞213頁

項　目	評　価　方　法　等
歴史的風致形成建造物である家屋及びその敷地	歴史的風致の維持及び向上に関する法律に基づき歴史的風致形成建造物に指定された家屋及びその敷地の用に供されている宅地は、「伝統的建造物である家屋及びその敷地の用に供されている宅地の評価方法」（評基通24－8、89－2）に準じ、次の算式により評価します。☞85頁 歴史的風致形成建造物である家屋及びその敷地の用でないものとした場合の価額 × 70%
連帯債務	連帯債務は、連帯債務者のうちで債務控除を受けようとする者の負担すべき金額が明らかとなっている場合には、当該負担金額を控除します。なお、連帯債務者のうちに弁済不能の状態にある者があり、かつ、求償して弁済を受ける見込みがない場合には、その負担しなければならない部分の金額も債務控除することができます（相基通14－3）。☞210頁
老人ホームの入居保証金	老人ホームの入居保証金は、入居契約書の退去時受取人欄に記載された者への「みなし贈与」との裁決事例がありましたが、平成28年の東京高裁の判決により「本来の相続財産」であることになりました。
路線価の付けられていない土地	路線価地域内において、相続税又は贈与税の課税上、路線価の設定されていない道路のみに接している宅地を評価する必要がある場合には、その宅地を評価するための路線価（特定路線価）の評価対象地を管轄する税務署に申請して評価します（評基通14－3）。☞59頁
割引債 割引発行公社債	割引債の価額は、①金融商品取引所等に上場しているもの、②証券業協会で公表しているもの、③上記以外のものに区分して、次のように評価します（評基通197－3）。☞173頁 ①　課税時期の最終価格 ②　公表された課税時期の平均値 ③　発行価額 ＋ 券面額と発行価額との差額金額（所得税等控除後）

てい〜てん
てん〜とし
どじ〜のう
のう〜ふた
ふつ〜ほし
ほせ〜むせ
むど〜りし
りつ〜わり

第1章　土地及び土地の上に存する権利

1　土地等の評価上の区分と評価単位

　土地の価額は、地目の別に評価します（評基通7）。

　ただし、一体として利用されている一団の土地が2以上の地目からなる場合には、そのうちの主たる地目からなるものとして評価します。

　なお、市街化調整区域以外の都市計画区域で市街地的形態を形成する地域において、市街地農地（生産緑地を除きます。）、市街地山林、市街地原野又は宅地と状況が類似する雑種地のいずれか2以上の地目の土地が隣接しており、その形状、地積の大小、位置等からみてこれらを一団として評価することが合理的と認められる場合には、その一団の土地ごとに評価します。

　また、土地の地目は、登記簿に記載された地目ではなく、課税時期（相続又は遺贈の場合は被相続人の死亡の日、贈与の場合は贈与により財産を取得した日）の現況によって判定します。

　そして、土地の価額は、次の図表1-1-1に掲げる評価単位ごとに評価を行い、土地の上に存する権利についても同様に取り扱われます（評基通7-2）。

図表1-1-1　土地の評価単位

地　目	評　価　単　位
宅　地	宅地は、利用の単位となっている1画地の宅地[2]を評価単位とします。[1]
田及び畑 （農地）	田及び畑は、耕作の単位となっている1枚の農地[2]を評価単位とします。 ただし、市街地周辺農地、市街地農地及び生産緑地は、それぞれを利用の単位となっている一団の農地を評価単位とします。[1]
山　林	山林は、土地課税台帳又は土地補充課税台帳に登録された1筆の山林を評価単位とします。 ただし、市街地山林は、利用の単位となっている一団の山林を評価単位とします。[1]
原　野	原野は、1筆の原野を評価単位とします。 ただし、市街地原野は、利用の単位となっている一団の原野を評価単位とします。[1]
牧　場	牧場は、原野に準ずる評価単位とします。
池　沼	池沼は、原野に準ずる評価単位とします。
鉱泉地	鉱泉地は、原則として、1筆の鉱泉地を評価単位とします。
雑種地	雑種地は、利用の単位となっている一団の雑種地[3]を評価単位とします。ただし、市街化調整区域以外の都市計画区域で市街地的形態を形成する地域において、宅地と状況が類似する雑種地が2以上の評価単位により一団となっており、その形状、地積の大小、位置等からみてこれらを一団として評価することが合理的と認められる場合には、その一団の雑種地ごとに評価します。[1]

※1　贈与、遺産分割等が親族間等で行われた場合において、例えば、分割後の画地が通常の用途に供することができないなど、その分割が著しく不合理であると認められるときは、その分割前の画地を「1画地」とします。
※2　必ずしも1筆の土地からなるとは限らず、2筆以上の土地からなる場合もあり、また、1筆の土地が2枚以上の土地として利用されている場合もあることに留意してください。
※3　いずれの用にも供されていない一団の雑種地については、その全体を「利用の単位となっている一団の雑種地」とすることに留意してください。

土地の上に存する権利の価額は、次に掲げる権利の別に評価します（評基通９）。

図表１-１-２　土地の上に存する権利の評価上の区分

区　分	概　　　　要
地上権	工作物または竹木を所有するためなどの目的で他人の土地を使用する権利（民法265）で、区分地上権及び借地権に該当するものを除きます。
区分地上権	地下や土地上の空間の一定の範囲を目的として設定される地上権（民法269の２）。
永小作権	小作料を支払って他人の土地において耕作又は牧畜をする権利（民法270）。小作関係のほとんどは賃借権の設定による賃借小作権で永小作権が設定されている例は少ない。
区分地上権に準ずる地役権	特別高圧架空電線の架設、高圧のガスを通ずる導管の敷設、飛行場の設置、建築物の建築その他の目的のため地下又は空間について上下の範囲を定めて設定された地役権で、建造物の設置を制限するもの。
借地権	建物の所有を目的とする地上権又は土地賃借権（借地借家法２一）で、定期借地権等に該当するものを除きます。
定期借地権等	定期借地権、事業用定期借地権等、建物譲渡特約付借地権及び一時使用目的の借地権。
耕作権	農地法第２条第１項に規定する農地又は採草放牧地の上に存する賃借権。
温泉権	温泉源を利用する権利（湯口権、引湯権、分湯権、温泉利用権）をいい、土地の所有権とは別に取引することができます。
賃借権	土地を賃借する債権的権利（物権的権利である地上権とは異なる）で、借地権、定期借地権等、耕作権及び温泉権に該当するものを除きます。
占用権	河川法第24条の規定による河川区域内の土地の占用の許可に基づく権利で、ゴルフ場、自動車練習所、運動場その他の工作物の設置を目的とするもの、道路法第32条第１項の規定による道路の占用の許可又は都市公園法第６条第１項の規定による都市公園の占用の許可に基づく経済的利益を生ずる権利で駐車場、建物その他の工作物の設置を目的とするもの。

【チェックポイント１-１-１】土地等の評価上の区分と評価単位

１　地目の異なる土地を一団として評価する場合
　市街化調整区域以外の都市計画区域で市街地的形態を形成する地域において、市街地農地、市街地山林、市街地原野及び宅地と状況が類似する雑種地のいずれか２以上の地目が隣接している場合で、全体を一団として評価することが合理的と認められる場合として、国税庁のホームページ（質疑応答事例１）で次のような事例を紹介しています。

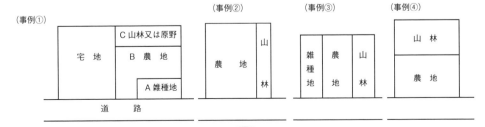

1 土地及び土地の上に存する権利
2 家屋及び構築物等
3 株　式　等
4 公　社　債　等
5 定期金に関する権利
6 動　産

2　地目の異なる土地が一体として利用されている場合

　土地の価額は、原則として地目の別に評価しますが、2以上の地目からなる一団の土地が一体として利用されている場合には、その一団の土地はそのうちの主たる地目からなるものとして、その一団の土地ごとに評価します。

　右図のように、A土地及びB土地の一団の土地がゴルフ練習場として一体利用されている場合には、その一部に建物があっても建物敷地以外の目的による土地（雑種地）の利用を主としていると認められることから、その全体が雑種地からなるものとして雑種地の評価方法に準じて評価することになります。

　なお、駐車場の用に供されているC土地は、不特定多数の者の通行の用に供されている道路によりA土地及びB土地とは物理的に分離されていますから、これらの土地とは区分して評価します。

3　不合理分割があった場合の評価単位とその例示

　相続、遺贈又は贈与により取得した宅地については、原則として、取得者が取得した宅地ごとに判定しますが、分割が親族間等で行われた場合において、その分割が著しく不合理であると認められるときは、その分割前の画地を「1画地の宅地」とすることになっています（評基通7-2）。国税庁のホームページ（質疑応答事例）で右のような不合理分割の事例を紹介しています。

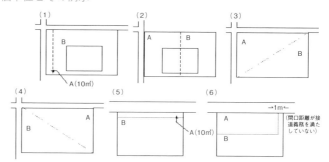

4　共有地の評価

　評価しようとする土地が共有となっている場合には、その共有地全体の価額に共有持分の割合を乗じて、各人の持分の価額を算出します（評基通2）。

【質疑応答】土地等の評価上の区分と評価単位

1　土地の地目の判定－農地

　登記簿の地目は農地（田又は畑）ですが、現況が次のような場合には地目はどのように判定するのでしょうか。
　(1)　数年前から耕作しないで放置している土地
　(2)　砂利を入れて青空駐車場として利用している土地

2　土地の評価単位――市街地農地等

　宅地に比準して評価する市街地農地等、及び宅地と状況が類似する雑種地について一団の土地として評価する場合とは、具体的にはどのような場合をいうのでしょうか。

3　一団の雑種地の判定

　雑種地を評価する場合の「一団の雑種地」はどのように判定するのでしょうか。

2 地 積

　地積は、課税時期における実際の面積によります（評基通8）。

　なお、実務上の取扱いとしては、特に縄延の多い山林等について、立木に関する実地調査の実施、航空写真による地積の測定、その地域における平均的な縄延割合の適用等の方法によって、実際地積を把握することとし、それらの方法によってもその把握ができないもので、台帳地積によることが他の土地との評価の均衡を著しく失すると認められるものについては、実測を行うこととなります。したがって、全ての土地について、実測を要求しているのではありません。

【チェックポイント1-2-1】地　積

> 登記地積と実測地積が異なる場合（縄延び、縄縮み）
> 実測地積によります。

【質疑応答】地　積

> 1　「実際の地積」によることの意義
> 　土地の地積は、「実際の地積」によることとなっていますが、全ての土地について、実測することを要求しているのでしょうか。
>
> 2　山林の地積
> 　山林の地積は、水平面積又は傾斜面積のいずれによるのでしょうか。

1 土地及び土地の上に存する権利
2 家屋及び構築物等
3 株　式　等
4 公　社　債　等
5 定期金に関する権利
6 動　産

3　宅地及び宅地の上に存する権利

⑴　評価単位

　宅地の価額は、1画地の宅地（利用の単位となっている1区画の宅地）ごとに評価します（評基通7-2⑴）。

　この場合における「1画地の宅地」の判定は、原則として、宅地の所有者による自由な使用収益を制約する他者の権利（原則として使用貸借による使用借権を除きます。）の存在の有無により区分し、他者の権利が存在する場合には、その権利の種類及び権利者の異なるごとに区分するので、具体的には、例えば次の①から⑦のように判定します。

　なお、贈与、遺産分割等による宅地の分割が親族間等で行われた場合において、例えば分割後の画地が宅地として通常の用途に供することができないなどその分割が著しく不合理であると認められるときは、その分割前の画地を「1画地の宅地」とします（国税庁 質疑応答事例1）。

---

①　所有する宅地を自ら使用している場合
　　居住の用か事業の用かにかかわらず、その全体を1画地の宅地として評価します。

②　所有する宅地の一部について普通借地権又は定期借地権等を設定させ、他の部分を自己が使用している場合
　　それぞれの部分を1画地の宅地として評価します。一部を貸家の敷地、他の部分を自己が使用している場合にも同様とする。

③　所有する宅地の一部について普通借地権又は定期借地権等を設定させ、他の部分を貸家の敷地の用に供している場合
　　それぞれの部分を1画地の宅地として評価します。

④　普通借地権又は定期借地権等の目的となっている宅地を評価する場合において、貸付先が複数であるとき
　　同一人に貸し付けられている部分ごとに1画地の宅地として評価します。

⑤　貸家建付地を評価する場合において、貸家が数棟あるとき
　　原則として、各棟の敷地ごとに1画地の宅地として評価します。

⑥　2以上の者から隣接している土地を借りて、これを一体として利用している場合
　　その借主の普通借地権又は定期借地権等の評価に当たっては、その全体を1画地として評価します。この場合、貸主側の貸宅地の評価に当たっては、各貸主の所有する部分ごとに区分して、それぞれを1画地の宅地として評価します。

⑦　共同ビルの敷地の用に供されている宅地
　　その全体を1画地の宅地として評価します。

【質疑応答】宅地の評価単位

1　自用地として使用している場合
　甲は、その所有する宅地を居宅と自己の経営する店舗の敷地として使用しています。
　この場合の宅地の評価単位はどのように判定するのでしょうか。

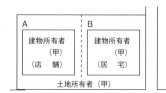

2　自用地と自用地以外の宅地が連接している場合

　A土地は自用家屋の敷地として、B土地は自用店舗兼貸事務所用ビルの敷地として使用しています。この場合の宅地の評価単位はどのように判定するのでしょうか。

3　使用貸借により貸し付けられている場合

　所有する宅地の一部を自ら使用し、他の部分を使用貸借により貸し付けている場合の宅地の評価単位はどのように判定するのでしょうか。

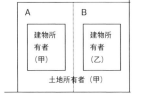

4　貸宅地と貸家建付地として使用している場合

　甲は、所有する宅地の一部を乙に貸し付け、他の部分は貸家の敷地として使用しています。このような宅地の評価単位はどのように判定するのでしょうか。

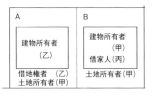

5　複数の地主から借地している場合

　甲は、隣接している土地を乙、丙から借地して、これを一体として利用していますが、この場合の借地権の評価単位はどのように判定するのでしょうか。

6　地目の異なる土地が一体として利用されている場合①

　甲は、建物の敷地部分は乙から、駐車場部分は丙からそれぞれ賃借しています。この場合の甲の有する借地権と賃借権はどのように評価するのでしょうか。

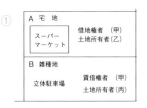

7　建物の敷地が自用地と借地権である場合

　甲は、所有するA土地に隣接しているB土地を借地して、A、B土地上に建物を所有しています。この場合の宅地及び借地権の価額は、どのように評価するのでしょうか。

8　地目の異なる土地が一体として利用されている場合②

　甲は、自己の所有するA土地に隣接するB土地を乙から賃借し、資材置場として利用しています。この場合の甲の所有するA土地の価額は、どのように評価するのでしょうか。

9　共同ビルの敷地の一部を所有している場合

　甲、乙、丙及び丁の所有する土地の上に共同ビルを建築しています。この場合のA、B、C及びD土地の価額はどのように評価するのでしょうか。

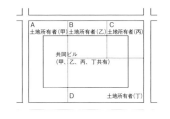

1　土地及び土地の上に存する権利
2　家屋及び構築物等
3　株式等
4　公社債等
5　定期金に関する権利
6　動産

(2) 評価の方式

　宅地の評価は、原則として、それぞれ次表に掲げる方式によって行います（評基通11）。

図表 1 - 3 - 1 　宅地の評価方式

区　分	概　　　要
路線価方式	路線価方式とは、その宅地の面する道路に付された路線価※1を基とし、評価通達の定め※2（画地調整率）により計算した金額によって評価する方式（評基通13）。 　路線価　×　画地調整率※2　×　地　積　＝　宅地の評価額
倍率方式	倍率方式とは、固定資産税評価額に国税局長が定める倍率（「財産評価基準書」に記載されています。）を乗じて計算した金額によって評価する方式（評基通21、21‐2）。 　固定資産税評価額　×　倍　率　＝　宅地の評価額

※1　「路線価」は、宅地の価額がおおむね同一と認められる一連の宅地が面している路線（不特定多数の者の通行の用に供されている道路）ごとに国税局長が評定します（評基通14）。

※2　「評価通達の定め」とは、奥行価格補正、側方路線影響加算、二方路線影響加算、三方又は四方路線影響加算、不整形地の評価、地積規模の大きな宅地の評価、無道路地の評価、間口が狭小な宅地等の評価、がけ地等を有する宅地の評価、土砂災害特別警戒区域内にある宅地の評価、容積率の異なる2以上の地域にわたる宅地の評価についての定めをいいます（評基通15〜20‐7）。

(3) 路線価方式

　路線価方式により評価する地域（路線価地域）については、次表のとおり、宅地の利用状況がおおむね同一と認められる一定の地域ごとに、地区を定めています（評基通14‐2）。

　なお、この地区区分により奥行価格補正率、間口狭小補正率などの画地調整率を定めています。

図表 1 - 3 - 2 　地区区分の概要

区　分	概　　　要
ビル街地区	大都市における商業地域内にあって、高層の大型ビル、オフィスビル、店舗等が街区を形成し、かつ、敷地規模が大きい地区
高度商業地区	大都市の都心若しくは副都心又は地方中核都市の都心等における商業地域内で、中高層の百貨店、専門店舗等が並み立つ高度小売商業地区又は中高層の事務所等が並み立つ高度業務地区
繁華街地区	大都市又は地方中核都市において各種小売店舗等が並み立つ著名な商業地又は飲食店舗、レジャー施設等が多い歓楽街等、人通りが多い繁華性の高い中心的な商業地区をいい、高度商業地区と異なり幅員の比較的狭い街路に中層以下の平均的に小さい規模の建物が並み立つ地域
普通商業・併用住宅地区	普通商業地区は、商業地域若しくは近隣商業地域にあって、又は住居地域若しくは準工業地域内の幹線道路沿いにあって、中低層の店舗、事務所等が並み立つ商業地区。併用住宅地区は、商業地区の周辺部又は住居地域若しくは準工業地域内の幹線道路沿いにあって、住宅が混在する小規模の店舗、事務所等の低層利用の建物が多い地区
普通住宅地区	主として第1種住居専用地域及び第2種住居専用地域、住居地域又は準工業地域内にあって、主として居住用建物が連続している地区
中小工場地区	主として準工業地域、工業地域又は工業専用地域内にあって、敷地規模が9,000㎡程度までの工場、倉庫、流通センター、研究開発施設等が集中している地区
大工場地区	主として準工業地域、工業地域又は工業専用地域内にあって、敷地規模がおおむね9,000㎡を超える工場、倉庫、流通センター、研究開発施設等が集中している地区、ただし、用途地域が定められていない地区であっても、工業団地、流通業務団地等においては、1画地の平均規模が9,000㎡以上の団地は大工場地区に該当

1 土地及び土地の上に存する権利

2 家屋及び構築物等

3 株式等

4 公社債等

5 定期金に関する権利

6 動産

（参考1-3-1）土地及び土地の上に存する権利の評価明細書

　　土地及び土地の上に存する権利の価額を評価するために使用する国税庁の「土地及び土地の上に存する権利の評価明細書」は、右のQRコードから出力してください。

【チェックポイント1-3-1】路線価方式

特定路線価の設定の申出

　　路線価地域内において、路線価の設定されていない道路のみに接している宅地を評価する必要があるときには、税務署長に対して特定路線価の設定の申出をすることができます。

　　この設定の申出により、税務署長が特定路線価を設定した場合には、この特定路線価を路線価とみなして、その宅地を評価します。なお、例えば、次の図のように特定路線価を設定した場合には、A、B、C及びD土地の価額は特定路線価により評価しなければなりませんが、E土地やF土地の価額の評価に当たっては、この特定路線価に基づく側方路線影響加算を行う必要はありません。

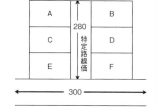

（参考1-3-2）特定路線価設定申出書

　　特定路線価の設定を税務署長に求めるために使用する国税庁の「特定路線価設定申出書」は、右のQRコードから出力してください。

　　また、「特定路線価設定申出書」の提出が必要かどうかのチェックシートがありますので、左のQRコードから出力してご利用ください。

図表1-3-3　特定路線価の判定フロー

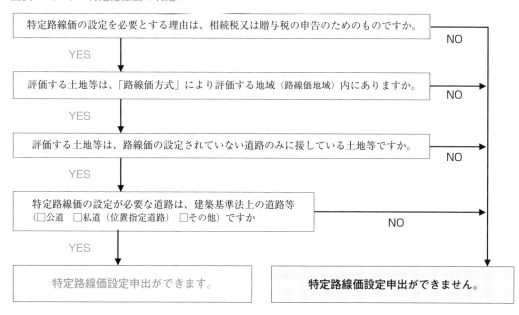

⑷ 奥行価格補正

宅地の価額は、路線価にその宅地に面する路線からの奥行距離に応じて奥行価格補正率を乗じて求めた価額にその宅地の地積を乗じて計算した価額によって評価します（評基通15）。

この奥行価格補正率は、その宅地の所在する地区区分ごとに定められています（76頁の「土地及び土地の上に存する権利の評価についての調整率表」を参照）。

【一方のみが路線に接する宅地の評価算式】

路線価 × 奥行価格補正率 × 地 積

なお、不整形地の奥行距離は、次の①から③までのいずれかの方法によります（評基通20）。

① 不整形地を区分した整形地の奥行距離による方法

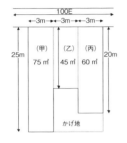

甲の奥行距離25mの奥行価格補正0.79

乙の奥行距離15mの奥行価格補正1.0

丙の奥行距離20mの奥行価格補正1.0

なお、それぞれの整形地の奥行価格補正後の価額を計算する場合には、間口狭小補正、奥行長大補正は行いません。

② 不整形地の地積を間口距離で除して算出した計算上の奥行距離による方法

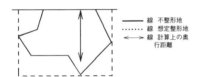

計算上の奥行距離は、不整形地の全域を囲む、正面路線に面するく形又は正方形の土地（想定整形地）の奥行距離を限度とします。

③ 不整形地に近似する整形地（近似整形地）を求め、その近似整形地の奥行距離による方法

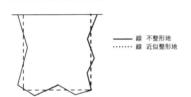

近似整形地は、近似整形地からはみ出す不整形地の部分の地積と近似整形地に含まれる不整形地以外の部分の地積がおおむね等しく、かつ、その合計地積ができるだけ小さくなるように求めます。

国税庁のホームページ（質疑応答事例19）で、下図のような不整形地の奥行距離の取り方の事例を紹介しています。

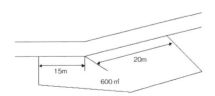 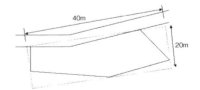

奥行距離が一様でないものは平均的な奥行距離によります。具体的には、不整形地にかかる想定整形地の奥行距離を限度として、その不整形地の面積をその間口距離で除して得た数値とします。

次の図のような不整形地にかかる想定整形地は次のとおりとなります。

したがって、この不整形地の奥行距離は17.1m（600㎡÷35m≒17.1＜20）となります。

なお、一般に不整形地について、その奥行距離を図示すれば下図のようになります

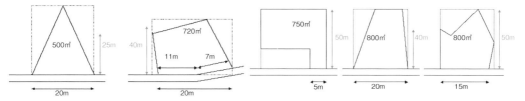

【チェックポイント1-3-2】奥行価格補正

> 1　地区の異なる2以上の路線に接する宅地の奥行価格補正率
> 　地区の異なる2以上の路線に接する宅地の価額は、正面路線の地区の奥行価格補正率を適用して評価します。また、側方路線影響加算額についても正面路線の地区の奥行価格補正率及び側方路線影響加算率を適用して評価します。

(5)　間口狭小、奥行長大補正

　道路と接する間口の狭小な宅地や奥行が長大な宅地は、宅地の利用効率が低下しているため、通達で定めた宅地の所在する地区区分に応じた間口狭小補正率、奥行長大補正率を乗じて計算します（評基通20-4）。

　この間口狭小補正率、奥行長大補正率は、その宅地の所在する地区区分ごとに定められています（76頁の「土地及び土地の上に存する権利の評価についての調整率表」を参照）。

　なお、「地積規模の大きな宅地の評価」（評基通20-2）の定めの適用がある場合には、この定めにより評価した価額に、規模格差補正率を乗じて計算した価額によって評価します。

【道路と接する間口の狭小な宅地の評価算式】

> 路線価　×　奥行価格補正率　×　間口狭小補正率　×　奥行長大補正率　×　地　積

　宅地の間口距離は、原則として道路と接する部分の距離によりますが、国税庁のホームページで下図のような特殊な場合の間口距離の事例を紹介しています（国税庁質疑応答事例16）。

　①　Aの場合の間口距離は、a

　②　Bの場合の間口距離は、a＋c

　③　Cの場合はbによりますが、aによっても差し支えありません。

　なお、Aの場合で私道部分を評価する際には、角切で広がった部分は間口距離に含めません。

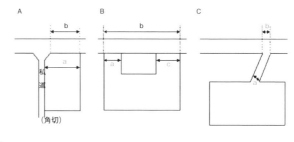

　また、屈折路に面している場合の間口距離については、その不整形地に係る想定整形地の間口に相当する距離と、屈折路に実際に面している距離とのいずれか短い距離となります（国税庁質疑応答事例18）。

　①　Aの場合の間口距離は、a（＜「b＋c」）

　②　Bの場合の間口距離は、b＋c（＜a）

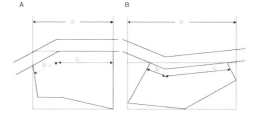

1　土地及び土地の上に存する権利
2　家屋及び構築物等
3　株式等
4　公社債等
5　定期金に関する権利
6　動産

⑹ 複数（多数）の路線に面する宅地

　複数の路線に面する宅地の価額は、次に掲げる価額の合計額にその宅地の地積を乗じて計算した価額によって評価します（評基通16, 17, 18）。

① 　正面路線※の路線価（奥行価格補正率適用後）の価額

② 　側方路線の路線価（奥行価格補正率適用後）に側方路線影響加算率を乗じて計算した価額

③ 　裏面路線の路線価（奥行価格補正率適用後）に二方路線影響加算率表を乗じて計算した価額

　この側方路線影響加算率、二方路線影響加算率表は、その宅地の所在する地区区分ごとに定められています（76頁の「土地及び土地の上に存する権利の評価についての調整率表」を参照）。

　※ 　奥行価格補正率適用後の価額の高い方の路線

【チェックポイント1-3-3】複数の路線に面する宅地

1 　地区の異なる2以上の路線に接する宅地の評価

　正面路線の地区の奥行価格補正率を適用して評価します。また、側方路線影響加算額についても正面路線の地区の奥行価格補正率及び側方路線影響加算率を適用して評価します。

　なお、借地権の価額を評価する場合において、接する各路線の借地権割合が異なるときには、正面路線の借地権割合を適用して評価します。

2 　側方路線に一部接している宅地の側方路線影響加算率

　側方路線の影響を受けるのは、その側方路線に直接面している部分（長さ）になるので、側方路線影響加算額を調整の上、評価します。

$$側方路線影響加算率の調整 ＝ 側方路線影響加算率 × \frac{側方路線に直接面している部分の距離}{側方路線の距離}$$

3 　正面路線に2以上の路線価が付されている場合の正面路線価の計算

　一の路線に2以上の路線価が付されている場合には、それぞれの路線価に接する距離により加重平均して正面路線価を計算し、その正面路線価を基に画地調整等を行い評価します。

$$路線価の加重平均 ＝ \frac{路線価① × ①に接する距離 ＋ 路線価② × ②に接する距離}{①に接する距離 ＋ ②に接する距離}$$

【質疑応答】複数の路線に面する宅地

1 　正面路線の判定①

　a路線（400万円、奥行補正率0.96）とb路線（390万円、奥行補正率1.00）の2の路線に面している宅地の価額を評価する場合には、a、bどちらの路線を正面路線として評価するのでしょうか。

2 　正面路線の判定②

　次のような不整形地甲は、いずれの路線が正面路線となるのでしょうか。

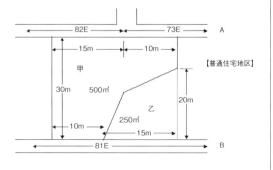

⑺ 不整形地

奥行距離が一様でないなど形状が不整形の宅地の評価は、その宅地が不整形でないものとして計算した価額に、その不整形の程度、位置及び地積の大小に応じ、地積区分表（付表４「地積区分表」）に掲げる地区区分、及び地積区分に応じた不整形地補正率表（付表５「不整形地補正率表」）に掲げる不整形地補正率を乗じて評価します（評基通20）（76頁の「土地及び土地の上に存する権利の評価についての調整率表」を参照）。

【土地の形状が不整形な宅地の評価算式】

路線価　×　奥行価格補正率　×　不整形地補正率　×　地　積

なお、不整形地の価額は、次の①から③までのいずれかの方法によります（評基通20）。

① 不整形地を区分して求めた整形地を基として計算する方法

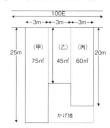

甲土地、乙土地、丙土地をそれぞれ評価（間口狭小補正、奥行長大補正は行いません。）した金額の合計額に不整形地補正率を乗じて計算します。

② 不整形地の地積を間口距離で除して算出した奥行距離を基として求めた整形地により計算する方法

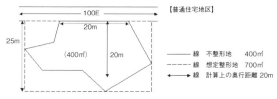

不整形地の地積を間口距離で除して算出した計算上の奥行距離を基として求めた整形地としての価額に、不整形地補正率を乗じて評価します。

③ 不整形地に近似する整形地（近似整形地）を求め、その近似整形地の奥行距離による方法

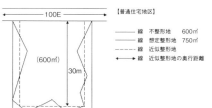

不整形地に近似する整形地を求め、その近似整形地※を基として求めた価額に不整形地補正率を乗じて評価します。
※ 近似整形地は、近似整形地からはみ出す不整形地の部分の地積と近似整形地に含まれる不整形地以外の部分の地積がおおむね等しく、かつ、その合計地積ができるだけ小さくなるように求めます（不整形地の地積≒近似整形地の地積）。

屈折路に面する不整形地に係る想定整形地は、いずれかの路線からの垂線によって又は路線に接する両端を結ぶ直線によって、評価しようとする宅地の全域を囲む形又は正方形のうち最も面積の小さいものを想定整形地とします。

なお、国税庁のホームページで屈折路に面する不整形地に係る想定整形地の取り方についての事例を紹介しています（国税庁質疑応答事例20）。

次の場合には、ＡからＣまでのく形のうち最も面積の小さいＡが想定整形地となります。

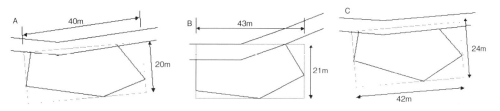

① 土地及び土地の上に存する権利

② 家屋及び構築物等

③ 株　式　等

④ 公　社　債　等

⑤ 定期金に関する権利

⑥ 動　産

④　不整形地補正率を算定する際の地積区分表

地積区分 ＼ 地区区分	A	B	C
高度商業	1,000㎡未満	1,000㎡以上1,500㎡未満	1,500㎡以上
繁華街	450㎡未満	450㎡以上700㎡未満	700㎡以上
普通商業・併用住宅	650㎡未満	650㎡以上1,000㎡未満	1,000㎡以上
普通住宅	500㎡未満	500㎡以上750㎡未満	750㎡以上
中小工場	3,500㎡未満	3,500㎡以上5,000㎡未満	5,000㎡以上

地区区分 ＼ 地積区分 ＼ かげ地割合	高度商業、繁華街、普通商業・併用住宅、中小工場			普通住宅		
	A	B	C	A	B	C
10%以上	0.99	0.99	1.00	0.98	0.99	0.99
15% 〃	0.98	0.99	0.99	0.96	0.98	0.99
20% 〃	0.97	0.98	0.99	0.94	0.97	0.98
25% 〃	0.96	0.98	0.99	0.92	0.95	0.97
30% 〃	0.94	0.97	0.98	0.90	0.93	0.96
35% 〃	0.92	0.95	0.98	0.88	0.91	0.94
40% 〃	0.90	0.93	0.97	0.85	0.88	0.92
45% 〃	0.87	0.91	0.95	0.82	0.85	0.90
50% 〃	0.84	0.89	0.93	0.79	0.82	0.87
55% 〃	0.80	0.87	0.90	0.75	0.78	0.83
60% 〃	0.76	0.84	0.86	0.70	0.73	0.78
65% 〃	0.70	0.75	0.80	0.60	0.65	0.70

（注１）不整形地の地区区分に応ずる地積区分は、付表４「地積区分表」によります。

（注２）かげ地割合は次の算式により計算した割合によります。

$$「かげ地割合」 = \frac{想定整形地の地積 － 不整形地の地積}{想定整形地の地積}$$

（注３）間口狭小補正率の適用がある場合においては、この表により求めた不整形地補正率に間口狭小補正率を乗じて得た数値を不整形地補正率とします。ただし、その最小値はこの表に定める不整形地補正率の最小値（0.60）とします。

　　　また、奥行長大補正率の適用がある場合においては、選択により、不整形地補正率を適用せず、間口狭小補正率に奥行長大補正率を乗じて得た数値によって差し支えありません。

（注４）大工場地区にある不整形地については、原則として不整形地補正を行わないが、地積がおおむね9,000平方メートル程度までのものについては、付表４「地積区分表」及びこの表に掲げる中小工場地区の区分により不整形地としての補正を行って差し支えありません。

【チェックポイント１‐３‐４】不整形地

> 1　河川を隔てて路線に接している土地
> 　土地、川及び橋を一体として評価した価額から川及び橋の価額を差し引き、その後川及び橋をかげ地として不整形地補正等を行います。なお、橋が架設されていない場合には、上記の評価を行った後に通路に相当する部分の価額を控除しますが、その価額は接道義務を満たす最低限の幅の橋の架設費用相当額（不整形地補正した後の価額の40％相当額を限度）とします。

【チェックポイント１‐３‐５】宅地の評価

> 1　利用価値が著しく低下している宅地の評価
> 　次のようにその利用価値が付近にある他の宅地の利用状況からみて、著しく低下していると認められるものの価額は、その宅地について利用価値が低下していないものとして評価した場合の価額から、利用価値が低下していると認められる部分の面積に対応する価額に10％を乗じて計算した金額を控除した価額によって評価することができます。
> 　A　道路より高い位置にある宅地又は低い位置にある宅地で、その付近にある宅地に比べて著しく高低差のあるもの
> 　B　地盤に甚だしい凹凸のある宅地
> 　C　震動の甚だしい宅地
> 　D　AからCまでの宅地以外の宅地で、騒音、日照阻害（建築基準法第56条の２に定める日影時間を超える時

間の日照阻害のあるものとします。）、臭気、忌み等により、その取引金額に影響を受けると認められるもの

　また、宅地比準方式によって評価する農地又は山林について、その農地又は山林を宅地に転用する場合において、造成費用を投下してもなお宅地としての利用価値が付近にある他の宅地の利用状況からみて著しく低下していると認められる部分を有するものについても同様です。

　ただし、路線価又は固定資産税評価額又は倍率が、利用価値の著しく低下している状況を考慮して付されている場合には斟酌しません。

2　公開空地のある宅地の評価

　建築基準法第59条の2のいわゆる総合設計制度では、建物の敷地内に日常一般に公開する一定の空地を有するなどの基準に適合して許可を受けることにより、容積率や建物の高さに係る規制の緩和を受けることができます。この制度によって設けられたいわゆる公開空地は、建物を建てるために必要な敷地を構成するものですので、建物の敷地（宅地）として評価します。

3　位置指定道路に面している宅地

　相続税や贈与税の申告のために、路線価地域内において、路線価の設定されていない道路（位置指定道路）のみに接している宅地を評価する必要があるときには、税務署長に対して特定路線価の設定の申出をすることができます。この設定の申出により、税務署長が特定路線価を設定した場合には、この特定路線価を路線価とみなして、その道路のみに接している宅地を評価します。

4　海外（外国）の土地

　国外に所在する土地は、原則として、売買実例価額、地価の公示制度に基づく価格及び鑑定評価額等を参考に評価します。なお、課税上弊害がない限り、取得価額又は譲渡価額に時点修正するための合理的な価額変動率を乗じて評価することができます。また、この場合の合理的な価額変動率は公表されている諸外国における不動産に関する統計指標等を参考とすることができます。

5　貸家建築中の宅地

　原則として自用地価額で評価します。

6　再開発事業施行地内の土地

　権利変換前の場合、従前土地について評価し、権利変換後の場合、従後土地として評価します。

　なお、土地区画整理事業施行区域内の土地の評価については82頁の「⑯　土地区画整理事業施行中の宅地」を参照してください。

7　産業廃棄物の存する土地

　課税時期において、産業廃棄物が地中に埋設されているのが明らかである場合は、産業廃棄物が埋設されていないものとした場合の評価額から産業廃棄物除去費用に相当する金額を控除して評価します。

8　水路のある宅地

　現に水路で物理的に分離されている土地は、一団で利用していても、一体で評価しません。

　ただし、旧水路（法定外公共物でいわゆる「青地」とされる部分）が一団で利用している土地の中に介在している場合は、その土地を一体評価し、旧水路部分の国市町村からの払下げ費用を控除して評価します。

9　抵当権が設定されている土地

　抵当権が設定されている土地については、原則として抵当権が設定されていることを考慮せずに評価します。ただし、課税時期において、債務者が弁済不能の状態にあるため、抵当権が実行されることが確実であり、かつ、債務者に求償しても弁済を受ける見込みがない場合に限り、債務者の弁済不能と認められる部分の金額をその保証人（被相続人）の確実な債務として債務控除します。

1 土地及び土地の上に存する権利
2 家屋及び構築物等
3 株式等
4 公社債等
5 定期金に関する権利
6 動産

国外財産の評価－土地の場合
国外に所在する土地は、どのように評価するのでしょうか。

【チェックポイント1-3-6】倍率方式

1　倍率方式によって評価する土地の実際の面積が台帳地積と異なる場合
　固定資産課税台帳に登録されている地積は、原則として、登記簿地積とされていますから、実際の面積と異なる場合があります。このような土地を倍率方式により評価する場合には、土地の実際の面積に対応する固定資産税評価額を仮に求め、その金額に倍率を乗じて計算した価額で評価する必要があります。
　この場合、仮に求める固定資産税評価額は、特に支障のない限り次の算式で計算して差し支えありません。

$$その土地の固定資産税評価額　\times　\frac{実際の面積}{固定資産課税台帳に登録されている地積}$$

2　課税時期の直前に払下げがあったこと等により固定資産税評価額が付されていない場合等
　倍率方式により評価する土地について、課税時期において、固定資産税評価額が付されていない場合及び地目の変更等により現況に応じた固定資産税評価額が付されていない場合には、その土地の現況に応じ、状況が類似する付近の土地の固定資産税評価額を基とし、付近の土地とその土地との位置、形状等の条件差を考慮して、その土地の固定資産税評価額に相当する額を算出し、その額に評価倍率を乗じて評価します。
　ただし、相続税等の申告書の提出期限までに、その土地に新たに固定資産税評価額が付された場合には、その付された価額を基として評価します。

【質疑応答】倍率方式

1　倍率方式によって評価する土地の実際の面積が台帳地積と異なる場合の取扱い
　固定資産課税台帳に登録されている地積が実際の面積と異なる土地を倍率方式で評価する場合には、具体的にはどのように計算するのでしょうか。

2　固定資産税評価額が付されていない土地の評価
　倍率方式により評価する土地について、課税時期の直前に払下げがあったこと等により固定資産税評価額が付されていない場合には、どのように評価するのでしょうか。
　また、課税時期直前に地目変更等があり現況に応じた固定資産税評価額が付されていない場合には、どのように評価するのでしょうか。

⑻ 地積規模の大きな宅地

① 地積規模の大きな宅地とは

　地積規模の大きな宅地とは、三大都市圏[※1]においては500㎡以上の地積[※2]の宅地、三大都市圏以外の地域においては1,000㎡以上の地積の宅地をいい、「地積規模の大きな宅地の評価」の対象となる宅地は、路線価地域に所在するものについては、普通商業・併用住宅地区及び普通住宅地区に所在するものとなります。また、倍率地域に所在するものについては、地積規模の大きな宅地に該当する宅地であれば対象となります（評基通20-2）。

　なお、次の①から④のいずれかに該当する宅地は、地積規模の大きな宅地には該当しません。

---

① 都市計画法第7条第3項に規定する市街化調整区域に所在する宅地

② 都市計画法の用途地域が工業専用地域に指定されている地域に所在する宅地

③ 指定容積率[※3]が400%（東京都の特別区においては300%）以上の地域に所在する宅地

④ 財産評価基本通達22-2に定める大規模工場用地

※1　三大都市圏とは、次の地域をいいます。
・ 首都圏整備法第2条第3項に規定する既成市街地又は同条第4項に規定する近郊整備地帯
・ 近畿圏整備法第2条第3項に規定する既成都市区域又は同条第4項に規定する近郊整備区域
・ 中部圏開発整備法第2条第3項に規定する都市整備区域
※2　地積規模の要件は、利用の単位となっている1画地の宅地（評価単位）ごとに判定します。
　　なお、贈与、遺産分割等によって宅地の分割が行われた場合には、分割後の画地を1画地の宅地とします。
※3　容積率は、指定容積率（建築基準法第52条第1項）により判定します。したがって、指定容積率が400%以上（東京都の特別区においては300%以上）である場合には、前面道路の幅員に基づく容積率（基準容積率）が400%未満（東京都の特別区においては300%未満）であったとしても、容積率の要件を満たしません。

図表1-3-4　地積規模の大きな宅地の判定フロー

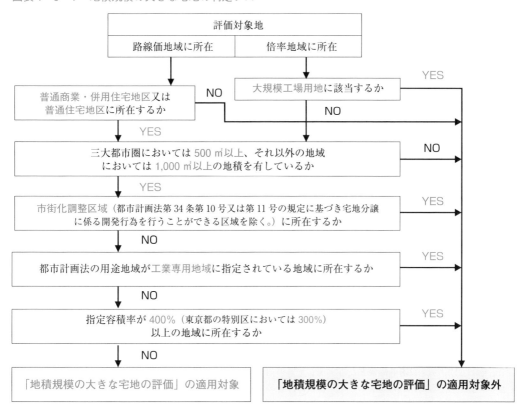

② 評価方法

(イ) 路線価地域に所在する場合

　地積規模の大きな宅地の評価の対象となる宅地の価額は、路線価に、奥行価格補正率や不整形地補正率などの各種画地補正率のほか、下記の規模格差補正率を乗じて求めた価額に、その宅地の地積を乗じて計算した価額によって評価します。

【地積規模の大きな宅地の評価算式（路線価地域）】

> 路線価　×　奥行価格補正率　×　不整形地補正率など　×　規模格差補正率※　×　地積

※　規模格差補正率は、次の算式により計算します（小数点以下第2位未満は切捨て）。

$$規模格差補正率 = \frac{地積規模の大きな宅地の地積 \times B + C}{地積規模の大きな宅地の地積} \times 0.8$$

　上記算式中の「B」及び「C」は、その宅地の所在する地域に応じて、それぞれ次に掲げる表のとおりです。

地積 ＼ 地区区分・記号	普通商業・併用住宅地区、普通住宅地区			
	三大都市圏に所在する宅地		三大都市圏以外の地域に所在する宅地	
	B	C	B	C
500㎡以上　1,000㎡未満	0.95	25		
1,000㎡以上　3,000㎡未満	0.90	75	0.90	100
3,000㎡以上　5,000㎡未満	0.85	225	0.85	250
5,000㎡以上	0.80	475	0.80	500

【チェックポイント1-3-7】地積規模の大きな宅地の評価

1　市街地農地等の取扱い

　宅地比準で評価する市街地農地等（市街地農地、市街地周辺農地、市街地山林及び市街地原野）は、地積規模の大きな宅地の評価の対象となりますが、適用にあたっては特に次の点にご留意ください。
　・一団の市街地農地等を評価単位とする場合は、その一団の地積が適用の基準となること
　・路線価地域にある場合は、地区区分が普通商業併用住宅地区又は普通住宅地区にあること
　・宅地比準方式で評価する場合の「宅地であるとした場合の1㎡当たりの価額」は、地積規模の大きな宅地の評価の適用後の価額であること
　・宅地転用が見込めない市街地農地等で純山林、純農地等として評価する場合は適用がないこと

2　共有地の場合の地積規模の判定

　複数の者に共有されている宅地については、共有者の持分に応じてあん分前の共有地全体の地積により地積規模を判定します。

3　工業専用地域とそれ以外の用途地域にわたる場合の用途地域の判定

　評価対象となる宅地が工業専用地域とそれ以外の用途地域にわたる場合には、その宅地の全部がその宅地の過半の属する用途地域に所在するものとして判定します。
　したがって、例えば評価対象となる宅地が工業専用地域とそれ以外の地域にわたる場合において、その宅地の過半が工業専用地域に属しているときには、その宅地全体に工業専用地域に係る用途地域の制限が適用

1 土地及び土地の上に存する権利

2 家屋及び構築物等

3 株式等

4 公社債等

5 定期金に関する権利

6 動産

されるため、その宅地は工業専用地域に所在する宅地と判定します。よって、この場合には、評価対象となる宅地は「地積規模の大きな宅地の評価」の適用対象となりません。

4 指定容積率の異なる2以上の地域にわたる場合の容積率の判定

評価対象となる宅地が指定容積率の異なる2以上の地域にわたる場合には、各地域の指定容積率に、その宅地の当該地域内にある各部分の面積の敷地面積に対する割合を乗じて得たものの合計により容積率を判定します。

5 正面路線が2以上の地区にわたる場合の地区の判定

評価対象となる宅地の接する正面路線が2以上の地区にわたる場合には、その宅地の過半の属する地区をもって、その宅地の全部が所在する地区として判定します。

6 広大地の評価

広大地の価額は、次に掲げる区分に従い、それぞれ次により計算した金額によって評価する。
A　広大地が路線価地域に所在する場合

広大地の価額 ＝ 広大地の面する路線の路線価 × 広大地補正率 × 地積

広大地補正率 ＝ 0.6 － 0.05 × 広大地の地積 ÷ 1,000㎡

B　広大地が倍率地域に所在する場合

その広大地が標準的な間口距離及び奥行距離を有する宅地であるとした場合の1㎡当たりの価額を、上記Aの算式における「広大地の面する路線の路線価」に置き換えて計算します。

※「広大地の評価」は、課税時期が平成29年12月31日以前の場合に適用します。

【質疑応答】地積規模の大きな宅地の評価（路線価地域）

1　地積規模の大きな宅地の評価－指定容積率の異なる2以上の地域にわたる場合の容積率の判定

評価対象となる宅地が指定容積率の異なる2以上の地域にわたる次のような宅地の容積率はどのように判定するのでしょうか。

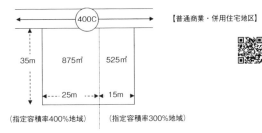

2　地積規模の大きな宅地の評価－計算例①（一般的な宅地）

 普通住宅地区に所在する図のような宅地（地積750㎡、三大都市圏に所在）の価額は、どのように評価するのでしょうか（地積規模の大きな宅地の評価における要件は満たしています。）。

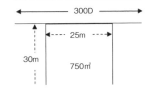

3　地積規模の大きな宅地の評価－計算例②（用途地域が工業専用地域とそれ以外の地域にわたる場合）

用途地域が工業専用地域（1,000㎡）と工業地域（3,000㎡）にわたる図のような宅地（地積4,000㎡、三大都市圏以外の地域に所在）の価額は、どのように評価するのでしょうか（用途地域以外の地積規模の大きな宅地の評価における要件は満たしています。）。

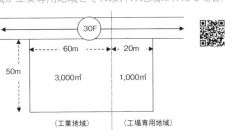

4　地積規模の大きな宅地の評価－計算例③（指定容積率の異なる２以上の地域にわたる場合）

　指定容積率が400％（875㎡）と300％（525㎡）にわたる図のような宅地（地積1,400㎡、三大都市圏以外の地域に所在）の価額は、どのように評価するのでしょうか（容積率以外の地積規模の大きな宅地の評価における要件は満たしています。）。

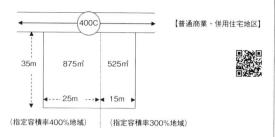

5　地積規模の大きな宅地の評価－計算例④（正面路線が２以上の地区にわたる場合）

　正面路線が普通住宅地区（900㎡）と中小工場地区（600㎡）にわたる図のような宅地（地積1,500㎡、三大都市圏以外の地域に所在）の価額はどのように評価するのでしょうか（地区以外の地積規模の大きな宅地の評価における要件は満たしています。）。

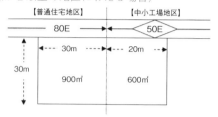

6　地積規模の大きな宅地の評価－計算例⑥（不整形地の場合）

　不整形地である図のような宅地（地積1,600㎡、三大都市圏に所在）の価額は、どのように評価するのでしょうか（地積規模の大きな宅地の評価における要件は満たしています。）。

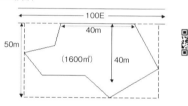

7　地積規模の大きな宅地の評価－計算例⑦（市街地農地の場合）

　図のような市街地農地（地積1,500㎡、地目：畑、三大都市圏に所在、宅地造成費用１㎡当たり700円）の価額は、どのように評価するのでしょうか（地積規模の大きな宅地の評価における要件は満たしています。）。

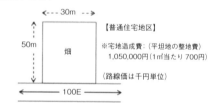

(ロ)　倍率地域に所在する場合

　倍率地域に所在する「地積規模の大きな宅地」の評価対象となる宅地の価額は、次に掲げる①の価額と②の価額のいずれか低い価額により評価します。

①　その宅地の固定資産税評価額に倍率を乗じて計算した価額

②　その宅地が標準的な間口距離及び奥行距離を有する宅地であるとした場合の１㎡当たりの価額に、普通住宅地区の奥行価格補正率や不整形地補正率などの各種画地補正率のほか、規模格差補正率を乗じて求めた価額に、その宅地の地積を乗じて計算した価額

（参考１－３－３）「地積規模の大きな宅地の評価」の適用要件チェックシート

　財産評価基本通達20－２に定める「地積規模の大きな宅地」に該当するかを確認する際に使用する国税庁の「地積規模の大きな宅地の評価の適用要件チェックシート」は、右のQRコードから出力してください。

【質疑応答】地積規模の大きな宅地の評価（倍率地域）

地積規模の大きな宅地の評価－計算例⑤（倍率地域に所在する宅地の場合）

次の図のような倍率地域に所在する宅地（地積3,000㎡、三大都市圏以外の地域に所在）の価額はどのように評価するのでしょうか（地積規模の大きな宅地の評価における要件は満たしています。）。

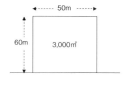

① 宅地の固定資産税評価額：105,000,000円
② 近傍の固定資産税評価に係る標準宅地の1㎡当たりの価額：50,000円
③ 倍率：1.1倍

（参考1-3-4）三大都市圏（平成28年4月1日現在）

圏名	都府県名		都市名
首都圏	東京都	全域	特別区、武蔵野市、八王子市、立川市、三鷹市、青梅市、府中市、昭島市、調布市、町田市、小金井市、小平市、日野市、東村山市、国分寺市、国立市、福生市、狛江市、東大和市、清瀬市、東久留米市、武蔵村山市、多摩市、稲城市、羽村市、あきる野市、西東京市、瑞穂町、日の出町
	埼玉県	全域	さいたま市、川越市、川口市、行田市、所沢市、加須市、東松山市、春日部市、狭山市、羽生市、鴻巣市、上尾市、草加市、越谷市、蕨市、戸田市、入間市、朝霞市、志木市、和光市、新座市、桶川市、久喜市、北本市、八潮市、富士見市、三郷市、蓮田市、坂戸市、幸手市、鶴ケ島市、日高市、吉川市、ふじみ野市、白岡市、伊奈町、三芳町、毛呂山町、越生町、滑川町、嵐山町、川島町、吉見町、鳩山町、宮代町、杉戸町、松伏町
		一部	熊谷市、飯能市
	千葉県	全域	千葉市、市川市、船橋市、松戸市、野田市、佐倉市、習志野市、柏市、流山市、八千代市、我孫子市、鎌ケ谷市、浦安市、四街道市、印西市、白井市、富里市、酒々井町、栄町
		一部	木更津市、成田市、市原市、君津市、富津市、袖ケ浦市
	神奈川県	全域	横浜市、川崎市、横須賀市、平塚市、鎌倉市、藤沢市、小田原市、茅ヶ崎市、逗子市、三浦市、秦野市、厚木市、大和市、伊勢原市、海老名市、座間市、南足柄市、綾瀬市、葉山町、寒川町、大磯町、二宮町、中井町、大井町、松田町、開成町、愛川町
		一部	相模原市
	茨城県	全域	龍ケ崎市、取手市、牛久市、守谷市、坂東市、つくばみらい市、五霞町、境町、利根町
		一部	常総市
近畿圏	京都府	全域	亀岡市、向日市、八幡市、京田辺市、木津川市、久御山町、井手町、精華町
		一部	京都市、宇治市、城陽市、長岡京市、南丹市、大山崎町
	大阪府	全域	大阪市、堺市、豊中市、吹田市、泉大津市、守口市、富田林市、寝屋川市、松原市、門真市、摂津市、高石市、藤井寺市、大阪狭山市、忠岡町、田尻町
		一部	岸和田市、池田市、高槻市、貝塚市、枚方市、茨木市、八尾市、泉佐野市、河内長野市、大東市、和泉市、箕面市、柏原市、羽曳野市、東大阪市、泉南市、四條畷市、交野市、阪南市、島本町、豊能町、能勢町、熊取町、岬町、太子町、河南町、千早赤阪村
	兵庫県	全域	尼崎市、伊丹市
		一部	神戸市、西宮市、芦屋市、宝塚市、川西市、三田市、猪名川町
	奈良県	全域	大和高田市、安堵町、川西町、三宅町、田原本町、上牧町、王寺町、広陵町、河合町、大淀町
		一部	奈良市、大和郡山市、天理市、橿原市、桜井市、五條市、御所市、生駒市、香芝市、葛城市、宇陀市、平群町、三郷町、斑鳩町、高取町、明日香村、吉野町、下市町
中部圏	愛知県	全域	名古屋市、一宮市、瀬戸市、半田市、春日井市、津島市、碧南市、刈谷市、安城市、西尾市、犬山市、常滑市、江南市、小牧市、稲沢市、東海市、大府市、知多市、知立市、尾張旭市、高浜市、岩倉市、豊明市、日進市、愛西市、清須市、北名古屋市、弥富市、みよし市、あま市、長久手市、東郷町、豊山町、大口町、扶桑町、大治町、蟹江町、阿久比町、東浦町、南知多町、美浜町、武豊町、幸田町、飛島村
		一部	岡崎市、豊田市
	三重県	全域	四日市市、桑名市、木曽岬町、東員町、朝日町、川越町
		一部	いなべ市

（注） 「一部」の欄に表示されている市町村は、その行政区域の一部が区域指定されているものです。評価対象となる宅地等が指定された区域内に所在するか否かは、当該宅地等の所在する市町村又は府県の窓口でご確認ください。

(9) 無道路地

無道路地とは、一般に道路に接していない宅地をいいます。

無道路地の価額は、実際に利用している路線の路線価に基づき不整形地の評価又は地積規模の大きな宅地の評価によって計算した価額から、その価額の40%の範囲内において相当と認める金額を控除した価額によって評価します（評基通20-3）。

この場合の40%の範囲内において相当と認める金額は、無道路地について建築基準法その他の法令において規定されている建築物を建築するために必要な道路に接すべき最小限の間口距離の要件（以下「接道義務」といいます。）に基づいて最小限度の通路を開設する場合のその通路に相当する部分の価額とされています。なお、この通路部分の価額は、実際に利用している路線の路線価に、通路に相当する部分の地積を乗じた価額とし、奥行価格補正等の画地調整は行いません。

【チェックポイント1-3-8】無道路地

> 1 通行の用に供する権利を設定している場合
>
> 　他人の土地に囲まれていても、その他人の土地に通行の用に供する権利を設定している場合は、無道路地になりません。
>
> 2 道路に接していてもその接する間口距離が接道義務を満たしていない宅地
>
> 　道路に接していてもその接する間口距離が接道義務を満たしていない宅地については、建物の建築に著しい制限を受けるなどの点で、無道路地と同様にその利用価値が低くなることから、無道路地と同様に評価します。この場合の無道路地としての控除額は接道義務に基づいて最小限度の通路に拡幅する場合の、その拡幅する部分に相当する価額（正面路線価に通路拡幅部分の地積を乗じた価額）とされています。

【質疑応答】無道路地

> 1 無道路地の評価
> 　次の図のような無道路地はどのように評価するのでしょうか。

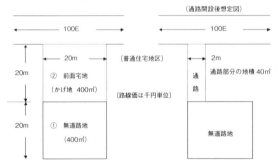

> 2 接道義務を満たしていない宅地の評価
> 　次の図のように間口距離が短く接道義務を満たしていない宅地はどのように評価するのでしょうか。

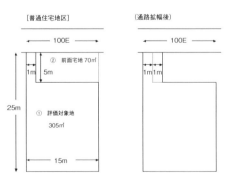

1 土地及び土地の上に存する権利

2 家屋及び構築物等

3 株 式 等

4 公 社 債 等

5 定期金に関する権利

6 動 産

⑽ がけ地等を有する宅地

　がけ地等で通常の用途に供することができないと認められる部分を有する宅地※（「土砂災害特別警戒区域内にある宅地の評価」（評基通20-6）の定めにより評価するものを除きます。）の価額は、その宅地のうちに存するがけ地等の部分ががけ地等でないとした場合の価額に、右表のがけ地補正率を乗じて計算した価額によって評価します（評基通20-5）。なお、平たん部分である宅地とそれ以外の部分（山林、雑種地等）を別の評価単位として評価すべき場合はこれに該当しません。

がけ地の方位 がけ地地積 総 地 積	南	東	西	北
0.10以上	0.96	0.95	0.94	0.93
0.20 〃	0.92	0.91	0.90	0.88
0.30 〃	0.88	0.87	0.86	0.83
0.40 〃	0.85	0.84	0.82	0.78
0.50 〃	0.82	0.81	0.78	0.73
0.60 〃	0.79	0.77	0.74	0.68
0.70 〃	0.76	0.74	0.70	0.63
0.80 〃	0.73	0.70	0.66	0.58
0.90 〃	0.70	0.65	0.60	0.53

※ がけ地等を有する宅地とは、平たん部分とがけ地部分等が一体となっている宅地であり、例えば、ヒナ段式に造成された住宅団地に見られるような、擁壁部分（人工擁壁と自然擁壁とを問いません。）を有する宅地です。

【チェックポイント1-3-9】がけ地等を有する宅地の評価

1 がけ地の方位
　がけ地の方位は、斜面の向きによります。
　なお、「北北西」のような場合には、「北」のみの方位によることとしても差し支えありません。

2 2方位以上のがけ地がある場合
　2方位以上のがけ地がある場合は、次の算式により計算した割合をがけ地補正率とします。

$$\frac{\begin{pmatrix}総地積に対するがけ地部\\分の全地積の割合に応ず\\るA方位のがけ地補正率\end{pmatrix} \times \begin{pmatrix}A方位のが\\け地の地積\end{pmatrix} + \begin{pmatrix}総地積に対するがけ地部\\分の全地積の割合に応ず\\るB方位のがけ地補正率\end{pmatrix} \times \begin{pmatrix}B方位のが\\け地の地積\end{pmatrix} + \cdots\cdots}{がけ地部分の全地積}$$

【質疑応答】がけ地等を有する宅地の評価

1 がけ地等を有する宅地の評価──南東を向いている場合
　次の図のように南東を向いているがけ地部分を有する宅地のがけ地補正率はどのようにして求めるのでしょうか。

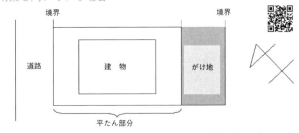

（総地積400㎡、がけ地の全地積100㎡、がけ地割合0.25、土砂災害特別警戒区域内となる部分はない）

2 がけ地等を有する宅地の評価──2方向にがけ地部分を有する場合
　次の図のように2方向にがけ地部分を有する宅地のがけ地補正率はどのようにして求めるのでしょうか。

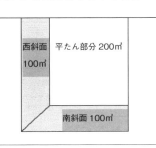

総地積	400㎡
がけ地の全地積	200㎡
がけ地割合	0.50

土砂災害特別警戒区域内となる部分はない

土地及び土地の上に存する権利の評価明細書（第１表）

	局(所)	署	年分	ページ

（住居表示）	（　　　　　）		住　所 （所在地）				使用者	住　所 （所在地）		
所 在 地 番		所有者	氏　名 （法人名）					氏　　名 （法人名）		

地　　目	地　積	路　　　　線　　　　価				地	
宅 地　山 林 田　　畑 雑種地（　　）	㎡	正　面 円	側　方 円	側　方 円	裏　面 円	形図及び参考事項	

間口距離	m	利用区分	自用地 貸家建付地 借　地　権	私　道 貸家建付借地権 転　貸　借　地　権		地区区分	ビル街地区　　普通住宅地区 高度商業地区　中小工場地区 繁華街地区　　大工場地区 普通商業・併用住宅地区	
奥行距離	m		貸　宅　地	貸家付借地権 （　　　　　　）				

自 用 地 １ 平 方 メ ー ト ル 当 た り の 価 額				
	1　一路線に面する宅地 　（正面路線価）　　　　　　　　（奥行価格補正率） 　　　　　円　×　　　　　　　　　0.　[60頁の「奥行価格補正」参照]		（1㎡当たりの価額）　　　円	A
	2　二路線に面する宅地 　（A）　　　　　[側方・裏面 路線価]　（奥行価格補正率）　[側方・二方 路線影響加算率] 　　　円　＋　（　　　円　×　　　0.　　　×　　0.　　）		（1㎡当たりの価額）　　　円	B
	3　三路線に面する宅地 　（B）　　　　　[側方・裏面 路線価]　（奥行価格補正率）　[側方・二方 路線影響加算率] 　　　円　＋　（　　　円　×　　　0.　　　×　　0.　　）　[62頁の「複数（多数）の路線に面する宅地」参照]		（1㎡当たりの価額）　　　円	C
	4　四路線に面する宅地 　（C）　　　　　[側方・裏面 路線価]　（奥行価格補正率）　[側方・二方 路線影響加算率] 　　　円　＋　（　　　円　×　　　0.　　　×　　0.　　）		（1㎡当たりの価額）　　　円	D
	5-1 間口が狭小な宅地等 　（AからDまでのうち該当するもの）　（間口狭小補正率）（奥行長大補正率） 　　　円　×　（　　　0.　　　　×　　　0.　　）　[61頁の「間口狭小、奥行長大補正」参照]		（1㎡当たりの価額）　　　円	E
	5-2 不整形地 　（AからDまでのうち該当するもの）　　　不整形地補正率※ 　　　円　×　　　　　　0. ※不整形地補正率の計算 　（想定整形地の間口距離）　（想定整形地の奥行距離）　（想定整形地の地積） 　　　m　×　　　　　　m　＝　　　　　㎡ 　（想定整形地の地積）　（不整形地の地積）　（想定整形地の地積）　　　（かげ地割合） 　（　　㎡　－　　　㎡）　÷　　　　㎡　＝　　　　％ 　（不整形地補正率表の補正率）（間口狭小補正率） 　　0.　　　　　×　　　0.　　　＝　0.　　①　[不整形地補正率①、②のいずれか低い率、0.6を下限とする。] 　（奥行長大補正率）（間口狭小補正率） 　　0.　　　　　×　　　0.　　　＝　0.　　②　[63頁の「不整形地」参照]		（1㎡当たりの価額）　　　円	F
	6　地積規模の大きな宅地 　（AからFまでのうち該当するもの）　　規模格差補正率※ 　　　円　×　　　　　　0. ※規模格差補正率の計算 　（地積（Ⓐ））（Ⓑ）　　（Ⓒ）　（地積（Ⓐ）） 　[（　　㎡×　　　　＋　　　　）÷　　　㎡]×0.8　＝　0.　[67頁の「地積規模の大きな宅地」参照]		（1㎡当たりの価額）　　　円	G
	7　無道路地 　（F又はGのうち該当するもの）　　　　　（※） 　　　円　×　（　1　－　0.　　） ※割合の計算（0.4を上限とする。） 　（正面路線価）　（通路部分の地積）　（F又はGのうち該当するもの）　（評価対象地の地積） 　（　　円　×　　　㎡）÷（　　　円　×　　　㎡）＝0.　[72頁の「無道路地」参照]		（1㎡当たりの価額）　　　円	H
	8-1 がけ地等を有する宅地　　[南　、東　、西　、北] 　（AからHまでのうち該当するもの）　（がけ地補正率） 　　　円　×　　　　　　0.　[73頁の「がけ地等を有する宅地」参照]		（1㎡当たりの価額）　　　円	I
	8-2 土砂災害特別警戒区域内にある宅地 　（AからHまでのうち該当するもの）　特別警戒区域補正率※ 　　　円　×　　　　　　0. ※がけ地補正率の適用がある場合の特別警戒区域補正率の計算（0.5を下限とする。） 　（特別警戒区域補正率表の補正率）（がけ地補正率）　（小数点以下2位未満切捨て） 　　0.　　　　　×　　　0.　　　＝　0.　[南、東、西、北]　[77頁の「土砂災害特別警戒区域内にある宅地」参照]		（1㎡当たりの価額）　　　円	J
	9　容積率の異なる2以上の地域にわたる宅地 　（AからJまでのうち該当するもの）　　（控除割合（小数点以下3位未満四捨五入）） 　　　円　×　（　1　－　0.　　）　[78頁の「容積率の異なる2以上の地域にわたる宅地」参照]		（1㎡当たりの価額）　　　円	K
	10　私道 　（AからKまでのうち該当するもの） 　　　円　×　　0.3　[80頁の「私道の用に供されている宅地」参照]		（1㎡当たりの価額）　　　円	L

自 用 地 の 評 価 額	自用地1平方メートル当たりの価額 （AからLまでのうちの該当記号） （　　　）		地　　積 ㎡	総　　　　　　額 （自用地1㎡当たりの価額）×（地積） 円	M
	[55頁の「地積」参照]				

（注）　1　5-1の「間口が狭小な宅地等」と5-2の「不整形地」は重複して適用できません。
　　　　2　5-2の「不整形地」の「AからDまでのうち該当するもの」欄の価額について、AからDまでの欄で計算できない場合には、（第2表）の「備考」欄等で計算してください。
　　　　3　「がけ地等を有する宅地」であり、かつ、「土砂災害特別警戒区域内にある宅地」である場合については、8-1の「がけ地等を有する宅地」欄ではなく、8-2の「土砂災害特別警戒区域内にある宅地」欄で計算してください。

（資4-25-1-A4統一）

（平成三十一年一月分以降用）

土地及び土地の上に存する権利の評価明細書（第2表）

セットバックを必要とする宅地の評価額	（自用地の評価額） 円 － （ （自用地の評価額） 円 × （該当地積） ㎡ / （総	83頁の「セットバックを必要とする宅地」参照	）	（自用地の評価額） 円	
都市計画道路予定地の区域内にある宅地の評価額	（自用地の評価額） 円 × 0. （補正率） 83頁の「都市計画道路予定地の区域内にある宅地」参照			（自用地の評価額） 円	O

大規模工場用地等の評価額	○ 大規模工場用地等 （正面路線価） 円 × （地積） ㎡ × （地積が20万㎡以上の場合は0.95） 79頁の「大規模工場用地」参照	円	
	○ ゴルフ場用地等 （宅地とした場合の価額）（地積） （ 円 × ㎡×0.6） － （1㎡当たりの造成費） 円× ㎡ 119頁の「ゴルフ場の用に供されている土地」参照	円	

	利用区分	算 式	総 額	記号
総額計算による価額	貸宅地	（自用地の評価額） 円 × （1－ 0. ） （借地権割合） 86頁の「貸宅地」参照	円	R
	貸家建付地	（自用地の評価額又はT） 円 × （1－ 0. ×0. × ㎡/㎡ ） （借地権割合）（借家権割合）（賃貸割合） 92頁の「貸家建付地」参照	円	S
	目的となっている土地（ 権利の ）	（自用地の評価額） 円 × （1－ 0. ） （ 割合）	円	T
	借地権	（自用地の評価額） 円 × 0. （借地権割合） 93頁の「借地権」参照	円	U
	貸家建付借地権	（U、ABのうちの該当記号） （ ） 円 × （1－ 0. × ㎡/㎡ ） （借家権割合）（賃貸割合） 93頁の「貸家建付借地権」参照	円	V
	転貸借地権	（U、ABのうちの該当記号） （ ） 円 × （1－ 0. ） （借地権割合） 94頁の「転貸借地権」参照	円	W
	転借権	（U、V、ABのうちの該当記号） （ ） 円 × 0. （借地権割合） 94頁の「転借権」参照	円	X
	借家人の有する権利	（U、X、ABのうちの該当記号） （ ） 円 × 0. × ㎡/㎡ （借家権割合）（賃借割合） 94頁の「借家人の有する宅地等に対する権利の評価」参照	円	Z
	（　）権	（自用地の評価額） 円 × 0. （ 割合）	円	Z
	権利が競合する場合の土地に関する権利	（R、Tのうちの該当記号） （ ） 円 × （1－ 0. ） （ 割合）	円	AA
	他の権利と競合する場合の権利	（U、Zのうちの該当記号） （ ） 円 × （1－ 0. ） （ 割合）	円	AB
備考				

(注) 区分地上権と区分地上権に準ずる地役権とが競合する場合については、備考欄等で計算してください。

（資4-25-2-A4統一）

土地及び土地の上に存する権利の評価についての調整率表（平成31年1月分以降用）

① 奥行価格補正率表

地区区分／奥行距離m	ビル街	高度商業	繁華街	普通商業・併用住宅	普通住宅	中小工場	大工場
4未満	0.80	0.90	0.90	0.90	0.90	0.85	0.85
4以上6未満		0.92	0.92	0.92	0.92	0.90	0.90
6〃8〃	0.84	0.94	0.95	0.95	0.95	0.93	0.93
8〃10〃	0.88	0.96	0.97	0.97	0.97	0.95	0.95
10〃12〃	0.90	0.98	0.99	0.99	1.00	0.96	0.96
12〃14〃	0.91	0.99	1.00	1.00		0.97	0.97
14〃16〃	0.92	1.00				0.98	0.98
16〃20〃	0.93					0.99	0.99
20〃24〃	0.94					1.00	1.00
24〃28〃	0.95				0.97		
28〃32〃	0.96		0.98		0.95		
32〃36〃	0.97		0.96	0.97	0.93		
36〃40〃	0.98		0.94	0.95	0.92		
40〃44〃	0.99		0.92	0.93	0.91		
44〃48〃	1.00		0.90	0.91	0.90		
48〃52〃		0.99	0.88	0.89	0.89		
52〃56〃		0.98	0.87	0.88	0.88		
56〃60〃		0.97	0.86	0.87	0.87		
60〃64〃		0.96	0.85	0.86	0.86	0.99	
64〃68〃		0.95	0.84	0.85	0.85	0.98	
68〃72〃		0.94	0.83	0.84	0.84	0.97	
72〃76〃		0.93	0.82	0.83	0.83	0.96	
76〃80〃		0.92	0.81	0.82			
80〃84〃		0.90	0.80	0.81	0.82	0.93	
84〃88〃		0.88		0.80			
88〃92〃		0.86			0.81	0.90	
92〃96〃	0.99	0.84					
96〃100〃	0.97	0.82					
100〃	0.95	0.80			0.80		

② 側方路線影響加算率表

地区区分	加算率 角地の場合	加算率 準角地の場合
ビ ル 街	0.07	0.03
高度商業、繁華街	0.10	0.05
普通商業・併用住宅	0.08	0.04
普通住宅、中小工場	0.03	0.02
大 工 場	0.02	0.01

③ 二方路線影響加算率表

地区区分	加算率
ビ ル 街	0.03
高度商業、繁華街	0.07
普通商業・併用住宅	0.05
普通住宅、中小工場	0.02
大 工 場	0.02

④ 不整形地補正率を算定する際の地積区分表

地区区分	A	B	C
高度商業	1,000㎡未満	1,000㎡以上1,500㎡未満	1,500㎡以上
繁華街	450㎡未満	450㎡以上700㎡未満	700㎡以上
普通商業・併用住宅	650㎡未満	650㎡以上1,000㎡未満	1,000㎡以上
普通住宅	500㎡未満	500㎡以上750㎡未満	750㎡以上
中小工場	3,500㎡未満	3,500㎡以上5,000㎡未満	5,000㎡以上

⑤ 不整形地補正率表

地区区分／地積区分／かげ地割合	高度商業、繁華街、普通商業・併用住宅、中小工場 A	B	C	普通住宅 A	B	C
10%以上	0.99	0.99	1.00	0.98	0.99	0.99
15%〃	0.98	0.99	0.99	0.96	0.98	0.99
20%〃	0.97	0.98	0.99	0.94	0.97	0.98
25%〃	0.96	0.98	0.99	0.92	0.95	0.97
30%〃	0.94	0.97	0.98	0.90	0.93	0.96
35%〃	0.92	0.95	0.98	0.88	0.91	0.94
40%〃	0.90	0.93	0.97	0.85	0.88	0.92
45%〃	0.87	0.91	0.95	0.82	0.85	0.90
50%〃	0.84	0.89	0.93	0.79	0.82	0.87
55%〃	0.80	0.87	0.90	0.75	0.78	0.83
60%〃	0.76	0.84	0.86	0.70	0.73	0.78
65%〃	0.70	0.75	0.80	0.60	0.65	0.70

⑥ 間口狭小補正率表

地区区分／間口距離m	ビル街	高度商業	繁華街	普通商業・併用住宅	普通住宅	中小工場	大工場
4未満	−	0.85	0.90	0.90	0.90	0.80	0.80
4以上6未満	−	0.94	1.00	0.97	0.94	0.85	0.85
6〃8〃	−	0.97		1.00	0.97	0.90	0.90
8〃10〃	0.95	1.00			1.00	0.95	0.95
10〃16〃	0.97					1.00	0.97
16〃22〃	0.98						0.98
22〃28〃	0.99						0.99
28〃	1.00						1.00

⑦ 奥行長大補正率表

地区区分／奥行距離／間口距離	ビル街	高度商業	繁華街	普通商業・併用住宅	普通住宅	中小工場	大工場
2以上3未満	1.00		1.00		0.98	1.00	1.00
3〃4〃			0.99		0.96	0.99	
4〃5〃			0.98		0.94	0.98	
5〃6〃			0.96		0.92	0.96	
6〃7〃			0.94		0.90	0.94	
7〃8〃			0.92			0.92	
8〃			0.90			0.90	

⑧ 規模格差補正率を算定する際の表

イ 三大都市圏に所在する宅地

地区区分／地積㎡／記号	普通商業・併用住宅 普通住宅 Ⓑ	Ⓒ
500以上1,000未満	0.95	25
1,000〃3,000〃	0.90	75
3,000〃5,000〃	0.85	225
5,000〃	0.80	475

ロ 三大都市圏以外の地域に所在する宅地

地区区分／地積㎡／記号	普通商業・併用住宅 普通住宅 Ⓑ	Ⓒ
1,000以上3,000未満	0.90	100
3,000〃5,000〃	0.85	250
5,000〃	0.80	500

⑨ がけ地補正率表

がけ地の方位／がけ地地積／総地積	南	東	西	北
0.10以上	0.96	0.95	0.94	0.93
0.20〃	0.92	0.91	0.90	0.88
0.30〃	0.88	0.87	0.86	0.83
0.40〃	0.85	0.84	0.82	0.78
0.50〃	0.82	0.81	0.78	0.73
0.60〃	0.79	0.77	0.74	0.68
0.70〃	0.76	0.74	0.70	0.63
0.80〃	0.73	0.70	0.66	0.58
0.90〃	0.70	0.65	0.60	0.53

⑩ 特別警戒区域補正率表

特別警戒区域の地積／総地積	補正率
0.10以上	0.90
0.40〃	0.80
0.70〃	0.70

（資4-85-A4統一）

1 土地及び土地の上に存する権利

2 家屋及び構築物等

3 株式等

4 公社債等

5 定期金に関する権利

6 動産

⑾　土砂災害特別警戒区域内にある宅地

　土砂災害防止法では、都道府県知事は、急傾斜地の崩壊等が発生した場合に、住民等の生命又は身体に危害が生ずるおそれがあると認められる区域で一定のものを土砂災害警戒区域（以下「警戒区域」といいます。）として指定することができ、この警戒区域のうち、急傾斜地の崩壊等が発生した場合に、建築物に損壊が生じ住民等の生命又は身体に著しい危害が生ずるおそれがあると認められる区域で一定のものを土砂災害特別警戒区域（以下「特別警戒区域」といいます。）として指定することができます（土砂災害防止法7、9）。

　そして、特別警戒区域内となる部分を有する宅地の価額については、その宅地のうちの特別警戒区域内となる部分が特別警戒区域内となる部分でないものとした場合の価額に、その宅地の総地積に対する特別警戒区域内となる部分の地積の割合に応じて、次表の「特別警戒区域補正率表」に定める補正率を乗じて計算した価額によって評価します（評基通20−6）。

図表1−3−5　特別警戒補正率表

特別警戒区域の地積 ÷ 総地積	0.10以上	0.40以上	0.70以上
補　正　率	0.90	0.80	0.70

【チェックポイント1−3-10】土砂災害特別警戒区域内にある宅地の評価

　1　がけ地補正率の適用がある場合

　　がけ地補正率の適用がある場合においては、特別警戒補正率表により求めた補正率にがけ地補正率を乗じて得た数値を特別警戒区域補正率とします。ただし、その最小値は0.50とします。

　2　土砂災害特別警戒区域内にある宅地の評価の適用対象

　　従前、特別警戒区域内にあったが、土砂災害の防止に関する工事の実施等により、特別警戒区域の指定の事由がなくなったと認められ、課税時期前に特別警戒区域の指定が解除された場合には、土砂災害特別警戒区域内にある宅地の評価の適用対象とはなりません。なお、警戒区域については、宅地としての利用は法的に制限されず、土地価格の水準に既に織り込まれているとも考えられるため、土砂災害特別警戒区域内にある宅地の評価の適用対象となりません。

　（注）　特別警戒区域の指定及び解除は、公示によってその効力を生ずることとされている（土砂災害防止法9⑥⑨）ことから、当該公示の有無により特別警戒区域の指定及び解除を判断することとなります。

　3　倍率地域に所在する特別警戒区域内にある宅地の評価

　　特別警戒区域に指定されたことに伴う宅地としての利用制限等により生ずる減価は、既に固定資産税評価額において考慮されていると考えられます。したがって、倍率地域に所在する特別警戒区域内にある宅地については、土砂災害特別警戒区域内にある宅地の評価の適用対象となりません。

　4　市街地農地等への適用関係

　　市街地農地、市街地周辺農地、市街地山林及び市街地原野（以下、これらを併せて「市街地農地等」といいます。）が特別警戒区域内にある場合、その農地等を宅地に転用するときには、宅地としての利用が制限され、これによる減価が生ずることになります。したがって、市街地農地等が特別警戒区域内にある場合には、「土砂災害特別警戒区域内にある宅地の評価」の適用対象となります。

　　また、宅地に状況が類似する雑種地又は市街地農地等に類似する雑種地が特別警戒区域内にある場合には、その雑種地を宅地として使用するときには、その利用が制限され、これによる減価が生ずることになりますので、土砂災害特別警戒区域内にある宅地の評価の適用対象となります。

⑿ 容積率の異なる2以上の地域にわたる宅地

容積率（建築基準法第52条に規定する建築物の延べ面積の敷地面積に対する割合をいいます。）の異なる2以上の地域にわたる宅地の価額は、「奥行価格補正」（評基通15）から前項までの定めにより評価した価額から、その価額に次の算式により計算した割合を乗じて計算した金額を控除した価額によって評価します（評基通20-7）。この場合において適用する「容積率が価額に及ぼす影響度」は、「地区」（評基通14-2）に定める地区に応じて次表のとおりとなります。

$$\left[1 - \frac{\text{容積率の異なる部分の各部分に適用される容積率にその各部分の地積を乗じて計算した数値の合計}}{\text{正面路線に接する部分の容積率} \times \text{宅地の総地積}} \times \frac{\text{容積率が価額に}}{\text{及ぼす影響度}} \right]$$

図表1-3-6　容積率が価額に及ぼす影響度

地 区 区 分	高度商業地区、繁華街地区	普通商業・併用住宅地区	普通住宅地区
影 響 度	0.8	0.5	0.1

(注)　1　上記算式により計算した割合は、小数点以下第3位未満を四捨五入して求めます。
　　　2　正面路線に接する部分の容積率が他の部分の容積率よりも低い宅地のように、この算式により計算した割合が負数となるときは適用しません。

【チェックポイント1-3-11】容積率の異なる2以上の地域にわたる宅地の評価

1　指定容積率と基準容積率
　容積率の異なる2以上の地域にわたる宅地の評価に当たり、減額割合の計算を行う場合に適用する容積率は、指定容積率と基準容積率とのいずれか小さい方の容積率によります。

2　正面路線に接する部分の容積率と異なる容積率の部分がない場合
　次の図のように1画地の宅地の正面路線に接する部分の容積率が2以上であるが、その正面路線に接する部分と異なる容積率の部分がない場合には、容積率の格差による減額調整を行いません。

3　正面路線以外の各路線の路線価に奥行価格補正率を乗じて求めた価額のいずれかを下回る場合
　次の図のように1画地の宅地が2以上の路線に面する場合において、正面路線の路線価に奥行価格補正率を乗じて求めた価額について容積率の格差による減額調整を行った価額が、正面路線以外の各路線の路線価に奥行価格補正率を乗じて求めた価額を下回る場合には、容積率の格差による減額調整を適用せず、正面路線以外の路線の路線価について、それぞれ奥行価格補正率を乗じて計算した価額のうち最も高い価額となる

路線を当該画地の正面路線とみなして計算した価額によって評価します。
　なお、この場合、宅地の価額は最も高い効用を有する路線から影響を強く受けることから、正面路線とみなされた路線（裏面路線）の路線価の地区区分に応じた補正率を適用することに留意してください。

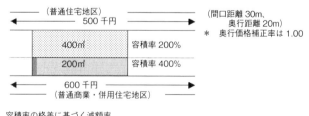

■1 土地及び土地の上に存する権利

■2 家屋及び構築物等

■3 株式等

■4 公社債等

■5 定期金に関する権利

■6 動産

【質疑応答】容積率の異なる2以上の地域にわたる宅地の評価

1　容積率の異なる2以上の地域にわたる宅地

次の図のように容積率の異なる2以上の地域にわたる宅地の評価をする場合で、その正面路線に接する部分の容積率と異なる容積率の部分がある場合

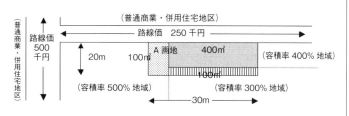

2　容積率の異なる2以上の地域にわたる宅地の一部が都市計画道路予定地の区域内となる宅地

次の図のように、容積率の異なる2以上の地域にわたる宅地の一部が都市計画道路予定地の区域内となっている場合、「都市計画道路予定地の区域内にある宅地の評価」（評基通24-7）に定める補正率表の適用に当たり、「容積率」は、①都市計画

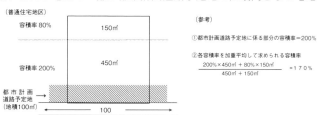

道路予定地に係る部分の容積率によるべきでしょうか、それとも②各容積率を加重平均して求められる容積率（建築基準法52⑦）によるべきでしょうか。

⒀　大規模工場用地

「大規模工場用地」とは、一団の工場用地の地積が5万㎡以上のものをいい、路線価地域においては、大工場地区として定められた地域に所在するものに限ります（評基通22-2）。

大規模工場用地の評価は、図表1-3-7に掲げる所在する地域に従い、それぞれ次に掲げる方法により評価します。ただし、その地積が20万㎡以上のものの価額は、次の評価方法にて計算した価額の95%に相当する価額によって評価します（評基通22、22-3）。

図表1-3-7　大規模工場用地の評価

所在する地域	評　価　方　法
路線価地域	正面路線の路線価にその大規模工場用地の地積を乗じて計算した価額によって評価します。 　正面路線価　×　地積　×　（95%）
倍率地域	大規模工場用地の固定資産税評価額に国税局長が定める倍率（この倍率は「財産評価基準書」に記載されています。）を乗じて計算した金額によって評価します。 　固定資産税評価額　×　倍率　×　（95%）

【チェックポイント1-3-12】大規模工場用地の評価

一団の工場用地とは

一団の工場用地とは、工場、研究開発施設等の敷地の用に供されている宅地及びこれらの宅地に隣接する駐車場、福利厚生施設等の用に供されている一団の土地をいいます。なお、その土地が、不特定多数の者の通行の用に供されている道路、河川等により物理的に分離されている場合には、その分離されている一団の工場用地ごとに評価することになります。

⒁ 容積率の移転がある場合の宅地

容積率の移転がある場合の宅地の評価は、次表に掲げる区分に従い、それぞれに掲げるところによります（評基通23）。

区　分	評　価　方　法
余剰容積率を移転している宅地	原則として、宅地の価額を基に、設定されている権利の内容、建築物の建築制限の内容等を勘案して評価しますが、次の算式により計算した金額によっても評価することができます。 宅地の価額 × （1 − $\dfrac{\text{区分地上権の設定等に当たり収受した対価の額}}{\text{区分地上権の設定等の直前における宅地の通常の取引価額}}$）
余剰容積率の移転を受けている宅地	原則として、宅地の価額を基に、容積率の制限を超える延べ面積の建築物を建築するために設定している権利の内容、建築物の建築状況等を勘案して評価しますが、次の算式により計算した金額によっても評価することができます。 宅地の価額 × （1 ＋ $\dfrac{\text{区分地上権の設定等に当たり支払った対価の額}}{\text{区分地上権の設定等の直前における宅地の通常の取引価額}}$） (注)　余剰容積率を有する宅地に設定された区分地上権等は、独立した財産として評価しないこととし、余剰容積率の移転を受けている宅地の価額に含めて評価します。

【チェックポイント1−3−13】容積率の移転がある場合の宅地の評価

1　余剰容積率を移転している宅地とは

容積率の制限に満たない延べ面積の建築物が存する宅地（以下「余剰容積率を有する宅地」といいます。）で、その宅地以外の宅地に容積率の制限を超える延べ面積の建築物を建築することを目的とし、区分地上権、地役権、賃借権等の建築物の建築に関する制限が存する宅地をいいます（評基通23-2）。

2　余剰容積率の移転を受けている宅地

余剰容積率を有する宅地に区分地上権、地役権、賃借権の設定を行う等の方法により建築物の建築に関する制限をすることによって容積率の制限を超える延べ面積の建築物を建築している宅地をいいます（評基通23-2）。

⒂ 私道の用に供されている宅地

専ら特定の者の通行の用に供されている宅地（私道）の価額は、その宅地が私道でないものとして評価した価額の30％相当額で評価します（評基通24）。

【私道の評価算式（路線価地域）】

路線価 × 奥行価格補正率 × 不整形地補正率など × 30％ × 地積

倍率地域において、私道の固定資産税評価額が私道であることを考慮して付されている場合には、その宅地が私道でないものとした場合の固定資産税評価額に倍率を乗じて評価した価額の30％相当額で評価します。なお、その私道が不特定多数の者の通行の用に供されているときは、その私道の価額は評価しません。

【私道の評価算式（倍率地域）】

固定資産税評価額 × 倍率 × 30％ × 地積

1 土地及び土地の上に存する権利

2 家屋及び構築物等

3 株　式　等

4 公　社　債　等

5 定期金に関する権利

6 動　産

【チェックポイント 1-3-14】私道の用に供されている宅地の評価

1　路地状敷地の取扱い

　次のような隣接する宅地への通路として専用利用している路地状敷地については、私道としてではなく、隣接する宅地とともに1画地の宅地として評価します。

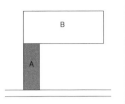

2　「不特定多数の者の通行の用に供されている」とは

「不特定多数の者の通行の用に供されている」例を具体的に挙げると、次のようなものがあります。

- ・　公道から公道へ通り抜けできる私道
- ・　行き止まりの私道であるが、その私道を通行して不特定多数の者が地域等の集会所、地域センター及び公園などの公共施設や商店街等に出入りしている場合などにおけるその私道
- ・　私道の一部に公共バスの転回場や停留所が設けられており、不特定多数の者が利用している場合などのその私道

3　公衆用道路

　公衆用道路には、①公共の用に供するもの、例えば、通り抜け道路のように不特定多数の者の通行の用に供されている場合と、②専ら特定の者の通行の用に供するもの、例えば、袋小路のような場合があります。このうち、①に該当するものは、評価しないことになっています。②に該当するものの価額は、その宅地が私道でないものとして路線価方式又は倍率方式によって評価した価額の30%相当額で評価します。この場合、倍率地域にある公衆用道路の固定資産税評価額が公衆用道路であることを考慮して付されている場合には、その宅地が公衆用道路でないものとして固定資産税評価額を評定し、その金額に倍率を乗じて評価した価額の30%相当額で評価します。

4　公道

　国等が保有する道路であり、相続財産に該当しません。

【質疑応答】私道の用に供されている宅地の評価

1　私道の用に供されている宅地の評価

- ①　倍率地域にある私道の用に供されている宅地はどのように評価するのでしょうか。
- ②　専用利用している路地状敷地についてはどのように評価するのでしょうか。

2　不特定多数の者の通行の用に供されている私道

- ①　私道が不特定多数の者の通行の用に供されているときは、その私道の価額は評価しないこととなっていますが、具体的にはどのようなものをいうのでしょうか。
- ②　幅員2m程度で通り抜けのできる私道は財産評価基本通達24に定める不特定多数の者の通行の用に供されている私道に該当しますか。

3　歩道状空地の用に供されている宅地の評価

　都市計画法所定の開発行為の許可を受けるため、地方公共団体の指導要綱等を踏まえた行政指導によって設置された、次のような「歩道状空地」の用に供されている宅地については、どのように評価するのでしょうか。

　なお、この「歩道状空地」はインターロッキング舗装が施されたもので、居住者等以外の第三者による自由な通行の用に供されています。

⒃　**土地区画整理事業施行中の宅地**

　土地区画整理事業の施行地区内にある宅地について、土地区画整理法第98条（仮換地の指定）の規定に基づき仮換地が指定されている場合には、その宅地の価額は、仮換地の価額に相当する価額によって評価します（評基通24−2）。ただし、その仮換地の造成工事が施行中で、当該工事が完了するまでの期間が１年を超えると見込まれる場合の仮換地の価額に相当する価額は、その仮換地について造成工事が完了したものとして、路線価方式又は倍率方式によって評価した価額の95％に相当する価額によって評価します。

【土地区画整理事業施行中の宅地の評価（原則）】

> 仮換地の価額に相当する価額

　この場合において、換地処分により徴収又は交付されることとなる清算金のうち、課税時期において確実と見込まれるものがあるときには、その金額を評価上考慮して、徴収されるものは仮換地の価額から減算し、交付されるものは加算して評価します。

　なお、仮換地が指定されている場合であっても、次の事項のいずれにも該当するときには、従前の宅地の価額により評価します。

①　仮換地について使用又は収益を開始する日を別に定めるとされているため、当該仮換地について使用又は収益を開始することができないこと

②　仮換地の造成工事が行われていないこと

⒄　**造成中の宅地**

　造成中の宅地の価額は、その土地の造成工事着手直前の地目により評価した課税時期における価額とその宅地の造成に要した費用現価の80％相当額との合計額によって評価します（評基通24−3）。この場合の費用現価とは、課税時期までに投下した造成費用（例えば、埋立て費、土盛り費、土止め費、地ならし費等）の額を課税時期の価額に引き直した額の合計額をいいます。

【造成中の宅地の評価算式】

> 課税時期における価額　＋　その宅地の造成に要した費用現価　×　80％

⒅　**農業用施設用地**

　農業振興地域の整備に関する法律第８条第２項第１号に規定する農用地区域内又は都市計画法第７条第１項に規定する市街化調整区域内に存する農業用施設用地※の価額は、その宅地が農地であるとした場合の１㎡当たりの価額に、その農地を課税時期において当該農業用施設の用に供されている宅地とする場合に通常必要と認められる１㎡当たりの造成費に相当する金額として、整地、土盛り又は土止めに要する費用の額がおおむね同一と認められる地域ごとに国税局長の定める金額（この金額は「財産評価基準書」に記載されています。）を加算した金額に、その宅地の地積を乗じて計算した金額によって評価します（評基通24−5）。

　ただし、農業用施設用地であっても、いわゆる条例指定区域内（都市計画法第34条第11号の規定に基づき都道府県等が条例で定めた区域）に存するため用途変更に制限のない農業用施設用地など、その位置、都市計画法の規定による建物の建築制限の内容等により、その地域における農業用施設用地以外の宅地の価格水準で取引されると見込まれるものについては、その付近にある宅地（農業用施設用地を除きます。）の価額に比準して評価します。

1 土地及び土地の上に存する権利

2 家屋及び構築物等

3 株式等

4 公社債等

5 定期金に関する権利

6 動産

※ 「農業用施設用地」とは、農業用施設（畜舎、蚕室、温室、農産物集出荷施設、農機具収納施設など、農業振興地域の整備に関する法律第3条第3号及び第4号に規定する施設をいいます。）の用に供されている宅地をいいます。

【農業用施設用地の評価算式】

> （農地であるとした場合の1㎡当たりの価額　＋　1㎡当たりの造成費）×　地積

【チェックポイント1-3-15】農業施設用地の評価

> 1　農業用施設用地とは
> 　農業用施設用地とは、農業用施設（畜舎、蚕室、温室、農産物集出荷施設、農機具収納施設など、農業振興地域の整備に関する法律第3条第3号及び第4号に規定する施設をいいます。）の用に供されている宅地をいいます。
>
> 2　農用地区域内等以外の地域に存する場合
> 　農用地区域内等以外の地域に存する土地、すなわち、都市計画区域内の市街化調整区域外の土地（農用地区域内を除きます。）及び都市計画区域外の土地（農用地区域内を除きます。）は、開発行為、建築物の建築等の土地利用に関して農用地区域内等のような制限がないので、これらの地域に存する農業用施設の用に供されている土地の価額の水準はその付近に存する通常の宅地や雑種地と同程度の価格水準になっていると考えられます。したがって、これらの地域に存する農業用施設の用に供されている土地については、その地目に従い、通常の宅地又は雑種地の評価方法により評価することになります。

⑲　セットバックを必要とする宅地

　建築基準法第42条第2項に規定する道路に面しており、将来、建物の建替え時等に道路敷きとして提供しなければならない部分を有する宅地の価額は、その宅地について道路敷きとして提供する必要がないものとした場合の価額から、その価額にこの宅地の総地積のうちセットバックすべき部分の割合の70%相当額を乗じて計算した金額を控除した価額によって評価します（評基通24-6）。

【セットバックを必要とする宅地の評価算式】

> 宅地の評価額　−　宅地の評価額　×　セットバックすべき部分の割合　×　70%

【チェックポイント1-3-16】セットバックを必要とする宅地

> セットバックが終了した場合のセットバック部分の評価
> 　セットバックが終了した場合のセットバック部分については、所有権を有している場合であっても、建築基準法上の道路であり、建物等を建築することができないことから、私道として評価することとなりますが、セットバック部分を含めた道路が不特定多数の通行の用に供されている場合には評価しないこととなります。

⑳　都市計画道路予定地の区域内にある宅地

　都市計画道路予定地の区域内（都市計画法第4条第6項に規定する都市計画施設のうちの道路の予定地）となる部分を有する宅地の価額は、その宅地のうちの都市計画道路予定地の区域内となる部分が都市計画道路予定地の区域内となる部分でないものとした場合の価額に、次表の地区区分、容積率、地積割合の別に応じて定める補正率を乗じて計算した価額によって評価します（評基通24-7）。

【都市計画道路予定地の区域内にある宅地の評価算式】

都市計画道路予定地の区域内にある宅地　×　都市計画道路予定地の区域内にある宅地の補正率

図表１－３－８　都市計画道路予定地の地域内にある宅地の補正率

地区区分・容積率 / 地積割合	ビル街地区、高度商業地区		繁華街地区 普通商業・併用住宅地区				普通住宅地区 中小工場地区・大工場地区		
	700%未満	700%以上	300%未満	300%以上400%未満	400%以上500%未満	500%以上	200%未満	200%以上300%未満	300%以上
30%未満	0.88	0.85	0.97	0.94	0.91	0.88	0.99	0.97	0.94
30%以上60%未満	0.76	0.70	0.94	0.88	0.82	0.76	0.98	0.94	0.88
60%以上	0.60	0.50	0.90	0.80	0.70	0.60	0.97	0.90	0.80

（注）　地積割合とは、その宅地の総地積に対する都市計画道路予定地の部分の地積の割合をいいます。

【チェックポイント１－３－17】都市計画道路予定地の区域内にある宅地の評価

１　倍率地域にある場合

評価対象地が倍率地域にある場合は、「普通住宅地」内にあるものとした場合の容積率、地積割合の別に定めた補正率を適用することとなります。なお、都市計画道路と予定地であることを考慮して固定資産税評価額が定められ、また、評価倍率が評定されている場合には、都市計画道路予定地の区域内にある宅地の評価の適用はないことにも留意してください。

２　容積率

容積率には、都市計画にあわせて指定されるもの（指定容積率）と建築基準法独自のもの（基準容積率）とがありますが、建築基準法第52条において準用する容積率は、どちらか厳しいものとなりますので、評価に当たって適用する容積率もどちらか厳しい方を適用することとなります。

㉑　文化財建造物である家屋の敷地の用に供されている宅地

文化財保護法第27条第１項に規定する重要文化財に指定された建造物、同法第58条第１項に規定する登録有形文化財である建造物及び文化財保護法施行令第４条第３項第１号に規定する伝統的建造物である家屋の敷地の用に供されている宅地の価額は、それが文化財建造物である家屋の敷地でないものとした場合の価額から、その価額に次表の文化財建造物の種類に応じて定める割合を乗じて計算した金額を控除した金額によって評価します（評基通24－８）。

なお、倍率方式により評価する文化財建造物である家屋の敷地の用に供されている宅地に固定資産税評価額が付されていない場合には、文化財建造物である家屋の敷地でないものとした場合の価額は、その宅地と状況が類似する付近の宅地の固定資産税評価額を基とし、付近の宅地とその宅地との位置、形状等の条件差を考慮して、その宅地の固定資産税評価額に相当する額を算出し、その額に倍率を乗じて計算した金額となります。

【文化財建造物である家屋の敷地の評価算式】

宅地の評価額　－　宅地の評価額　×　文化財建造物の種類に応じて定める割合の補正率

図表1-3-9　文化財建造物の種類に応じて定める割合

文化財建造物の種類	重要文化財	登録有形文化財	伝統的建造物
控除割合	0.7	0.3	0.3

【チェックポイント1-3-18】文化財建造物である家屋の敷地の用に供されている宅地の評価

1　文化財建造物である家屋と一体をなして価値を形成している土地がある場合
　文化財建造物である家屋の敷地とともに、その文化財建造物である家屋と一体をなして価値を形成している土地がある場合には、その土地の価額は、財産評価基本通達24-8（注）の定めを適用して評価します。したがって、例えば、その文化財建造物である家屋と一体をなして価値を形成している山林がある場合には、この通達の定めにより評価した山林の価額から、その価額に文化財建造物の種類に応じて定める割合を乗じて計算した金額を控除した金額によって評価します。

2　国宝、重要有形民俗文化財等の建造物の敷地
　国宝、重要有形民俗文化財及び地方公共団体指定の文化財建造物の敷地については、財産評価通達において評価方法が定められておらず、文化財保護法や条例において定められている利用規制の程度等に応じて、個別に評価することとなります。

3　景観法に基づき景観重要建造物に指定された建造物の敷地
　「評価方法の定めのない財産の評価」（評基通5）の定めに基づき、同通達24-8及び89-2に定める伝統的建造物である家屋及びその敷地の用に供されている宅地の評価方法に準じて、それが景観重要建造物の敷地の用に供されている宅地でないものとした場合の価額から、その価額に30%を乗じて計算した価額を控除した金額によって評価します。

4　歴史まちづくり法に基づき歴史的風致形成建造物の敷地
　「評価方法の定めのない財産の評価」（評基通5）の定めに基づき、同通達24-8及び89-2に定める登録有形文化財である家屋及びその敷地の用に供されている宅地の評価方法に準じて、それが歴史的風致形成建造物の敷地の用に供されている宅地でないものとした場合の価額からその価額に30%を乗じて計算した価額を控除した金額によって評価します。

【質疑応答】文化財建造物である家屋の敷地の用に供されている宅地の評価

1　景観重要建造物である家屋及びその敷地の評価
　景観法に基づき景観重要建造物に指定された建造物である家屋及びその敷地の用に供されている宅地は、どのように評価するのですか。

2　歴史的風致形成建造物である家屋及びその敷地の評価
　地域における歴史的風致の維持及び向上に関する法律に基づき歴史的風致形成建造物に指定された建造物である家屋及びその敷地の用に供されている宅地は、どのように評価するのですか。

1　土地及び土地の上に存する権利
2　家屋及び構築物等
3　株式等
4　公社債等
5　定期金に関する権利
6　動産

⑵　貸宅地

　貸宅地とは、借地権など宅地の上に存する権利の目的となっている宅地をいいます。貸宅地の価額は、その宅地の上に存する権利の区分に応じて次のとおり評価します（相法23、相基通23-1、評基通9、25、27、27-2、27-4、27-5、87、平10課評2-8）。

①　借地権の目的となっている宅地

　借地権とは、建物の所有を目的とする地上権又は土地の賃借権をいいます。
　借地権の目的となっている宅地の価額は、次の算式で求めた金額により評価します。

【借地権の目的となっている宅地の評価算式】

> 自用地としての価額　－　自用地としての価額　×　借地権割合

　なお、この場合、借地権の取引慣行がないと認められる地域にある借地権の目的となっている宅地の価額は、上記算式の借地権割合を20％として計算します。

②　定期借地権等の目的となっている宅地

　定期借地権等とは、借地借家法第22条から第25条に定める借地権をいいます。
　定期借地権等の目的となっている宅地の価額は、原則として、その宅地の自用地としての価額から、下記⒂の定期借地権等の価額を控除した金額によって評価します。
　ただし、上記により評価した金額が次の算式で求めた金額を上回る場合には、次の算式で求めた金額を定期借地権等の目的となっている宅地の評価額とします。

【定期借地権等の目的となっている宅地の評価算式】

> 自用地としての価額　－　自用地としての価額　×　定期借地権等の残存期間に応じた割合

図表1-3-10　定期借地権等の残存期間に応じた割合

残存期間	5年以下	5年超10年以下	10年超15年以下	15年超
割　合	5％	10％	15％	20％

【チェックポイント1-3-19】定期借地権等の目的となっている宅地

> 1　一般定期借地権の目的となっている宅地
> 　定期借地権等のうちの一般定期借地権の目的となっている宅地については、課税上弊害がない限り、下記の「⒀　一般定期借地権の目的となっている宅地」により評価します。
>
> 2　一時使用目的の借地権の目的となっている宅地
> 　定期借地権等のうちの一時使用目的の借地権の目的となっている宅地については、一時使用目的の借地権が雑種地の賃借権と同じように評価されることから、上記1の方法によらず、次の算式で求めた金額により評価します。
>
> 　自用地としての価額　－　一時使用目的の借地権の価額　（95頁参照）

（参考１−３−７）定期借地権等の評価明細書

定期借地権等の価額を評価するために使用する国税庁の「定期借地権等の評価明細書」は、右の
QRコードから出力してください。

③ 地上権の目的となっている宅地

地上権とは、工作物又は竹木を所有するために他人の土地を使用する権利とされています。

なお、建物の所有を目的とする地上権は借地権に含まれますので、ここでの地上権からは除かれます。地上権の目的となっている宅地の価額は、次の算式で求めた金額により評価します。

【地上権の目的となっている宅地の評価算式】

> 自用地としての価額 － 自用地としての価額 × 相続税法第23条に定める地上権の割合

図表１−３−11 相続税法第23条に定める地上権の割合

残存期間	地上権割合	残存期間	地上権割合
10年以下	5 %	30年超　35年以下	50%
10年超　15年以下	10%	35年超　40年以下	60%
15年超　20年以下	20%	40年超　45年以下	70%
20年超　25年以下	30%	45年超　50年以下	80%
25年超30年以下及び存続期間の定めのないもの	40%	50年超	90%

④ 区分地上権の目的となっている宅地

区分地上権は、地下にトンネルを所有するなど土地の上下の一定層のみを目的として設定された地上権をいい、土地の上下のすべてについて効力が及ぶ地上権とは別のものとして評価されます。区分地上権の目的となっている宅地の価額は、次の算式で求めた金額により評価します。

【区分地上権の目的となっている宅地の評価算式】

> 自用地としての価額 － 自用地としての価額 × 区分地上権の割合

なお、算式における区分地上権の割合は、その区分地上権の設定契約の内容に応じた土地利用制限率を基として求めます。また、この場合、地下鉄等のトンネルの所有を目的として設定した区分地上権であるときは、区分地上権の割合を30％とすることができます。

【チェックポイント１−３−20】区分地上権の目的となっている宅地

区分地上権の目的となっている宅地の評価の具体例

上記のとおり、区分地上権の目的となっている宅地の価額は、その宅地の自用地としての価額から財産評価基本通達27-4（区分地上権の評価）の定めにより評価したその区分地上権の価額を控除した金額によって評価します。この場合、区分地上権の価額は、その区分地上権の目的となっている宅地の自用地としての価額に、その区分地上権の設定契約の内容に応じた土地利用制限率を基とした割合（区分地上権の割合）を乗じて計算した金額によって評価します。仮に、この土地（本来地上８階地下２階のビルが建築できるのですが、地下鉄のトンネルの所有を目的とする区分地上権が設定されていることにより、地上５階地下１階の建物しか建築できない土地（自用地価額50億円））の階層別利用率が図のようであるとした場合には、次のように評価します。

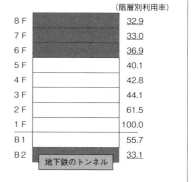

　　自用地価額　　区分地上権の価額
　　　50億円　 － 　50億円　× 0.283※ ＝ 35億円8,500万円

　※区分地上権の割合（土地利用制限率）の計算

$$\frac{32.9 + 33.0 + 36.9 + 33.1}{32.9 + 33.0 + 36.9 + 40.1 + 42.8 + 44.1 + 61.5 + 100.0 + 55.7 + 33.1} \fallingdotseq 0.283$$

　なお、地下鉄等のずい道の所有を目的として設定した区分地上権を評価するときにおける区分地上権の割合は、30％とすることができます。

　　自用地価額　　区分地上権の価額
　　　50億円　 － 　50億円　× $\dfrac{30}{100}$ ＝ 35億円

　(注)　「土地利用制限率」は、土地の利用が防げられる程度に応じて適正に定めた割合であり、公共用地の取得に伴う損失補償基準細則別記２で定められています。

⑤　区分地上権に準ずる地役権の目的となっている承役地である宅地

　　区分地上権に準ずる地役権は、特別高圧架空電線の架設等（特別高圧架空電線の架設、高圧のガスを通ずる導管の敷設、飛行場の設置、建築物の建築その他の目的のため地下又は空間について上下の範囲を定めて設定された地役権で、建造物の設置を制限するものをいい、登記の有無は問いません。）を目的として地下又は空間について上下の範囲を定めて設定されたもので、建造物の設置を制限するものをいいます。区分地上権に準ずる地役権の目的となっている承役地である宅地の価額は、次の算式で求めた金額により評価します。

　　なお、算式における区分地上権に準ずる地役権の割合は、その区分地上権に準ずる地役権の設定契約の内容に応じた土地利用制限率を基として求めます（区分地上権に準ずる地役権の評価については、下記㉘を参照）。この場合、区分地上権に準ずる地役権の割合は、その承役地に係る制限の内容に従い、それぞれ図表１-３-12に掲げる割合とすることができます。

【区分地上権に準ずる地役権の目的となっている承役地である宅地の評価算式】

　　　自用地としての価額　－　自用地としての価額　×　区分地上権に準ずる地役権の割合

図表１-３-12　区分地上権に準ずる地役権の割合とすることができる割合

区　　分	区分地上権に準ずる地役権の割合
家屋の建築が全くできない場合	50％又はその区分地上権に準ずる地役権が借地権であるとした場合に適用される借地権割合のいずれか高い割合
家屋の構造、用途等に制限を受ける場合	30％

【チェックポイント１-３-21】貸宅地の評価

1　倍率方式により評価する宅地の自用地としての価額

　倍率地域にある区分地上権の目的となっている宅地又は区分地上権に準ずる地役権の目的となっている承役地である宅地の自用地としての価額は、その宅地の固定資産税評価額が地下鉄のずい道の設置、特別高圧架空電線の架設がされていること等に基づく利用価値の低下を考慮したものである場合には、その宅地の利用価値の低下がないものとして評価した価額となります（評基通25-2）。

　なお、宅地以外の土地を倍率方式により評価する場合の各節に定める土地の自用地としての価額についても、同様です。

1 土地及び土地の上に存する権利
2 家屋及び構築物等
3 株式等
4 公社債等
5 定期金に関する権利
6 動産

2 相当の地代を収受している貸宅地の評価

相当の地代を収受している貸宅地の価額は、自用地としての価額から、その価額の20%に相当する金額（借地権の価額）を控除した金額により評価します（昭43直資3-22）。

3 無償返還の届出書が提出されている土地

借地権が設定されている土地について、無償返還届出書が提出されている場合の当該土地に係る貸宅地の価額は、当該土地の自用地としての価額の80%に相当する金額によって評価します。

なお、被相続人が同族関係者となっている同族会社にその土地を貸し付けている場合には、その同族会社の有する借地権の価額（自用地としての20%相当額）を同族会社の株式等の評価上、純資産価額に算入して計算することとされています。

また、使用貸借に係る土地について無償返還届出書が提出されている場合の当該土地の貸宅地の価額は、自用地としての価額によって評価します。

4 相当の地代に満たない地代を支払っている場合の借地権の評価

借地権が設定されている土地について、支払っている地代の額が相当の地代の額に満たない場合の当該土地に係る借地権の価額は、次の算式に準じて計算した金額によって評価します。

$$\text{自用地としての価額} \times \left\{ \text{借地権割合} \times \left(1 - \frac{\text{実際に支払っている地代の年額} - \text{通常の地代の年額}}{\text{相当の地代の年額} - \text{通常の地代の年額}} \right) \right\}$$

図表1-3-13 相当の地代等を収受している借地権等についての取扱い一覧

区 分		権利金	無償返還	借地権の評価額	貸地の評価額	取引相場のない株式評価上の借地権の評価額
権利金等の支払い慣行あり	相当の地代[1]	なし		なし	自用地価額×80%	自用地価額×20%
		あり		調整借地権価額[3]	自用地価額×80%と調整貸宅地価額[2]のいずれか低い価額	調整借地権価額[1]と自用地価額×20%のいずれか高い価額
	相当の地代未満通常の地代超	なし	なし		自用地価額×80%と調整貸宅地価額[2]のいずれか低い価額	調整借地権価額[1]と自用地価額×20%のいずれか高い価額
			あり	なし	自用地価額×80%	自用地価額×20%
		あり		調整借地権価額[4]	自用地価額×80%と調整貸宅地価額[2]のいずれか低い価額	調整借地権価額[1]と自用地価額×20%のいずれか高い価額
	通常の地代[2]	なし	あり	なし	自用地価額×80%	自用地価額×20%
			なし	自用地価額×借地権割合	自用地価額×底地割合	自用地価額×借地権割合
		あり				
	使用貸借			なし	自用地価額	なし
権利金等の支払い慣行なし				なし	自用地価額×80%	なし

※1 相当の地代は、次の算式により計算した地代をいいます。

権利金等	相当の地代の金額
な し	自用地価額（財産評価額）の過去3年間の平均額 × 6%
あ り	$\left(\text{自用地価額の過去3年間の平均額} - \text{権利金等の金額} \times \dfrac{\text{自用地価額の過去3年間の平均額}}{\text{借地権設定時の通常取引価額}} \right) \times 6\%$

※2 通常の地代＝自用地としての価額（財産評価額）の過去3年間の平均額×（1－借地権割合）× 6%

※3 調整借地権価額とは、次の算式により計算した借地権価額をいいます。

$$\text{自用地価額} \times \left\{ \text{借地権割合} \times \left(1 - \frac{\text{実際の地代} - \text{通常の地代}}{\text{相当の地代} - \text{通常の地代}} \right) \right\}$$

（注） 権利金の支払いがある場合でも、上記算式中の「相当の地代」は、権利金の支払いがないものとして計算した金額により計算します。

※4　調整貸宅地価額とは、次の算式により計算した貸宅地価額をいいます。

　　　自用地価額　－　調整借地権価額

　　（注）借地権の設定された土地について権利金の支払に代え相当の地代を支払うなどの特殊な場合の相続税及び贈与税の取扱いを定めた「相当の地代を支払っている場合等の借地権等についての相続税及び贈与税の取扱いについて」（例規通達）を参照してください。

【質疑応答】貸宅地の評価

1　複数の地目の土地を一体利用している貸宅地等の評価

　甲は、次の右図のように、宅地と雑種地を乙に貸し付けています。この場合の甲の所有する宅地及び雑種地の価額はどのように評価するのですか。

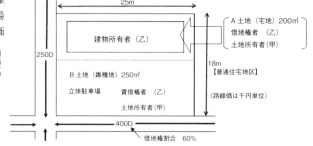

2　区分地上権に準ずる地役権の目的となっている宅地の評価

　特別高圧架空電線の架設を目的とする地役権が設定されている次の図のような宅地の価額はどのように評価するのでしょうか。

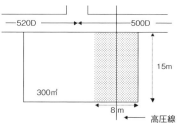

3　借地権と区分地上権に準ずる地役権とが競合する場合の宅地の評価

　借地権と高圧架空電線の架設を目的とする区分地上権に準ずる地役権とが設定されている宅地の価額はどのように評価するのですか。

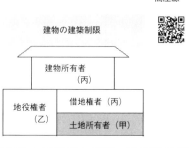

建物の建築制限

1 土地及び土地の上に存する権利

2 家屋及び構築物等

3 株 式 等

4 公 社 債 等

5 定期金に関する権利

6 動 産

⑳ 一般定期借地権の目的となっている宅地

定期借地権の目的となっている宅地のうち、一般定期借地権※の目的となっている宅地の評価については、課税上弊害がない限り、財産評価基本通達の定めにかかわらず、当分の間、次のとおり評価することとされています（評基通25、27-2、27-3、平10課評2-8）。

なお、その他の定期借地権等の目的となっている宅地の評価については、上記⑳の貸宅地の評価を参照してください。

※ 一般定期借地権とは、公正証書等の書面により借地期間を50年以上とし、借地期間満了により借地権が確定的に終了するものをいいます（借地借家法22）。

① 一般定期借地権の目的となっている宅地の評価

【一般定期借地権の目的となっている宅地の評価算式】

$$
\begin{array}{l}
課税時期における自用地価額 - 課税時期における自用地価額 \times （1-底地割合※） \times \dfrac{課税時期におけるその残存期間年数に応ずる基準年利率による複利年金現価率}{一般定期借地権の設定期間年数に応ずる基準年利率による複利年金現価率}
\end{array}
$$

※ 底地割合

区 分	路線価図の借地権割合記号				
	C	D	E	F	G
借地権割合	70%	60%	50%	40%	30%
底 地 割 合	55%	60%	65%	70%	75%

(注) A地域、B地域及び借地権の取引慣行のない地域については、財産評価基本通達25(2)の評価方法によります。

② 「課税上弊害がある場合」

次の場合には課税上弊害がある場合に当たると考えられますので上記①の方法によらず、財産評価基本通達の定めにより評価します。

イ 一般定期借地権の借地権者と借地権設定者の関係が親族間や同族法人等の特殊関係者間の場合

ロ 第三者間の設定等であっても税負担回避行為を目的としたものであると認められる場合

【質疑応答】一般定期借地権の目的となっている宅地の評価

> 1 一般定期借地権の目的となっている宅地の評価──簡便法(1)
> 　個別通達「一般定期借地権の目的となっている宅地の評価に関する取扱いについて」（平成10年8月25日付課評2-8外）に定める底地割合の適用は、財産評価基本通達27-2（定期借地権等の評価）の原則的評価方法と選択できるのでしょうか。
>
> 2 一般定期借地権の目的となっている宅地の評価──簡便法(2)
> 　個別通達「一般定期借地権の目的となっている宅地の評価に関する取扱いについて」（平成10年8月25日付課評2-8外）に定める、「課税上弊害がある」ものとされている親族等の範囲は具体的にはどのような範囲ですか。

（参考1-3-8）定期借地権等の評価明細書

> 　定期借地権等の価額を評価するために使用する国税庁の「定期借地権等の評価明細書」は、右のQRコードから出力してください。

⒇ 貸家建付地

　貸家建付地とは、貸家の敷地の用に供されている宅地、すなわち、所有する土地に建築した家屋を他に貸し付けている場合の、その土地のことをいいます（評基通26）。

　貸家建付地の価額は、次の算式で求めた金額により評価します。

> 自用地価額 － 自用地価額 × 借地権割合 × 借家権割合 × 賃貸割合※

　この算式における「借地権割合」及び「借家権割合」は、地域により異なりますので、路線価図や評価倍率表により確認してください。また、「賃貸割合」は、貸家の各独立部分（構造上区分された数個の部分の各部分をいいます。）がある場合に、その各独立部分の賃貸状況に基づいて次の算式により計算した割合をいいます。

$$※\quad 賃貸割合 = \frac{\text{Aのうち課税時期において賃貸されている各独立部分の床面積の合計額}}{\text{当該家屋の各独立部分の床面積の合計額（A）}}$$

　　この算式における「各独立部分」とは、建物の構成部分である隔壁、扉、階層（天井及び床）等によって他の部分と完全に遮断されている部分で、独立した出入口を有するなど独立して賃貸その他の用に供することができるものをいいます。

【チェックポイント1-3-22】貸家建付地の評価

　1　一時的な空室と認められる場合

　継続的に賃貸されていたアパート等の各独立部分で、例えば、次のような事実関係から、アパート等の各独立部分の一部が課税時期（相続又は遺贈の場合は被相続人の死亡の日、贈与の場合は贈与により財産を取得した日）において一時的に空室となっていたにすぎないと認められるものについては、課税時期においても賃貸されていたものとして差し支えありません。

　① 各独立部分が課税時期前に継続的に賃貸されてきたものであること。
　② 賃借人の退去後速やかに新たな賃借人の募集が行われ、空室の期間中、他の用途に供されていないこと。
　③ 空室の期間が、課税時期の前後の例えば1か月程度であるなど、一時的な期間であること。
　④ 課税時期後の賃貸が一時的なものではないこと。

　2　区分地上権等が設定されている場合

　区分地上権又は区分地上権に準ずる地役権の目的となっている貸家建付地の価額は、次の算式により計算した価額によって評価します（評基通26-2）。

> 宅地の価額 － 宅地の価額 × 借地権割合 × 借家権割合 × 賃貸割合

　3　ウィークリーマンションの敷地

　原則として自用地価額で評価します。

　4　契約で不動産管理会社に一括で貸し付けている貸家の敷地（サブリース）

　原則として貸家建付地として評価します。

【質疑応答】貸家建付地の評価

　1　貸家が空き家となっている場合の貸家建付地の評価

　借家人が立ち退いた後、空き家となっている家屋（独立家屋）の敷地についても、貸家建付地として評価することができますか。

---

1 土地及び土地の上に存する権利

2 家屋及び構築物等

3 株式等

4 公社債等

5 定期金に関する権利

6 動産

2　貸家建付地等の評価における一時的な空室の範囲

　学生専用の賃貸アパートの半分程度の部屋が空室でしたが、この空室部分は、3月上旬まで入居していた学生が卒業のため退去した部分で、新しく入居する学生を募集しており、3月末には全部の部屋が実際に賃貸されています。例年、このような状況の中、たまたま空室が多い時が課税時期となっていますが、この賃貸アパートとその敷地はどのように評価すればよいですか。

3　従業員社宅の敷地の評価

　従業員社宅の敷地の用に供されている宅地の価額については、貸家建付地の価額で評価するのでしょうか。

㉕　借地権

①　借地権の種類

　借地権とは、建物の所有を目的とする地上権又は土地の賃借権をいいます（借地借家法2一）。

　借地権は、相続税や贈与税の課税対象になります。

　借地権には、次のとおり5種類の借地権があります。

　　イ　借地権（旧借地法、借地借家法）（次のロからホまでを除きます。）

　　ロ　定期借地権（借地借家法22）

　　ハ　事業用定期借地権等（借地借家法23）

　　ニ　建物譲渡特約付借地権（借地借家法24）

　　ホ　一時使用目的の借地権（借地借家法25）

　なお、借地権を評価する場合には、イを「借地権」、ロ～ニを「定期借地権等」及びホを「一時使用目的の借地権」に区分して評価します。

②　借地権の評価

　借地権の価額は、借地権の目的となっている宅地が権利の付着していない、自用地（他人の権利の目的となっていない場合の土地で、いわゆる更地をいいます。以下同じです。）としての価額に借地権割合を乗じて求めます（評基通27）。この借地権割合は、借地事情が似ている地域ごとに定められており、路線価図や評価倍率表に表示されています。

【借地権の評価算式】

> 自用地としての価額　×　借地権割合

③　貸家建付借地権等の評価

　貸家の敷地の用に供されている借地権の価額又は定期借地権等の価額は、次の算式により評価します（評基通28）。

【貸家建付借地権等の評価算式】

> 借地権等の価額　―　借地権等の価額　×　借家権割合　×　賃貸割合

④ 転貸借地権の評価

　他から借り受けている宅地を自己の用に供することなく、他に転貸している場合の借地権（転貸借地権）の価額は、次の算式により評価します（評基通29）。

【転貸借地権の評価算式】

借地権の価額 ― 借地権の価額 × 借地権割合

⑤ 転借権の評価

　他から借地権者から宅地を転借りしている場合の借地権（転借権）の価額は、次の算式により評価します（評基通30）。

【転借権の評価算式】

自用地としての価額 × 借地権割合 × 借地権割合

　また、貸家の目的に供されている転借権（貸家建付転借権）の価額は、次の算式により評価します（評基通30ただし書き）。

【貸家建付転借権の評価算式】

転借権の評価額 ― 転借権の評価額 × 借家権割合 × 賃貸割合

⑥ 借家人の有する宅地等に対する権利の評価

　借家人の有する宅地等に対する権利は、次の算式により評価します（評基通31）。

【借家人の有する宅地等に対する権利の評価算式】

その借家の敷地の借地権の価額又は転借権の評価額 × 借家権割合 × 賃貸割合

　なお、この権利が権利金等の名称をもって取引される慣行のない地域にあるものについては、評価しません。

【チェックポイント1-3-23】借地権の評価

1　構築物の所有を目的とする土地の賃借権
　構築物の所有を目的とする土地の賃借権は、所得税法（所令79）や法人税法（法令137、138、139）の借地権に含まれていますが、財産評価基本通達上の借地権は、借地借家法第2条に規定する借地権すなわち建物の所有を目的とする地上権又は土地の賃借権に限られることから構築物の所有を目的とする賃借権は含まれません。
　なお、構築物の所有を目的とする賃借権の価額は、「賃借権の評価」（評基通87）の定めにより評価することになります。

2　借地権の取引慣行がない場合

　借地権の設定に際し、通常の権利金等の授受がなく、その土地が借地権を含めて売買される場合でも、その対価はすべて土地の所有者が取得するなど借地権の取引慣行がないと認められる地域にある借地権は評価しないこととされています（評基通27）。

3　一時使用目的の借地権の評価

　建設現場、博覧会場、一時的興行場等、その性質上一時的な事業に必要とされる臨時的な設備を所有することを目的とするいわゆる一時使用目的借地権については、存続期間及びその更新、建物買取請求、借地条件の変更、増改築などについて、借地借家法の適用がなく、期間の満了とともに消滅することとされており、他の法定更新される借地権に比較しその権利は著しく弱いということがいえます。このような一時使用目的の借地権の価額は、通常の借地権の価額と同様にその借地権の所在する地域について定められた借地権割合を自用地価額に乗じて評価することは適当でないので、雑種地の賃借権の評価方法に準じて評価します。

　なお、雑種地の賃借権の価額は、原則として、その賃貸借契約の内容、利用の状況等を勘案して評価しますが、次のように評価することができます（評基通87）。

A　地上権に準ずる権利として評価することが相当と認められる賃借権

　例えば、賃借権の登記がされているもの、設定の対価として権利金や一時金の支払のあるもの、堅固な構築物の所有を目的とするものなどが該当します。

雑種地の自用地としての価額	×	法定地上権割合 借地権割合	のいずれか低い割合

B　A以外の賃借権

雑種地の自用地としての価額	×	法定地上権割合	$\times \dfrac{1}{2}$

（注）　法定地上権割合とは、その賃借権が地上権であるとした場合に適用される相続税法第23条に規定する割合をいいます。

4　土地の上に存する権利が競合する場合の借地権等の評価

　区分地上権等と借地権等とが競合して設定されている場合に、区分地上権等の価額を底地と借地権等との両方の価額から控除し、その配分の割合は、借地権割合又は区分地上権割合によって行うこととなります（評基通27-6）。

5　構築物の賃借人の土地に対する権利の評価

　建物の賃貸借については、借地借家法の適用があり、財産評価基本通達では借家人がその借家の敷地である宅地等に有する権利の評価方法を定めています（ただし、その権利が権利金等の名称をもって取引される慣行のない地域にあるものについては、評価しないこととしています。）が、野球場、ゴルフ練習場、プール等の構築物の賃貸借については法律上の特別の保護を与えられたものでないこと等から、原則として、構築物の賃借人の構築物の敷地に対する権利は評価しません。また、構築物の賃借人の構築物に対する権利についても同様です。

　なお、貸し付けられている構築物の敷地の価額は、自用地価額で評価します。

6　鉄道高架下の賃借権

　建物の所有を目的とする鉄道の高架下の土地の賃借権の価額は、その賃借権の目的となっている宅地の自用地評価額に借地権割合を乗じて評価するものと解されます。

　この場合の宅地の自用地価額は、その宅地の利用が鉄道の高架下のみに限定されることを考慮して、路線価方式等により評価した価額に「立体利用率に基づく割合」を乗じた金額によって評価されます。「立体利用率に基づく割合」は、財産評価基本通達27-4（区分地上権の評価）で使用される「土地利用制限率を基とした割合」と同様のものと解して差し支えないものと思われます。

1　土地及び土地の上に存する権利

2　家屋及び構築物等

3　株式等

4　公社債等

5　定期金に関する権利

6　動産

1　借地権の意義
　構築物の所有を目的とする土地の賃借権は、所得税法や法人税法の借地権に含まれていますが、財産評価基本通達上の借地権には、構築物の所有を目的とする賃借権も含まれるのでしょうか。

2　借地権の及ぶ範囲
　郊外にあるレストランやパチンコ店のように、賃借した広い土地を建物の敷地と駐車場用地とに一体として利用している場合には、その土地全体に借地権が及ぶものとして評価してよいのでしょうか。

㉖　**定期借地権等**

　定期借地権（借地借家法22）、事業用定期借地権等（借地借家法23）、建物譲渡特約付借地権（借地借家法24）」（以下「定期借地権等」といいます。）の価額は、原則として、課税時期（相続又は遺贈の場合は被相続人の死亡の日、贈与の場合は贈与により財産を取得した日）において借地人に帰属する経済的利益及びその存続期間を基として評定した価額によって評価します（評基通27-2）。ただし、定期借地権等の設定時と課税時期とで、借地人に帰属する経済的利益に変化がないような場合等、課税上弊害がない場合に限り、その定期借地権等の目的となっている宅地の課税時期における自用地としての価額に、次の算式により計算した数値を乗じて計算することができます。

【自用地の価額に乗ずる割合の評価算式】

$$\frac{定期借地権等の設定時における借地権者に帰属する経済的利益の総額}{定期借地権等の設定時におけるその宅地の通常の取引価額} \times \frac{課税時期における借地権者等の残存期間年数に応ずる基準年利率による複利年金現価率}{定期借地権等の設定期間年数に応ずる基準年利率による複利年金現価率}$$

【チェックポイント1-3-24】定期借地権等の評価

1　課税上弊害がある場合
　課税上弊害がある場合とは、例えば、権利金の追加払いがある場合や自然発生的な差額地代が明確に生じている場合のように、定期借地権設定時と課税時期とで借地権人に帰属する経済的な利益に特段の変化がある場合をいいます。なお、課税上弊害がある場合は、財産評価基本通達27-2のただし書きに定める簡便な評価方法は採用できず、原則に従って評価することとなります。

2　定期借地権等の設定時における借地権者に帰属する経済的利益の総額
　次の算式により計算することとなります（評基通27-3）。

権利金等の授受による経済的利益の金額	＋	保証金等の授受による経済的利益の金額	＋	贈与を受けたと認められる差額地代の額がある場合の経済的利益の金額※

※　個々の取引の事情・当事者間の関係等を総合勘案し、実質的に贈与を受けたと認められる差額地代の額がある場合に加算します。

（表）

定 期 借 地 権 等 の 評 価 明 細 書

設定期間50年に応ずる複利年金現価率

| （住居表示）
所 在 地 番 | 東京都江東区○○
東京都江東区○○ | （地　積）
200.0000㎡ | 設定年月日 | 平成 **23**年 **5**月 **5**日 | 設定期間年数 | ⑦ **50** 年 | （平成二十年分以降用） |
| | | 課税時期 | 令和 **3**年 **5**月 **2**日 | 残存期間年数 | ⑧ **40** 年 | |

定期借地権等の種類	一般定期借地権・建物譲渡特約付借地権・事業用定期借地権等	設定期間年数に応ずる基準年利率による	複 利 現 価 率	④	0.951
定期借地権等の設定時	自用地としての価額	①	（1㎡当たりの価額　500,000 円） 100,000,000 円		複 利 年 金 現 価 率	⑤	48.747
	通常取引価額	②	（通常の取引価額又は①/0.8） 125,000,000 円			
課税時期	自用地としての価額	③	（1㎡当たりの価額　800,000 円） 160,000,000 円	残存期間年数に応ずる基準年利率による複利年金現価率	⑥	39.191

（注）④及び⑤に係る設定期間年数又は⑥に係る残存期間年数について、その年数に1年未満の端数があるときは6ヶ月以上を切り上げ、6ヶ月未満を切り捨てます。

残存期間40年に応ずる複利年金現価率

○定期借地権等の評価

経済的利益の額の計算	権利金等の授受がある場合	（権利金等の金額） （A）　20,000,000 円 =	権利金・協力金・礼金等の名称のいかんを問わず、借地契約の終了のときに返還を要しないとされる金銭等の額の合計を記載します。	⑨	権利金等の授受による経済的利益の金額 20,000,000 円
	保証金等の授受がある場合	（保証金等の額に相当する金額） （B）　30,000,000 円	〔保証金の複利現価率（上記④）を保証金から控除した金額。〕 借地契約の金銭等（保証金等につきあるとき又は無利息のときに、その保証金等の金額を記載します。	⑩	保証金等の授受による経済的利益の金額 1,470,000 円
		（保証金等の授受による経済的利益の金額の計算） （④の複利現価率） （B）－〔（B）× 0.951〕	基準年利率未満の約定利率 －（B）×		
		（権利金等の授受による経済的利益の金額） ⑨ 20,000,000 円 +	（保証金等の授受による経済的利益の金額） ⑩ 1,470,000 円 +	（贈与を受けたと認められる差額地代の額がある場合の経済的利益の金額） ⑪ 36,517,840 円 =	（経済的利益の総額） ⑫ 57,987,840 円

裏面の差額地代の経済的利益金額を転記します。

（注）⑪欄は、個々の取引の事情・当事者間の関係等を総合勘案し、実質的に贈与を受けたと認められる差額地代の額がある場合に記載します（計算方法は、裏面2参照。）。

| 評価額の計算 | （課税時期における自用地としての価額）
③ 160,000,000 円 × | $\dfrac{（経済的利益の総額）⑫ 57,987,840 円}{（設定時の通常取引価額）② 125,000,000 円}$ × $\dfrac{（⑥の複利年金現価率）39.191}{（⑤の複利年金現価率）48.747}$ = | （定期借地権等の評価額）
⑬ 59,674,027 円 |

（注）保証金等の返還の時期が、借地契約の終了のとき以外の場合の⑩欄の計算方法は、税務署にお

定期借地権等の評価額

○定期借地権等の目的となっている宅地の評価

一般定期借地権の目的となっている宅地 裏面1の⑧に該当するもの	（課税時期における自用地としての価額） ③ 160,000,000 円 －	（課税時期における自用地としての価額） ③ 160,000,000 円 ×	〔1－ 底地割合（裏面3参照）0.55 × $\dfrac{（⑥の複利年金現価率）39.191}{（⑤の複利年金現価率）48.747}$〕	= ⑭	一般定期借地権の目的となっている宅地の評価額 102,114,346 円
上記以外の定期借地権等の目的となっている宅地 裏面1の⑧に該当するもの	（課税時期における自用地としての価額） ③ 円 －	（定期借地権等の評価額） ⑬ 円 =	⑮		上記以外の定期借地権 一般定期借地権等の目的となっている宅地の評価額
	（課税時期における自用地としての価額） ③ 円 ×	〔1－ 残存期間年数に応じた割合（裏面4参照）〕 = ⑯ 円	⑰		⑮と⑯のいずれか低い金額 円

（資4-80-1-A4統一）

1 土地及び土地の上に存する権利
2 家屋及び構築物等
3 株 式 等
4 公 社 債 等
5 定期金に関する権利
6 動 産

1 定期借地権等の種類と評価方法の一覧

定期借地権の種類	定期借地権等の評価方法	定期借地権等の目的となっている宅地の評価方法
一 般 定 期 借 地 権 （借地借家法第22条）	財産評価基本通達27-2に 定める評価方法による	平成10年8月25日付課評2−8・課資1−13「一般定期借地権の目的となっている宅地の評価に関する取扱いについて」　Ⓐ に定める評価方法による
事 業 用 定 期 借 地 権 等 （借地借家法第23条）		※
建物譲渡特約付借地権 （借地借家法第24条）		財産評価基本通達25(2)に定める評価方法による　　　　　　　　Ⓑ

（注）※印部分は、一般定期借地権の目的となっている宅地のうち、普通借地権の借地権割合の地域区分A・B地域及び普通借地権の取引慣行が認められない地域に存するものが該当します。

2 実質的に贈与を受けたと認められる差額地代の額がある場合の経済的利益の金額の計算

設定期間50年に応ずる年賦償還率

差額地代（設定時）	同種同等地代の年額（C）	**3,600,000** 円	実際地代の年額（D）	**2,400,000** 円	設定期間年数に応ずる基準年利率による年賦償還率 ⑱	**0.021**

差額地代（設定時）

	（前 払 地 代 に 相 当 す る 金 額）			（実際地代の年額（D））	（実質地代の年額（E））
（権利金等⑨）　（⑱の年賦償還率）　（保証金等⑩）　（⑱の年賦償還率）					
20,000,000 円 × **0.021** ＋ **1,470,000** 円 × **0.021**			＋ **2,400,000** 円 ＝		**2,850,870** 円

（差額地代の額）	（⑤の複利年金現価率）	贈与を受けたと認められる差額地代の額がある場合の経済的利益の金額 ⑪
（同種同等地代の年額（C））　（実質地代の年額（E））		
（ **3,600,000** 円 − **2,850,870** 円）× **48.747** ＝		**36,517,840** 円

（注）「同種同等地代の年額」とは、同種同等の他の定期借地権等における地代の年額をいいます。

3 一般定期借地権の目的となっている宅地を評価する場合の底地割合

借 地 権 割 合		底地割合
路線価図	評価倍率表	
地域区分 C	70%	55%
D	60%	60%
E	50%	65%
F	40%	70%
G	30%	75%

4 定期借地権等の目的となっている宅地を評価する場合の残存期間年数に応じた割合

残 存 期 間 年 数	割　合
5年以下の場合	5%
5年を超え10年以下の場合	10%
10年を超え15年以下の場合	15%
15年を超える場合	20%

（注）残存期間年数の端数処理は行いません。

「令和3年分の基準年利率について（法令解釈通達）」を参考にして、各種利率を記載します。

⑵⑺ **区分地上権**

　区分地上権の価額は、その区分地上権の目的となっている宅地の自用地としての価額に、その区分地上権の設定契約の内容に応じた土地利用制限率を基とした割合（区分地上権の割合）を乗じて計算した金額によって評価します（評基通27-4）。

　なお、地下鉄等のずい道の所有を目的として設定した区分地上権を評価するときにおける区分地上権の割合は、30%とすることができます。

　また、農地、山林、原野、牧場、池沼及び雑種地に係る区分地上権は、財産評価基本通達27-4を準用して評価します（評基通43-2、53-2、60-2、61、62、87-2）。

　※　区分地上権の具体的な評価方法については、【チェックポイント1-3-20】「区分地上権の目的となっている宅地」を参照してください。

⑵⑻ **区分地上権に準ずる地役権**

　区分地上権に準ずる地役権は、特別高圧架空電線の架設等を目的として地下又は空間について上下の範囲を定めて設定されたもので、建造物の設置を制限するものをいいます。

　区分地上権に準ずる地役権の価額は、次の算式で求めた金額により評価します（評基通27-5）。

【区分地上権に準ずる地役権の評価算式】

> 自用地価額　　×　区分地上権に準ずる地役権の割合※

　なお、区分地上権に準ずる地役権の割合は、その区分地上権に準ずる地役権の設定契約の内容に応じた土地利用制限率を基として求めます。この場合、区分地上権に準ずる地役権の割合は、その承役地に係る制限の内容に従い、それぞれ次表に掲げる割合とすることができます。

図表1-3-12　区分地上権に準ずる地役権の割合とすることができる割合（再掲）

区　　分	区分地上権に準ずる地役権の割合
家屋の建築が全くできない場合	50%又はその区分地上権に準ずる地役権が借地権であるとした場合に適用される借地権割合のいずれか高い割合
家屋の構造、用途等に制限を受ける場合	30%

　また、農地、山林、原野、牧場、池沼及び雑種地に係る区分地上権に準ずる地役権は、財産評価基本通達27-4を準用して評価します（評基通43-3、53-3、60-3、61、62、87-3）。

【チェックポイント1-3-25】区分地上権に準ずる地役権の評価

> 区分地上権に準ずる地役権の意義
> 　財産評価基本通達上の区分地上権に準ずる地役権とは、特別高圧架空電線の架設、高圧のガスを通ずる導管の敷設、飛行場の設置、建築物の建築その他の目的のため地下又は空間について上下の範囲を定めて設定された地役権で、建造物の設置を制限するものをいい、登記の有無は問いません。

1　土地及び土地の上に存する権利
2　家屋及び構築物等
3　株式等
4　公社債等
5　定期金に関する権利
6　動産

4　農地及び農地の上に存する権利

⑴　農地の区分

　農地については、農地法などにより宅地への転用が制限されており、また、都市計画などにより地価事情も異なりますので、これらを考慮して、農地の価額は次の4種類に区分して評価します（評基通34、36～40）。

図表1-4-1　農地の区分及び評価方式

区　　　分	評　価　方　式
純 農 地	倍率方式
中間農地	
市街地周辺農地	宅地比準方式又は倍率方式 × 80%
市街地農地	宅地比準方式又は倍率方式

図表1-4-2　農地の評価上の区分

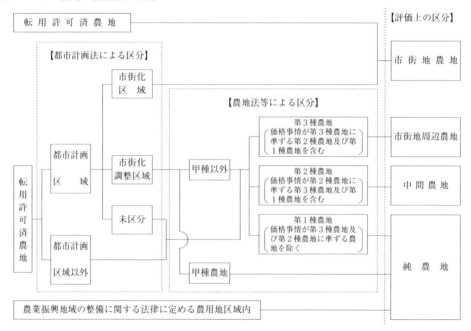

⑵　純農地及び中間農地

　純農地及び中間農地の価額は、倍率方式によって評価します。

　倍率方式とは、その農地の固定資産税評価額に、国税局長が定める一定の倍率（この倍率は「財産評価基準書」に記載されています。）を乗じて評価する方法をいいます。

【純農地及び中間農地の評価算式】

　　その農地の固定資産税評価額　×　国税局長が定める一定の倍率

⑶　市街地周辺農地

　市街地周辺農地の価額は、その農地が市街地農地であるとした場合の価額の80%に相当する金額に

よって評価します。

【市街地周辺農地の評価算式】

> 市街地農地であるとした場合の価額　×　80%

(4)　市街地農地

　市街地農地の価額は、宅地比準方式又は倍率方式により評価します。

　宅地比準方式とは、その農地が宅地であるとした場合の1㎡当たりの価額からその農地を宅地に転用する場合にかかる通常必要と認められる1㎡当たりの造成費に相当する金額を控除した金額に、その農地の地積を乗じて計算した金額により評価する方法をいいます。

【市街地農地の評価算式】

> （その農地が宅地であるとした場合の1㎡当たりの価額 － 1㎡当たりの造成費の金額）× 地積

　上記算式の「その農地が宅地であるとした場合の1㎡当たりの価額」は、具体的には、路線価方式により評価する地域にあっては、その路線価により、また、倍率地域にあっては、評価しようとする農地に最も近接し、かつ、道路からの位置や形状等が最も類似する宅地の評価額（宅地としての固定資産税評価額 × 宅地としての評価倍率）を基として計算することになります。

　なお、その農地が宅地であるとした場合において、「地積規模の大きな宅地の評価」（評基通20-2）の定めの適用対象となるとき（同通達21-2（倍率方式による評価）ただし書において同通達20-2の定めを準用するときを含みます。）には、同項の定めを適用して計算します。

　また、「1㎡当たりの造成費の金額」は、整地、土盛り又は土止めに要する費用の額がおおむね同一と認められる地域ごとに、国税局長が定めています（この金額は「財産評価基準書」に記載されています。）。

【チェックポイント1-4-1】農地の評価

> 1　登記簿の地目と現況が異なる場合
> 　土地の地目は、登記簿上の地目によるのではなく課税時期の現況によって判定します。
> 　ところで、農地とは耕作の目的に供される土地をいい（農地法2①）、耕作とは土地に労費を加え肥培管理を行って作物を栽培することをいいます。また、耕作の目的に供される土地とは、現に耕作されている土地のほか、現在は耕作されていなくても耕作しようとすればいつでも耕作できるような、すなわち、客観的に見てその現状が耕作の目的に供されるものと認められる土地（休耕地、不耕作地）も含むものとされています（平成12年6月1日12構改B第404号農林水産事務次官依命通知）。
> 　したがって、例えば、数年前から耕作しないで放置している土地が上記のような状態に該当すれば農地と判定しますが、長期間放置されていたため、雑草等が生育し、容易に農地に復元し得ないような状況にある場合には原野又は雑種地と判定することになります。
> 　また、砂利を入れて青空駐車場として利用している土地のように駐車場の用に供している土地は、雑種地と判定することになります。
>
> 2　宅地への転用が見込めないと認められる市街地農地等
> 　宅地への転用が見込めないと認められる宅地比準方式により評価する市街地農地、市街地周辺農地については、近隣の純農地の価額に比準して評価します。

したがって、宅地であるとした場合の価額から宅地造成費に相当する金額を控除して評価した価額が、近隣の純農地に比準して評価した価額を下回る場合には、経済合理性の観点から宅地への転用が見込めない市街地農地又は市街地周辺農地に該当するので、その市街地農地又は市街地周辺農地の価額は、近隣の純農地に比準して評価することになります。

※1　比準元となる具体的な純農地は、評価対象地の近隣の純農地、すなわち、評価対象地からみて距離的に最も近い場所に所在する純農地です。

※2　宅地造成費に相当する金額が、その農地が宅地であるとした場合の価額の50％に相当する金額を超える場合であっても、上記の宅地造成費により算定します。

※3　市街地周辺農地については、市街地農地であるとした場合の価額の80％に相当する金額によって評価することになっていますが（評基通39）、これは、宅地転用が許可される地域の農地ではあるが、まだ現実に許可を受けていないことを考慮したものですので、純農地の価額に比準して評価する場合には、80％相当額に減額する必要はありません。

【質疑応答】農地の評価

市街地農地等を宅地比準方式で評価する場合の形状による条件差
市街地農地や市街地周辺農地の価額を付近の宅地の価額を基に、その宅地との位置、形状等の条件の差を考慮して評価する場合に、形状の条件差については、路線価方式における奥行価格補正率等の画地調整率によってよろしいですか。

(5)　生産緑地

①　生産緑地の概要

　市街化区域内にある農地などが生産緑地地区に指定されると、その生産緑地について建築物の新築、宅地造成などを行う場合には、市町村長の許可を受けなければならないこととされています。さらにこの許可は、農産物などの生産集荷施設や市民農園の施設などを設置する場合以外は、原則として許可されないことになっています。

　生産緑地については、このような制限がある一方、「買取りの申出」の制度が設けられていて、その生産緑地の指定の告示の日から起算して30年を経過する日（以下「申出基準日」といいます。）又はその告示後に農林漁業の主たる従事者が死亡した場合などには、生産緑地の所有者は、市町村長に対してその生産緑地を時価で買い取るべき旨を申し出ることができることになっています。

　また、申出基準日までに特定生産緑地として指定を受けた場合には、買取り申出ができる時期が延期され、申出基準日から起算して10年を経過する日（特定生産緑地の指定の期限の再延長をしたときは、その再延長後の期限が経過する日）以後又は農林漁業の主たる従事者が死亡した場合などにおいて、特定生産緑地の所有者は、市町村長に対してその特定生産緑地を時価で買い取るべき旨を申し出ることができることになっています。

図表1-4-3　生産緑地法の概要

対象地区	1　市街化区域内の農地等であること 2　公害等の防止、農林漁業と調和した都市環境の保全の効用を有し、公共施設等の用地に適したものであること 3　用排水等の営農継続可能条件を備えていること
地区面積	500㎡以上
建築等の制限	宅地造成・建物等の建築等には市町村長の許可が必要（農林漁業を営むために必要である一定の施設及び市民農園に係る施設等以外の場合は原則不許可）
買取り申出	指定から30年経過後又は生産緑地に係る主たる農林漁業従事者又はそれに準ずる者の死亡等のとき、市町村長へ時価での買取り申出が可能（不成立の場合は、3か月後制限解除）

市 街 地 農 地 等 の 評 価 明 細 書

1 土地及び土地の上に存する権利

2 家屋及び構築物等

3 株 式 等

4 公 社 債 等

5 定期金に関する権利

6 動 産

(市 街 地 農 地)　市 街 地 山 林
市 街 地 周 辺 農 地　市 街 地 原 野

所 在 地 番		東京都墨田区向島〇-〇			成十八年分以降用
現 況 地 目		畑	① 地 積	600 ㎡	
評価の基とした宅地の1平方メートル当たりの評価額	所 在 地 番	東京都墨田区向島〇-〇		③ （ 評 価 額 ）　円	
	② 評価額の計算内容	路線価額　　350,000円 奥行価格補正率　　1.00		350,000	
評価する農地等が宅地であるとした場合の1平方メートル当たりの評価額	④ 評価上考慮したその農地等の道路からの距離、形状等の条件に基づく評価額の計算内容	不整形地補正率　0.91 規模格差補正率　0.79 350,000円×0.91×0.79＝251,615円		⑤ （ 評 価 額 ）　円 251,615	

不整形地及び地積規模の大きな宅地に該当するため、1㎡当たりの評価額の計算を行います。

宅地造成費の計算	平坦地	整地費	整 地 費	（整地を要する面積）　　　　　　（1㎡当たりの整地費） 600　㎡ ×　　　　　　　700 円	⑥ 420,000 円
			伐採・抜根費	（伐採・抜根を要する面積）　　（1㎡当たりの伐採・抜根費） 600　㎡ ×　　　　　　1,000 円	⑦ 600,000 円
			地盤改良費	（地盤改良を要する面積）　　　（1㎡当たりの地盤改良費） 600　㎡ ×　　　　　　1,800 円	⑧ 1,080,000 円
		土 盛 費		（土盛りを要する面積）　（平均の高さ）（1㎡当たりの土盛費） 200　㎡×　　0.5 m×　　6,900 円	⑨ 690,000 円
		土 止 費		（擁壁面の長さ）　（平均の高さ）（1㎡当たりの土止費） 30　m×　　0.5 m×　70,300 円	⑩ 1,054,500 円
		合計額の計算		⑥ ＋ ⑦ ＋ ⑧ ＋ ⑨ ＋ ⑩	⑪ 3,844,500 円
		1㎡当たりの計算		⑪ ÷ ①	⑫ 6,407 円
	傾斜地	傾斜度に係る造成費		（傾斜度）　　　　　　度	⑬ 円
		伐採・抜根費		（伐採・抜根を要する面積）　　（1㎡当たりの伐採・抜根費） ㎡ ×　　　　　　　　円	⑭ 円
		1㎡当たりの計算		⑬　　　＋　　（　⑭　÷　①　）	⑮ 円

1㎡当たりの宅地造成費用の計算を行います。

市 街 地 農 地 等 の 評 価 額	（⑤－⑫（又は⑮））×① （注）市街地周辺農地については、さらに0．8を乗ずる。	147,124,800 円

1㎡当たりの評価額から造成費を控除した金額に地積を乗じて市街地農地の評価額を計算します。

農地等については、評価の基とした宅地の固定資産税評価額及び倍率を記載し、路線
宅地である場合の画地計算の内容を記載してください。なお、画地計算が複雑な場
合には、「土地及び土地の上に存する権利の評価明細書」を使用してください。
2　「④評価上考慮したその農地等の道路からの距離、形状等の条件に基づく評価額の計算内容」欄には、倍率地域内の市街地農地等について、
　「③評価額」欄の金額と「⑤評価額」欄の金額とが異なる場合に記載し、路
3　「傾斜地の宅地造成費」に加算する伐採・抜根費は、「平坦地の宅地造成

② 生産緑地の評価

　生産緑地（特定生産緑地を含みます。以下同じです。）の価額は、その土地が生産緑地でないものとして評価した価額から、その価額に次に掲げる生産緑地の別に、それぞれの割合を乗じて計算した金額を控除した金額により評価します（評基通40-3）。これを算式で示すと次のとおりです。

【生産緑地の評価算式】

> その土地が生産緑地でないものとして評価した価額　×　（1　−　生産緑地の減額割合）

(注) 被相続人がその生産緑地の主たる従事者の場合は、「買取りの申出をすることができる生産緑地」になります。

図表 1-4-4　生産緑地の減額割合

区　　　　分		割　合
課税時期から買取りの申出をすることができることとなる日までの期間	5年以下のもの	10%
	5年を超え10年以下のもの	15%
	10年を超え15年以下のもの	20%
	15年を超え20年以下のもの	25%
	20年を超え25年以下のもの	30%
	25年を超え30年以下のもの	35%
課税時期において市町村長に対し買取りの申出が行われていた生産緑地又は買取りの申出をすることができる生産緑地		5%

【チェックポイント 1-4-2】 生産緑地の評価

> 1　生産緑地に係る主たる従事者が死亡した場合
> 　生産緑地に指定されると告示の日から30年間は、原則として建築物の建築、宅地の造成等はできないといういわゆる行為制限が付されることになります（生産緑地法8）。このような生産緑地の価額は、行為制限の解除の前提となっている買取りの申出のできる日までの期間に応じて定めた一定の割合を減額して評価することとしています。
> 　ところで、この買取りの申出は30年間（特定生産緑地の場合は10年間）経過した場合のほか、その生産緑地に係る農林漁業の主たる従事者が死亡したときにもできる（生産緑地法10、10の2）こととされていることから、主たる従事者が死亡した時の生産緑地の価額は、生産緑地でないものとして評価した価額の95％相当額で評価します。
>
> 2　認定事業計画に基づき貸し付けられている場合
> 　都市農地の貸借の円滑化に関する法律第4条の認定を受けた事業計画（以下「認定事業計画」といいます。）に従って賃借権が設定されている農地の賃貸借については、都市農地の貸借の円滑化に関する法律第8条により、農地法第17条（農地又は採草放牧地の賃貸借の更新）本文の賃貸借の法定更新などの適用が除外されており、この賃借権[※1]は、いわゆる耕作権としての価格が生じるような強い権利ではありません。そのため、認定事業計画に従って賃借権が設定されている農地については、その農地の自用地[※2]としての価額から、その価額に5％を乗じて計算した金額を控除した価額によって評価します。
> 　※1　その賃貸借に基づく賃借権の価額（その農地の自用地としての価額の5％相当額）については、相続税又は贈与税の課税価格に算入する必要はありません。
> 　※2　都市農地の貸借の円滑化に関する法律は、原則として、生産緑地法第3条第1項の規定により定められた生産緑地地区の区域内の農地を対象としていることから、その農地の自用地としての価額は、「生産緑地の評価」（評基通40-3）により評価した価額になります。

3 市民農園として貸し付けている場合

　生産緑地地区内の農地を、いわゆる特定農地貸付けに関する農地法等の特例に関する法律の定めるところにより地方公共団体に市民農園として貸し付けている場合は、特定農地貸付けに関する農地法等の特例に関する法律（以下「特定農地貸付法」といいます。）に規定する特定農地貸付けの用に供するためのものであり、農地所有者と農地の借手である地方公共団体との間で行われる賃貸借及び当該地方公共団体と市民農園の借手である住民との間で行われる賃貸借については、農地法第18条に定める賃貸借の解約制限の規定の適用はないものとされています。

　したがって、当該市民農園の用に供されている農地は耕作権の目的となっている農地には該当しません。このため、当該市民農園は、生産緑地としての利用制限に係る斟酌と賃貸借契約の期間制限に係る斟酌とを行うことになります。

　この場合、賃貸借契約の期間制限に係る斟酌は、原則として、「賃借権の評価」（評基通87⑿）の定めに準じて、賃借権の残存期間に応じ、その賃借権が地上権であるとした場合に適用される法定地上権割合の2分の1に相当する割合とされます。

　ただし、次の要件の全てを満たす市民農園の用に供されている農地については、残存期間が20年以下の法定地上権割合に相当する20％の斟酌をすることとして差し支えありません。

　A　地方自治法第244条の2の規定により条例で設置される市民農園であること
　B　土地の賃貸借契約に次の事項が定められ、かつ、相続税及び贈与税の課税時期後において引き続き市民農園として貸し付けられること
　・　貸付期間が20年以上であること
　・　正当な理由がない限り貸付けを更新すること
　・　農地所有者は、貸付けの期間の中途において正当な事由がない限り土地の返還を求めることはできないこと
　※　この適用を受けるためには、相続税又は贈与税の申告書に、土地の賃貸借契約書及び相続人等からの継続貸し付け同意申出書など、上記の要件を満たすことを明らかにする書類を添付する必要があります。

　なお、生産緑地地区内の農地で、特定農地貸付法の定めるところにより地方公共団体以外の者に市民農園として貸し付けられている農地及び都市農地の貸借の円滑化に関する法律の定めるところにより市民農園として貸し付けられている農地についても、上記と同様に生産緑地としての利用制限に係る斟酌と賃貸借契約の期間制限に係る斟酌とを行うことになります。

【質疑応答】生産緑地の評価

　市民農園として貸し付けている農地の評価
　生産緑地地区内の農地を、いわゆる特定農地貸付けに関する農地法等の特例に関する法律の定めるところにより地方公共団体に市民農園として貸し付けていますが、このような農地はどのように評価するのでしょうか。

（参考1-4-2）市街地農地等の評価明細書

　　市街地農地、市街地山林、市街地周辺農地、市街地原野の価額を評価するために使用する国税庁の「市街地農地等の評価明細書」は、左のQRコードから出力してください。

1 土地及び土地の上に存する権利
2 家屋及び構築物等
3 株式等
4 公社債等
5 定期金に関する権利
6 動産

⑹　貸し付けられている農地

　耕作権、永小作権、区分地上権及び区分地上権に準ずる地役権の目的となっている農地の評価は、次表に掲げる区分に従い、それぞれに掲げるところによります（評基通41）。

図表1-4-5　貸し付けられている農地の評価

区　　分	評　価　方　法
耕作権の目的となっている農地	農地の自用地としての価額から、「耕作権の評価」（評基通42）の定めにより評価した耕作権の価額を控除した金額によって評価します。
永小作権の目的となっている農地	農地の自用地としての価額から、「地上権及び永小作権の評価」（評基通23）の規定により評価した永小作権の価額を控除した金額によって評価する。
区分地上権の目的となっている農地	農地の自用地としての価額から、「区分地上権の評価」（評基通43-2）の定めにより評価した区分地上権の価額を控除した金額によって評価する。
区分地上権に準ずる地役権の目的となっている農地	農地の自用地としての価額から、「区分地上権に準ずる地役権の評価」（評基通43-3）の定めにより評価した区分地上権に準ずる地役権の価額を控除した金額によって評価する。

【チェックポイント1-4-3】貸し付けられている農地の評価

> 1　農地法の許可を受けないで他人に耕作させている農地
> 　農地に賃借権等の権利を設定するためには農地法第3条の定めるところにより都道府県知事（現行原則として農業委員会）の許可を受けなければならないので、いわゆるやみ小作については耕作権を認めることはできません。したがって、その農地は自用地として評価します。
>
> 2　土地の上に存する権利が競合する場合の農地の評価
> 　耕作権又は永小作権が設定されている農地にさらに区分地上権又は区分地上権に準ずる地役権が設定されている場合あるいは区分地上権と区分地上権に準ずる地役権が競合して設定されている場合は、農地の自用地としての価額から、これらの権利の価額を控除した金額により評価します（評基通41-2）。
>
> 3　農業経営基盤強化促進法に基づく農用地利用集積計画の公告により賃借権が設定されている場合
> 　農業経営基盤強化促進法に基づく農用地利用集積計画の公告により設定されている賃借権に係る農地の賃貸借については、農地法第17条（農地又は採草放牧地の賃貸借の更新）本文の賃貸借の法定更新などの適用が除外されており、いわゆる耕作権としての価格が生じるような強い権利ではありません。そのため、この農用地利用集積計画の公告により賃借権が設定されている農地の価額は、その農地の自用地としての価額から、その価額に5％を乗じて計算した金額を控除した価額によって評価します。
> （注）　なお、その賃貸借に基づく賃借権の価額（その農地の自用地としての価額の5％相当額）については、相続税又は贈与税の課税価格に算入する必要はありません。

【質疑応答】貸し付けられている農地の評価

> 1　農地中間管理機構に賃貸借により貸し付けられている農地の評価
> 　農地中間管理機構に賃貸借により貸し付けられている農地はどのように評価するのでしょうか。

2　認定事業計画に基づき貸し付けられている農地の評価

　都市農地の貸借の円滑化に関する法律第4条の認定を受けた事業計画に従って賃借権が設定されている農地はどのように評価するのでしょうか。

3　10年以上の期間の定めのある賃貸借により貸し付けられている農地の評価

　　　　　10年以上の期間の定めのある賃貸借により貸し付けられている農地はどのように評価するのですか。

⑺　耕作権

　耕作権の評価は、次表に掲げる区分に従い、それぞれに掲げるところによります（評基通42）。

図表1-4-6　耕作権の評価

区　分	評　価　方　法
純農地、中間農地に係る耕作権	純農地、中間農地の価額に、耕作権割合（耕作権が設定されていないとした場合の農地の価額に対するその農地に係る耕作権の価額の割合をいいます。50％）を乗じて計算した金額によって評価します。
市街地周辺農地、市街地農地に係る耕作権	市街地周辺農地、市街地農地の価額は、その農地が転用される場合に通常支払われるべき離作料の額、その農地の付近にある宅地に係る借地権の価額等を参酌して求めた金額によって評価しますが、例えば、東京国税局管内の農地については、35％を乗じて計算した価額により評価して差し支えないなど、地域別に財産評価基準書において標準的な耕作権割合が定められている場合があります。

⑻　永小作権

　永小作権の価額は、次の算式で求めた金額により評価します（相法23）。

【永小作権の評価算式】

> 自用地としての価額　×　相続税法第23条に規定する永小作権の割合

図表1-4-7　相続税法第23条に規定する永小作権の割合

残存期間	永小作権割合	残存期間	永小作権割合
10年以下	5％	30年超　35年以下	50％
10年超　15年以下	10％	35年超　40年以下	60％
15年超　20年以下	20％	40年超　45年以下	70％
20年超　25年以下	30％	45年超　50年以下	80％
25年超　30年以下及び存続期間の定めのないもの	40％	50年超	90％

【チェックポイント1-4-4】永小作権の評価

> 存続期間の定めのない永小作権
> 　存続期間の定めのない永小作権の価額は、存続期間を30年（別段の慣習があるときは、それによる。）とみなし、「地上権及び永小作権の評価」（相法23）の規定によって評価します（評基通43）。

1　土地及び土地の上に存する権利

2　家屋及び構築物等

3　株　式　等

4　公　社　債　等

5　定期金に関する権利

6　動　産

5　山林及び山林の上に存する権利

⑴　山林の区分

　山林については、山林をその存する地域の状況に応じて次の３種類に区分し、その評価方法を定めています（評基通45、47～49）。

図表１-５-１　山林の区分及び評価方式の概要

区　　分	評　価　方　式
純 山 林	倍率方式
中間山林	
市街地山林	宅地比準方式 又は 倍率方式

⑵　純山林及び中間山林の評価

　純山林及び中間山林の価額は、倍率方式によって評価します。

　倍率方式とは、その山林の固定資産税評価額に、国税局長が定める一定の倍率（この倍率は「財産評価基準書」に記載されています。）を乗じて評価する方法をいいます（評基通47、48）。

【純山林及び中間山林の評価算式】

　その山林の固定資産税評価額　×　国税局長が定める一定の倍率

⑶　市街地山林の評価

　市街地山林の価額は、宅地比準方式又は倍率方式により評価します（評基通49）。

　宅地比準方式とは、その山林が宅地であるとした場合の１㎡当たりの価額からその山林を宅地に転用する場合にかかる通常必要と認められる１㎡当たりの造成費に相当する金額を控除した金額に、その山林の地積を乗じて計算した金額により評価する方法をいいます。

【市街地山林の評価算式（宅地比率方式）】

　（宅地であるとした場合の１㎡当たりの価額　－　１㎡当たりの造成費）　×　地積

　上記算式の「その山林が宅地であるとした場合の１㎡当たりの価額」は、具体的には、路線価方式により評価する地域にあっては、その路線価により、また、倍率地域にあっては、評価しようとする山林に最も近接し、かつ、道路からの位置や形状等が最も類似する宅地の評価額（宅地としての固定資産税評価額 × 宅地としての評価倍率）を基として計算することになります。

　なお、その山林が宅地であるとした場合において、「地積規模の大きな宅地の評価」（評基通20-2）の定めの適用対象となるとき（同通達21-2（倍率方式による評価）ただし書において同通達20-2の定めを準用するときを含みます。）には、同項の定めを適用して計算します。

　また、「１㎡当たりの造成費の金額」は、整地、土盛り又は土止めに要する費用の額がおおむね同一と認められる地域ごとに、国税局長が定めています。

1 土地及び土地の上に存する権利

2 家屋及び構築物等

3 株式等

4 公社債等

5 定期金に関する権利

6 動産

【チェックポイント1-5-1】山林の評価

1　宅地への転用が見込めないと認められる市街地山林

　　近隣の純山林の価額に比準して評価することとしています（評基通49）。したがって、宅地であるとした場合の価額から宅地造成費に相当する金額を控除して評価した価額が、近隣の純山林に比準して評価した価額を下回る場合には、経済合理性の観点から宅地への転用が見込めない市街地山林に該当するので、その市街地山林の価額は、近隣の純山林に比準して評価することになります。

　　※1　比準元となる具体的な純山林は、評価対象地の近隣の純山林、すなわち、評価対象地からみて距離的に最も近い場所に所在する純山林です。

　　※2　宅地造成費に相当する金額が、その山林が宅地であるとした場合の価額の50％に相当する金額を超える場合であっても、宅地造成費により算定します。

2　介在山林

　　次に掲げる区分に従い、それぞれ次に掲げる方式によって行います。

　　A　純山林及び中間山林※　倍率方式

　　　　※　通常の山林と状況を異にするため純山林として評価することを不適当と認めるものに限ります。

　　B　市街地山林　比準方式又は倍率方式

3　入会地（入会権）

　　一般的には相続財産に含める必要がありません。

（参考1-5-1）市街地農地等の評価明細書

　　市街地農地、市街地山林、市街地周辺農地、市街地原野の価額を評価するために使用する国税庁の「市街地農地等の評価明細書」は、右のQRコードから出力してください。

⑷　保安林等

　森林法その他の法令により土地の利用又は立木の伐採について制限を受けている山林（林地）の価額は、その山林について土地の利用又は立木の伐採に係る制限がないものとして、財産評価基本通達45（評価の方式）から同通達49（市街地山林の評価）の定めによって評価した価額から、その価額にその山林の上に存する立木の伐採制限の程度に応じて、次表に定める控除割合を乗じて計算した金額を控除した金額によって評価します（評基通50）。

図表1-5-2　立木の伐採制限に応ずる控除割合表

法令に基づき定められた伐採関係区分	一部皆伐	択伐	単木選伐	禁伐
控　除　割　合	0.3	0.5	0.7	0.8

　なお、土地の利用又は立木の伐採について制限を加える森林法以外の法令の具体的な範囲及びその法令により課されている伐採制限の程度に応じた控除割合は、財産評価基準書の「森林法その他の法令の範囲等」で確認できます。

【チェックポイント1-5-2】保安林等の評価

1　伐採制限が重複する場合の取扱い

　　法令による地区の指定等が重複することにより、伐採制限が重複する場合がありますが、この場合には、最も厳しい伐採制限に基づく控除割合によって評価します。

2　控除割合を個別に検討することとしている地区等について

　財産評価基準書の「森林法その他の法令の範囲等」（右QRコード）の中には、伐採に係る許可基準が
法令に明記されていないこと（自然公園法に規定する地種区分未定地域、自然環境保全法に規定する自然
環境保全地域の特別地区、絶滅のおそれのある野生動植物の種の保存に関する法律に規定する管理地区）、
及び伐採に係る許可基準が都道府県条例により定められること（砂防法に規定する砂防指定地、急傾斜地の崩壊
による災害の防止に関する法律に規定する急傾斜地崩壊危険区域）により、伐採制限に基づく控除割合を「個別」
に検討することとしているものがあります。

　これらの地区等については、同一の地区ではあっても、都道府県の定める条例によりその伐採制限が異な
ることも考えられることから、控除割合を個別に検討することになります。

　具体的には、その地区内の山林を評価すべき事案が発生した都度、条例等で規定する伐採制限を個別に検
討し、その伐採制限の内容に基づいて控除割合を決定することになります。

3　公益的機能別施業森林区域内にある森林経営計画が定められている山林

　公益的機能別施業森林区域内にある森林経営計画が定められている山林は、一定の要件のもと、次表の控
除割合を乗じて計算した金額を控除した金額によって評価します（平成14年6月4日付課評2-3・課2-6、平
成24年7月12日付課評2-35外一部改正）。

区　　　分	控除割合
・水源涵養機能維持増進森林 ・源涵養機能維持増進森林以外の森林のうち、択伐以外の複層林施業森林及び長伐期施業森林	20%
・水源涵養機能維持増進森林以外の森林のうち、特定広葉樹育成施業森林及び択伐複層林施業森林	40%

　なお、森林法その他の法令により土地の利用又は立木の伐採について制限を受けている山林は、上記の「保
安林等の評価」によって評価した価額といずれか低い金額で評価します。

---

(5)　特別緑地保全地区内にある山林

　都市緑地法第12条に規定する特別緑地保全地区内にある山林の価額は、財産評価基本通達45（評価の
方式）から同通達49（市街地山林の評価）までの定めにより評価した価額から、その価額に80%を乗じて
計算した金額を控除した金額によって評価します（評基通50-2）。

【チェックポイント1-5-3】特別緑地保全地区内にある山林の評価

1　都市緑地法第12条に規定する特別緑地保全地区

　首都圏近郊緑地保全法第4条第2項第3号に規定する近郊緑地特別保全地区及び近畿圏の保全区域の整備
に関する法律第6条第2項に規定する近郊緑地特別保全地区を含みます。

2　特別緑地保全地区内において林業を営む純山林

　特別緑地保全地区内において林業を営む純山林は、立木の伐採が認められる山林であるため、一般の純山
林と同様に評価します。

【質疑応答】特別緑地保全地区内にある山林の評価

特別緑地保全地区内で管理協定が締結されている山林の評価
　特別緑地保全地区内にあり、管理協定が締結されている山林はどのように評価するのですか。

⑴
土地及び土地の上に
存する権利

⑵
家屋及び構築物等

⑶
株　式　等

⑷
公　社　債　等

⑸
定期金に関する権利

⑹
動　産

⑹　貸し付けられている山林

　賃借権、地上権、区分地上権及び区分地上権に準ずる地役権の目的となっている山林の評価は、次表に掲げる区分に従い、それぞれに掲げるところによります（評基通51）。

図表 1 - 5 - 3　貸し付けられている山林の評価

区　　分	評　価　方　法
賃借権の目的となっている山林	山林の自用地としての価額から、「賃借権の評価」（評基通54）の定めにより評価したその賃借権の価額を控除した金額によって評価します。
地上権の目的となっている山林	山林の自用地としての価額から、「地上権及び永小作権の評価」（相法23）の規定により評価した地上権の価額を控除した金額によって評価します。なお、立木一代限りとして設定された地上権などのように残存期間の不確定な地上権の価額は、課税時期の現況により、立木の伐採に至るまでの期間をその残存期間として評価します（評基通53）。
区分地上権の目的となっている山林	山林の自用地としての価額から、「区分地上権の評価」（評基通53-2）の定めにより評価した区分地上権の価額を控除した金額によって評価します。
区分地上権に準ずる地役権の目的となっている承役地である山林	山林の自用地としての価額から、「区分地上権に準ずる地役権の評価」（評基通53-3）の定めにより評価した区分地上権に準ずる地役権の価額を控除した金額によって評価します。

【チェックポイント 1 - 5 - 4】貸し付けられている山林の評価

　1　都市計画区域内又は準都市計画区域内にある市民緑地契約が締結されている土地

　市民緑地制度は、主として土地等の所有者からの申出に基づき、地方公共団体又は緑地管理機構が当該土地等の所有者と契約（市民緑地契約）を締結し、当該土地等に住民の利用に供する緑地又は緑化施設（市民緑地）を設置し、これを管理することにより、土地等の所有者が自らの土地を住民の利用に供する緑地又は緑化施設として提供することを支援・促進し、緑の創出と保全を推進することを目的とした制度です。

　次の要件の全てを満たす市民緑地契約が締結されている土地については、市民緑地契約が締結されていないものとして財産評価基本通達の定めにより評価した価額から、その価額に20％を乗じて計算した金額を控除して評価します。

　A　都市緑地法第55条第 1 項に規定する市民緑地であること

　B　土地所有者と地方公共団体又は緑地管理機構との市民緑地契約に次の事項を定めていること

　　・　貸付けの期間が20年以上であること

　　・　正当な事由がない限り貸付けを更新すること

　　・　土地所有者は、貸付けの期間の中途において正当な事由がない限り土地の返還を求めることはできないこと

　　※　この適用を受けるためには、相続税又は贈与税の申告書に市民緑地の用地として貸し付けられている土地に該当する旨の証明書など、上記要件を満たすことを明らかにする書類を添付する必要があります。

　2　風景地保護協定が締結されている土地

　風景地保護協定制度とは、環境大臣若しくは地方公共団体又は自然公園法第49条の規定に基づく公園管理団体が、国立・国定公園内の自然の風景地について、土地所有者等による管理が不十分であると認められる場合等に、土地所有者等との間で風景地の保護のための管理に関する協定（風景地保護協定）を締結し、当該土地所有者等に代わり風景地の管理を行う制度です。

　なお、都道府県立自然公園においても、同法第74条により風景地保護協定を締結することができる旨を条例に定めることができることとされています。

　次の要件の全てを満たす風景地保護協定が締結されている土地については、風景地保護協定区域内の土地でないものとして財産評価基本通達の定めにより評価した価額から、その価額に100分の20を乗じて計算

した金額を控除して評価します。

  A 自然公園法第43条第1項に規定する風景地保護協定区域内の土地であること

  B 風景地保護協定に次の事項が定められていること

- 貸付けの期間が20年であること
- 正当な事由がない限り貸付けを更新すること
- 土地所有者は、貸付けの期間の中途において正当な事由がない限り土地の返還を求めることはできないこと

> ※ この適用を受けるためには、申告書に景観地保護協定区域内の土地として貸し付けられている土地に該当する旨の証明書など、上記要件を満たすことを明らかにする書類を添付する必要があります。

3　土地の上に存する権利が競合する場合の山林の評価

賃借権又は地上権が設定されている山林にさらに区分地上権又は区分地上権に準ずる地役権が設定されている場合あるいは区分地上権と区分地上権に準ずる地役権が競合して設定されている場合は、山林の自用地としての価額から、これらの権利の価額を控除した金額により評価します（評基通51-2）。

4　分収林契約に基づいて貸し付けられている山林の評価

立木の伐採又は譲渡による収益を一定の割合により分収することを目的として締結された分収林契約に基づいて設定された地上権又は賃借権の目的となっている山林の価額は、次の算式で求めた金額により評価します（評基通52）。

$$\left(\begin{array}{c} \text{その山林の自用地} \\ \text{としての価額}\ \boxed{A} \end{array} \times \begin{array}{c} \text{山林所有者の} \\ \text{分収割合}\ \boxed{B} \end{array} \right) + \left(\boxed{A} - \begin{array}{c} \text{地上権又は} \\ \text{賃借権の価額} \end{array} \times (1 - \boxed{B}) \right)$$

なお、分収林契約とは、所得税法施行令第78条に規定する「分収造林契約」又は「分収育林契約」をいい、具体的には、立木の伐採又は譲渡による収益の一定の割合により分収することを目的として、山林の所有者（地主）、造林又は育林を行う者及びその造林を要する費用の全部又は一部を負担する者（費用負担者）の3者又は地主と造（育）林者、費用負担者のうちのいずれか2者の間において締結された契約をいうものであり、国有林野の管理経営に関する法律第9条に規定する契約、旧公有林野等官行造林法第1条に規定する契約、分収林特別措置法第2条に規定する契約等があります。

(7)　山林に係る賃借権

山林に係る賃借権の評価は、次表に掲げる区分に従い、それぞれに掲げるところによります（評基通54）。

図表1-5-4　山林に係る賃借権の評価

区　分	評　価　方　法
純山林に係る賃借権	その賃借権の残存期間に応じ、「地上権及び永小作権の評価」（相法23）の規定を準用して評価します。なお、契約に係る賃借権の残存期間がその権利の目的となっている山林の上に存する立木の現況に照らし更新されることが明らかであると認められる場合は、その賃借権の更新によって延長されると認められる期間を加算した期間をもってその賃借権の残存期間とします。
中間山林に係る賃借権	貸借契約の内容、利用状況等に応じ、純山林に係る賃借権又は市街地山林に係る賃借権の評価方法よって評価します。
市街地山林に係る賃借権	その山林の付近にある宅地に係る借地権の価額等を参酌して求めた価額によって評価します。

> 分収林契約に基づき設定された地上権又は賃借権の評価
>
> 分収林契約に基づき設定された地上権又は賃借権の価額は、その地上権又は賃借権の価額にその分収林契約に基づき定められた造林又は育林を行う者に係る分収割合を乗じて計算した価額によって評価します（評基通55）。

6　原野及び原野の上に存する権利

(1)　原野の区分

　原野については、原野をその存する地域の状況に応じて次の3種類に区分し、その評価方法を定めています（評基通57）。

図表1-6-1　原野の区分及び評価方式の概要

区　　分	評　価　方　式
純原野	倍率方式
中間原野	
市街地原野	宅地比準方式 又は 倍率方式

(2)　純原野及び中間原野の評価

　純原野及び中間原野の価額は、倍率方式によって評価します。

　倍率方式とは、その農地の固定資産税評価額に、国税局長が定める一定の倍率（この倍率は「財産評価基準書」に記載されています。）を乗じて評価する方法をいいます（評基通58、58-2）。

【純原野及び中間原野の評価算式】

> その原野の固定資産税評価額　×　国税局長が定める一定の倍率

(3)　市街地原野の評価

　市街地原野の価額は、宅地比準方式又は倍率方式により評価します（評基通58-3）。

　宅地比準方式とは、その原野が宅地であるとした場合の1㎡当たりの価額からその原野を宅地に転用する場合にかかる通常必要と認められる1㎡当たりの造成費に相当する金額を控除した金額に、その原野の地積を乗じて計算した金額により評価する方法をいいます。

【市街地原野の評価算式】

> （その原野が宅地であるとした場合の1㎡当たりの価額　－　1㎡当たりの造成費）　×　地積

1 土地及び土地の上に存する権利

2 家屋及び構築物等

3 株　式　等

4 公　社　債　等

5 定期金に関する権利

6 動　産

上記算式の「その原野が宅地であるとした場合の１㎡当たりの価額」は、具体的には、路線価方式により評価する地域にあっては、その路線価により、また、倍率地域にあっては、評価しようとする原野に最も近接し、かつ、道路からの位置や形状等が最も類似する宅地の評価額（宅地としての固定資産税評価額×宅地としての評価倍率）を基として計算することになります。

　なお、その原野が宅地であるとした場合において、財産評価基本通達20－2（地積規模の大きな宅地の評価）の定めの適用対象となるとき（同通達21－2（倍率方式による評価）ただし書において同通達20－2の定めを準用するときを含みます。）には、同項の定めを適用して計算します。

　また、「１㎡当たりの造成費の金額」は、整地、土盛り又は土止めに要する費用の額がおおむね同一と認められる地域ごとに、国税局長が定めています（この金額は「財産評価基準書」に記載されています。）。

【チェックポイント１－６－１】原野の評価

１　宅地への転用が見込めないと認められる市街地原野

　近隣の純原野の価額に比準して評価することとしています（評基通49）。したがって、宅地であるとした場合の価額から宅地造成費に相当する金額を控除して評価した価額が、近隣の純原野に比準して評価した価額を下回る場合には、経済合理性の観点から宅地への転用が見込めない市街地原野に該当するので、その市街地原野の価額は、近隣の純原野に比準して評価することになります。

※１　比準元となる具体的な純原野は、評価対象地の近隣の純原野、すなわち、評価対象地からみて距離的に最も近い場所に所在する純原野です。
※２　宅地造成費に相当する金額が、その原野が宅地であるとした場合の価額の50％に相当する金額を超える場合であっても、宅地造成費により算定します。

２　特別緑地保全地区内にある原野の評価

　都市緑地法第12条に規定する特別緑地保全地区内にある原野の価額は、「評価の方式」（評基通57）から「市街地原野の評価」（評基通58-3）までの定めにより評価した価額から、その価額に80％を乗じて計算した金額を控除した金額によって評価します（評基通58-5）。

　なお、特別緑地保全地区の概要等については、上記５(5)の「特別緑地保全地区内にある山林」の評価を参照してください。

３　牧場等及び池沼等の評価

　牧場及び牧場の上に存する権利並びに池沼及び池沼の上に存する権利は、原野の評価に関する定めを準用して評価します（評基通61、62）。

４　採草放牧地の地目

　採草放牧地とは、農地以外の土地で、主として耕作又は養畜の事業のための採草又は家畜の放牧の目的に供されるものをいいます（農地法２①）が、これは、農地法上の土地の区分であって、不動産登記法上の土地の区分ではありません。

　財産評価基本通達７のいずれの地目（通常、原野又は牧場）に該当するかは、課税時期の現況により判定することとなります。

（参考１－６－１）市街地農地等の評価明細書

　市街地農地、市街地山林、市街地周辺農地、市街地原野の価額を評価するために使用する国税庁の「市街地農地等の評価明細書」は、右のQRコードから出力してください。

⑷ 貸し付けられている原野の評価

賃借権、地上権、区分地上権及び区分地上権に準ずる地役権の目的となっている山林の評価は、次表に掲げる区分に従い、それぞれに掲げるところによります（評基通59）。

図表１−６−２　貸し付けられている原野の評価

区　分	評　価　方　法
賃借権の目的となっている原野	原野の自用地としての価額から、「原野の賃借権の評価」（評基通60）の定めにより評価したその賃借権の価額を控除した金額によって評価します。
地上権の目的となっている原野	原野の自用地としての価額から「地上権及び永小作権の評価」（相法23）の規定により評価した地上権の価額を控除した金額によって評価します。
区分地上権の目的となっている原野	原野の自用地としての価額から、「区分地上権の評価」（評基通60−２）の定めにより評価した区分地上権の価額を控除した金額によって評価します。
区分地上権に準ずる地役権の目的となっている承役地である原野	原野の自用地としての価額から、「区分地上権に準ずる地役権の評価」（評基通60−３）の定めにより評価した区分地上権に準ずる地役権の価額を控除した金額によって評価します。

【チェックポイント１−６−２】貸し付けられている原野の評価

> 土地の上に存する権利が競合する場合の原野の評価
> 　賃借権又は地上権が設定されている原野にさらに区分地上権又は区分地上権に準ずる地役権が設定されている場合あるいは区分地上権と区分地上権に準ずる地役権が競合して設定されている場合は、原野の自用地としての価額から、これらの権利の価額を控除した金額により評価します（評基通59-２）。

⑸ 原野の賃借権の評価

原野の賃借権の評価は、次表に掲げる区分に従い、それぞれに掲げるところによります（評基通42、60）。

図表１−６−３　原野の賃借権の評価

区　分	評　価　方　法
純原野、中間原野に係る賃借権	純原野、中間原野の価額に、耕作権割合（50％）を乗じて計算した金額によって評価します。
市街地原野に係る賃借権	市街地原野の価額は、その原野が転用される場合に通常支払われるべき離作料の額、その原野の付近にある宅地に係る借地権の価額等を参酌して求めた金額によって評価します。

1 土地及び土地の上に存する権利
2 家屋及び構築物等
3 株式等
4 公社債等
5 定期金に関する権利
6 動産

7　鉱泉地及び鉱泉地の上に存する権利

　鉱泉地の評価は、次表に掲げる区分に従い、それぞれ次に掲げるところによります（評基通69）。

　ただし、湯温、ゆう出量等に急激な変化が生じたこと等から、次表に掲げるところにより評価することが適当でないと認められる鉱泉地については、その鉱泉地と状況の類似する鉱泉地の価額若しくは売買実例価額又は精通者意見価格等を参酌して求めた金額によって評価します。

図表 1 - 7 - 1　鉱泉地の評価

区　　　分	評　価　方　法
国税局長が鉱泉地の固定資産税評価額に乗ずべき一定の倍率を定めている場合	鉱泉地の固定資産税評価額にその倍率を乗じて計算した金額によって評価します。
上記の区分以外の場合	鉱泉地の固定資産税評価額に、次の割合を乗じて計算した金額によって評価します。 $\dfrac{\text{その鉱泉地の鉱泉を利用する宅地の課税時期における価額}}{\begin{array}{c}\text{その鉱泉地の鉱泉を利用する宅地の固定資産税評価額の}\\ \text{評定の基準となった日における価額}\end{array}}$

(注) 固定資産税評価額の評定の基準となった日とは、通常、各基準年度（地方税法第341条第6号に規定する年度をいいます。）の初日の属する年の前年1月1日となります。

【チェックポイント 1 - 7 - 1】鉱泉地の評価

　1　住宅、別荘等の鉱泉地の評価
　　鉱泉地からゆう出する温泉の利用者が、旅館、料理店等の営業者以外の者である場合におけるその鉱泉地の価額は、「鉱泉地の評価」（評基通69）の定めによって求めた価額を基とし、その価額からその価額の30%の範囲内において相当と認める金額を控除した価額によって評価します（評基通75）。

　2　温泉権が設定されている鉱泉地の評価
　　温泉権が設定されている鉱泉地の価額は、その鉱泉地について「鉱泉地の評価」（評基通69）又は「住宅、別荘等の鉱泉地の評価」（評基通75）の定めにより評価した価額から温泉権の価額を控除した価額によって評価します（評基通77）。
　　なお、温泉権の価額は、その温泉権の設定の条件に応じ、温泉権の売買実例価額、精通者意見価格等を参酌して評価します（評基通78）。

　3　引湯権の設定されている鉱泉地及び温泉権の評価
　　引湯権（鉱泉地又は温泉権を有する者から分湯を受ける者のその引湯する権利をいいます。）の設定されている鉱泉地又は温泉権の価額は、「鉱泉地の評価」（評基通69）又は「住宅、別荘等の鉱泉地の評価」（評基通75）の定めにより評価した鉱泉地の価額又は温泉権の価額から、引湯権の価額を控除した価額によって評価します（評基通79）。
　　なお、引湯権の価額は、「鉱泉地の評価」（評基通69）、「住宅、別荘等の鉱泉地の評価」（評基通75）又は「温泉権の評価」（評基通78）の定めにより評価した鉱泉地の価額又は温泉権の価額に、その鉱泉地のゆう出量に対するその引湯権に係る分湯量の割合を乗じて求めた価額を基とし、その価額から、引湯の条件に応じ、その価額の30%の範囲内において相当と認める金額を控除した価額によって評価します（評基通80）。ただし、別荘、リゾートマンション等に係る引湯権で通常取引される価額が明らかなものについては、納税義務者の選択により課税時期における当該価額に相当する金額によって評価することができます。

8　雑種地及び雑種地の上に存する権利

　雑種地※の価額は、原則として、その雑種地の現況に応じ、その雑種地と状況が類似する付近の土地について評価した１㎡当たりの価額を基とし、その土地とその雑種地との位置、形状等の条件の差を考慮して評定した価額に、その雑種地の地積を乗じて計算した金額によって評価します（評基通82）。

　ただし、その雑種地の固定資産税評価額に、状況の類似する地域ごとに、その地域にある雑種地の売買実例価額、精通者意見価格等を基として国税局長の定める倍率を乗じて計算した金額によって評価することができるものとし、その倍率が定められている地域にある雑種地の価額は、その雑種地の固定資産税評価額にその倍率を乗じて計算した金額によって評価します。

　※　雑種地とは、宅地から原野までの地目のいずれにも該当しない土地であって、例えば、遊園地、運動場、
　　　ゴルフ場、競馬場、飛行場、プール、変電所敷地、テニスコート、鉄塔敷地、水路敷地、坑口、やぐら敷地、
　　　煙道敷地、木場（きほり）、鉄軌道用地等があります。

図表１-８-１　雑種地の区分及び評価方式の概要

区　　分	評　価　方　式
雑　種　地	比準方式又は倍率方式
ゴルフ場、遊園地等用地	比準方式又は倍率方式

⑴　市街化区域内に存する雑種地

　市街化区域内に存する雑種地（路線価地域内又は宅地に状況が類似する倍率地域内にある雑種地）は、宅地比準方式により評価します。宅地比準方式とは、その雑種地が宅地であるとした場合の１㎡当たりの価額からその雑種地を宅地に転用する場合にかかる通常必要と認められる１㎡当たりの造成費に相当する金額を控除した金額に、その雑種地の地積を乗じて計算した金額により評価する方法をいいます。これを算式で示すと次のとおりです。

【市街化区域内に存する雑種地の評価算式】

　（雑種地が宅地であるとした場合の１㎡当たりの価額　－　１㎡当たりの造成費の金額）×　地積

　上記算式の「雑種地が宅地であるとした場合の１㎡当たりの価額」は、具体的には、路線価地域内の雑種地の評価に当たっては、その路線価により、また、倍率地域内にある雑種地の評価に当たっては、評価しようとする雑種地に最も近接し、かつ、道路からの位置や形状等が最も類似する宅地の評価額（宅地としての固定資産税評価額 × 宅地としての評価倍率）を基として計算することになります。なお、「１㎡当たりの造成費の金額」は、整地、土盛り又は土止めに要する費用の額がおおむね同一と認められる地域ごとに、国税局長が定めています（この金額は「財産評価基準書」に記載されています。）。

1 土地及び土地の上に存する権利
2 家屋及び構築物等
3 株　式　等
4 公　社　債　等
5 定期金に関する権利
6 動　産

⑵　**市街化調整区域に存する雑種地の評価**

　市街化調整区域に存する雑種地を評価する場合に、状況が類似する土地（地目）の判定をするときには、その雑種地の周囲の状況に応じて、次表により判定することになります。

　また、付近の宅地の価額を基として評価する場合（宅地比準）における法的規制等（開発行為の可否、建築制限、位置等）に係る斟酌割合（減価率）は、「市街化の影響度」と「雑種地の利用状況」によって個別に判定することになりますが、次表の斟酌割合によっても差し支えありません。

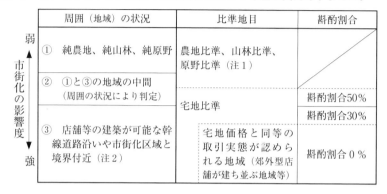

（注１）農地等の価額を基として評価する場合で、その雑種地が資材置場、駐車場等として利用されているときは、その土地の価額は、原則として、「農業用施設用地の評価」（評基通24－５）に準じて、農地等の価額に造成費相当額を加算した価額により評価します（ただし、その価額は宅地の価額を基として評価した価額を上回らないことに留意してください。）。

（注２）③の地域は、線引き後に沿道サービス施設が建設される可能性のある土地（都市計画法第34条第９号、第43条第２項）や、線引き後に日常生活に必要な物品の小売業等の店舗として開発又は建築される可能性のある土地（都市計画法第34条第１号、第43条第２項）の存する地域をいいます。

（注３）都市計画法第34条第11号に規定する区域内については、上記の表によらず、個別に判定します。

【チェックポイント１－８－１】雑種地の評価

──

　１　文化財建造物である構築物の敷地の用に供されている雑種地の評価

　文化財保護法第27条第１項に規定する重要文化財に指定された建物、同法第58条第１項に規定する登録有形文化財である建造物及び文化財保護法施行令第４条第３項第１号に規定する伝統的建造物である構築物の敷地の用に供されている雑種地の価額は、それが文化財建造物である構築物の敷地でないものとした場合の価額から、その価額に次表の文化財建造物の種類に応じて定める割合を乗じて計算した金額を控除した金額によって評価します（評基通83-3）。

　なお、文化財建造物である構築物の敷地とともに、その文化財建造物である構築物と一体をなして価値を形成している土地がある場合には、その土地の価額は、財産評価基本通達24-8（注）の定めを適用して評価します。したがって、例えば、その文化財建造物である構築物と一体をなして価値を形成している山林がある場合には、この通達の定めにより評価した山林の価額から、その価額に文化財建造物の種類に応じて定める割合を乗じて計算した金額を控除した金額によって評価します。

文化財建造物の種類に応じて定める割合

文化財建造物の種類	重要文化財	登録有形文化財	伝統的建造物
控　除　割　合	0.7	0.3	0.3

　２　鉄軌道用地の評価

　鉄道又は軌道の用に供する土地（以下「鉄軌道用地」といいます。）の価額は、その鉄軌道用地に沿接する土地の価額の３分の１に相当する金額によって評価します（評基通84）。

　この場合における「その鉄軌道用地に沿接する土地の価額」は、その鉄軌道用地をその沿接する土地の地目、価額の相違等に基づいて区分し、その区分した鉄軌道用地に沿接するそれぞれの土地の価額を考慮して評定した価額の合計額によります。

3　駐車場（青空駐車場）の敷地の評価

　土地の所有者が、自らその土地を貸駐車場として利用している場合には、その土地の自用地としての価額により評価します。このように自用地としての価額により評価するのは、土地の所有者が、その土地をそのままの状態で（又は土地に設備を施して）貸駐車場を経営することは、その土地で一定の期間、自動車を保管することを引き受けることであり、このような自動車を保管することを目的とする契約は、土地の利用そのものを目的とした賃貸借契約とは本質的に異なる権利関係ですので、この場合の駐車場の利用権は、その契約期間に関係なく、その土地自体に及ぶものではないと考えられるためです。ただし、車庫などの施設を駐車場の利用者の費用で造ることを認めるような契約の場合には、土地の賃貸借になると考えられますので、その土地の自用地としての価額から、賃借権の価額を控除した金額によって評価します。

(3)　ゴルフ場の用に供されている土地

①　市街化区域及びそれに近接する地域にあるゴルフ場用地

　都市計画法に規定する市街化区域内及びそれに近接する地域にあるゴルフ場用地の価額は、宅地比準方式で評価することになります（評基通83）。

【市街化区域及びそれに近接する地域にあるゴルフ場用地の評価算式】

$$\left(\text{ゴルフ場用地が宅地であるとした場合の1㎡当たりの価額} \times \frac{60}{100} - \text{ゴルフ場用地を宅地に造成する場合に通常必要な造成費の1㎡当たりの価額}\right) \times \text{地積}$$

　なお、（算式）の「ゴルフ場用地が宅地であるとした場合の1㎡当たりの価額」は実務的に困難であることから、路線価地域にあるものについてはゴルフ場用地の周囲に付された路線価の距離による加重平均により、また、倍率地域にあるものについては、そのゴルフ場の1㎡当たりの固定資産税評価額にそのゴルフ場用地ごとに定められた倍率（この倍率は「財産評価基準書」に記載されています。）を乗じて算出することができます。

　また、ゴルフ場用地等を宅地に造成する場合の造成費相当額は、市街地農地等の評価に係る宅地造成費を適用します。

②　上記①以外の地域にあるゴルフ場用地

　上記①以外に掲げる地域以外の地域にあるゴルフ場用地の価額は、ゴルフ場用地の固定資産税評価額に一定の地域ごとに鑑定評価額や精通者意見価格等を基として国税局長の定める倍率（この倍率は「財産評価基準書」に記載されています。）を乗じて評価します（評基通83）。

【上記①以外の地域にあるゴルフ場用地の評価算式】

ゴルフ場用地の固定資産税評価額　×　国税局長の定める倍率

【チェックポイント1−8−2】ゴルフ場の用に供されている土地の評価

1　ミニゴルフ場用地の評価
　次のA及びB以外のゴルフ場用地（いわゆるミニゴルフ場用地）を評価する場合には、上記のゴルフ場の用に供されている土地の評価を適用せず、通常の雑種地と同様に評価します。
　A　地積が10万㎡以上でホール数が18以上あり、かつ、ホールの平均距離が100m以上
　B　ホール数が9〜17でホールの平均距離が150m以上

119

2　遊園地等の用に供されている土地の評価

　　遊園地、運動場、競馬場その他これらに類似する施設（以下「遊園地等」といいます。）の用に供されている土地の価額は、ゴルフ場用地の規模に類似するものについてはゴルフ場用地の評価方法に準じて評価することとし、それに満たない規模のものは、通常の雑種地の評価方法で評価します（評基通83-2）。なお、地積が10万㎡に満たない遊園地等用地を評価する場合については、ミニゴルフ場用地の評価と同様に通常の雑種地として評価します。

⑷　貸し付けられている雑種地

　　賃借権、地上権、区分地上権及び区分地上権に準ずる地役権の目的となっている雑種地の評価は、次表に掲げる区分に従い、それぞれに掲げるところによります（評基通86）。

図表1-8-2　貸し付けられている雑種地の評価

区　　　分	評　価　方　法			
地上権に準ずる権利として評価することが相当と認められる賃借権の目的となっている雑種地	雑種地の自用地としての価額から「賃借権の評価」（評基通87⑴）の定めにより、相続税法第23条の「地上権及び永小作権の評価」に規定する次表の割合（法定地上権割合）又はその賃借権が借地権であるとした場合に適用される借地権割合のいずれか低い割合を控除した金額によって評価します。			

残存期間	地上権割合	残存期間	地上権割合
10年以下	5%	30年超　35年以下	50%
10年超　15年以下	10%	35年超　40年以下	60%
15年超　20年以下	20%	40年超　45年以下	70%
20年超　25年以下	30%	45年超　50年以下	80%
25年超　30年以下及び存続期間の定めのないもの	40%	50年超	90%

ただし、その賃借権の価額が、雑種地の自用地としての価額に賃借権の残存期間に応じる次表に掲げる割合を乗じて計算した金額を下回る場合には、雑種地の自用地としての価額から、この金額を控除した金額によって評価します。

賃借権の残存期間	5年以下	5年超10年以下	10年超15年以下	15年超
割　　合	5%	10%	15%	20%

区　　　分	評　価　方　法			
地上権に準ずる権利として評価することが相当と認められる賃借権以外の賃借権の目的となっている雑種地	雑種地の自用地としての価額から、「賃借権の評価」（評基通87⑵）の定めにより、相続税法第23条の「地上権及び永小作権の評価」に規定する割合（法定地上権割合）の2分の1に相当する割合を控除した金額によって評価します。 ただし、その賃借権の価額が、雑種地の自用地としての価額に賃借権の残存期間に応じる次表に掲げる割合を乗じて計算した金額を下回る場合には、雑種地の自用地としての価額から、この金額を控除した金額によって評価します。			

賃借権の残存期間	5年以下	5年超10年以下	10年超15年以下	15年超
割　　合	2.5%	5%	7.5%	10%

区　　　分	評　価　方　法
地上権の目的となっている雑種地	雑種地の自用地としての価額から、「地上権及び永小作権の評価」（相法23）の規定により評価した地上権の価額を控除した金額によって評価します。
区分地上権の目的となっている雑種地	雑種地の自用地としての価額から、「区分地上権の評価」（評基通87-2）の定めにより評価した区分地上権の価額を控除した金額によって評価します。
区分地上権に準ずる地役権の目的となっている承役地である雑種地	雑種地の自用地としての価額から、「区分地上権に準ずる地役権の評価」（評基通87-3）の定めにより評価した区分地上権に準ずる地役権の価額を控除した金額によって評価します。

1 地上権に準ずる権利として評価することが相当と認められる賃借権とは

例えば、賃借権の登記がされているもの、設定の対価として権利金その他の一時金の授受のあるもの堅固な構築物の所有を目的とするものなどが該当します。

2 賃借人又は地上権者が雑種地の造成を行っている場合

賃借人又は地上権者がその雑種地の造成を行っている場合には、その造成が行われていないものとして算定した雑種地の自用地としての価額から、「賃借権の評価」（評基通87）の定めに準じて評価したその賃借権の価額又は「地上権及び永小作権の評価」（相法23）の規定により評価した地上権の価額を控除した金額によって評価します（評基通86（注））。

3 貸駐車場として利用している土地の評価

駐車場として利用している土地は、現況により、ほとんどの場合、雑種地として評価することとなりますが、土地の所有者が、自らその土地を月極め等の貸駐車場として利用している場合には、自用地としての価額により評価します。

なお、このように自用地としての価額により評価するのは、土地の所有者が、その土地をそのままの状態で（又は土地に設備を施して）貸駐車場を経営することは、その土地で一定の期間、自動車を保管することを引き受けることであり、このような自動車を保管することを目的とする契約は、土地の利用そのものを目的とした賃貸借契約とは本質的に異なる権利関係ですので、この場合の駐車場の利用権は、その契約期間に関係なく、その土地自体に及ぶものではないと考えられるためです。

ただし、車庫などの施設を駐車場の利用者の費用で造ることを認めるような契約の場合には、土地の賃貸借になると考えられますので、その土地の自用地としての価額から、賃借権の価額を控除した金額によって評価します。

4 時間貸し駐車場（コインパーキング）の敷地の評価

時間貸し駐車場の敷地として業者に賃貸借契約により貸し付けている土地で、業者の費用負担で駐車場設備を設置している場合は、雑種地の自用地としての価額から、①「賃借権の評価」（評基通87）の定めにより評価した賃借権の価額又は、②財産評価基本通達86(1)のただし書により算出した金額のいずれか高い方の金額を控除した金額により評価します（評基通86(1)）。

5 土地の上に存する権利が競合する場合の雑種地の評価

賃借権又は地上権が設定されている雑種地にさらに区分地上権又は区分地上権に準ずる地役権が設定されている場合あるいは区分地上権と区分地上権に準ずる地役権が競合して設定されている場合は、雑種地の自用地としての価額から、これらの権利の価額を控除した金額により評価します（評基通86-2）。

6 校庭として貸している土地

貸し付けられている雑種地として評価します。

1 土地及び土地の上に存する権利
2 家屋及び構築物等
3 株式等
4 公社債等
5 定期金に関する権利
6 動産

⑸　雑種地に係る賃借権

　雑種地の賃借権の価額は、原則として、その賃貸借契約の内容、利用の状況等を勘案して評価しますが、次のように評価することができます（評基通87）。

①　地上権に準ずる権利として評価することが相当と認められる賃借権

　地上権に準ずる権利として評価することが相当と認められる賃借権[※1]の価額は、その雑種地の自用地としての価額に、その賃借権の残存期間に応じその賃借権が地上権であるとした場合に適用される法定地上権割合[※2]又はその賃借権が借地権であるとした場合に適用される借地権割合のいずれか低い割合を乗じて計算した金額によって評価します。

【地上権に準ずる権利として評価することが相当と認められる賃借権の評価算式】

> 雑種地の自用地価額　×　法定地上権割合と借地権割合とのいずれか低い割合

※1　地上権に準ずる権利として評価することが相当と認められる賃借権とは、賃借権の登記がされているもの、設定の対価として権利金その他の一時金の授受のあるもの、堅固な構築物の所有を目的とするものなどがこれに該当します。
※2　法定地上権割合とは、その賃借権が地上権であるとした場合に適用される相続税法第23条に定められた割合（上記図表1-8-1参照）をいいます。この場合、その契約上の残存期間がその賃借権の目的となっている雑種地の上に存する構築物等の残存耐用年数、過去の契約更新の状況等からみて契約が更新されることが明らかであると認められる場合には、その契約上の残存期間に更新によって延長されると見込まれる期間を加算した期間をもってその賃借権の残存期間とします。

②　①以外の賃借権

　その雑種地の自用地としての価額に、その賃借権の残存期間に応じその賃借権が地上権であるとした場合に適用される法定地上権割合の2分の1に相当する割合を乗じて計算した金額によって評価します。

【上記①以外の賃借権の評価算式】

> 雑種地の自用地価額　×　法定地上権割合　×　1／2

【チェックポイント1-8-4】雑種地に係る賃借権の評価

> 臨時的な使用に係る賃借権の評価
> 　臨時的な使用に係る賃借権及び賃貸借期間が1年以下の賃借権（賃借権の利用状況に照らして賃貸借契約の更新が見込まれるものを除く。）については、その経済的価値が極めて小さいものと考えられることから、このような賃借権の価額は評価しません。また、この場合の賃借権の目的となっている雑種地の価額は、自用地価額で評価します。

【質疑応答】雑種地に係る賃借権の評価

> 一時使用のための借地権の評価
> 　甲は、建設現場に近接した土地について、工事事務所用の簡易建物の所有を目的とし、契約期間を2年とする土地の賃貸借契約を締結しています。この場合の借地権についても、その借地権の目的となっている土地の自用地としての価額に借地権割合を乗じて計算した金額により評価するのでしょうか。

9 占用権

　財産評価基本通達上の占用権とは、①河川法第24条の規定による河川区域内の土地の占用の許可に基づく権利で、ゴルフ場、自動車練習所、運動場その他の工作物[※]の設置を目的とするもの、②道路法第32条第1項の規定による道路の占用の許可又は都市公園法第6条第1項の規定による都市公園の占用の許可に基づく経済的利益を生ずる権利で駐車場、建物その他の工作物[※]の設置を目的とするものをいいます。①の代表的な例として河川敷ゴルフ場、②の代表的な例として地下街が挙げられます。なお、占用権の価額は、上記のような施設の完成後評価することとしていますので、占用許可を得ていても施設の建築中である場合には評価しないこととして差し支えありません。

　占用権の評価は、次表に掲げる区分に従い、それぞれに掲げるところによります（評基通87-5）。

　※　対価を得て他人の利用に供するもの又は専ら特定の者の用に供するものに限ります。

図表1-9-1　占用権の評価

区　　分	評　価　方　法
①　取引事例のある占用権[※]	占用権売買実例価額、精通者意見価格等を基として占用権の目的となっている土地の価額に対する割合として国税局長が定める割合を乗じて計算した金額によって評価します。
②　地下街又は家屋の所有を目的とする占用権	地下街又は家屋の所有を目的とする占用権の価額は、その占用権の目的となっている土地の価額に、その占用権が借地権であるとした場合に適用される借地権割合の3分の1に相当する割合を乗じて計算した金額によって評価します。
③　①及び②以外の占用権	占用権の目的となっている土地の価額に、その占用権の残存期間に応じその占用権が地上権であるとした場合に適用される法定地上権割合の3分の1に相当する割合を乗じて計算した金額によって評価します。

※　取引事例がある占用権の具体的な評価方法については、該当する地域の財産評価基準書に記載されています。

【チェックポイント1-9-1】占用権の評価

　1　占用権の目的となっている土地の価額

　その占用権の目的となっている土地の付近にある土地について、財産評価基本通達の定めるところにより評価した1㎡当たりの価額を基とし、その土地とその占用権の目的となっている土地との位置、形状等の条件差及び占用の許可の内容を勘案した価額に、その占用の許可に係る土地の面積を乗じて計算した金額によって評価した価額をいいます（評基通87-6）。

　2　占用権の残存期間

　占用権の残存期間は、占用の許可に係る占用の期間が、占用の許可に基づき所有する工作物、過去における占用の許可の状況、河川等の工事予定の有無等に照らし実質的に更新されることが明らかであると認められる場合には、その占用の許可に係る占用権の残存期間に実質的な更新によって延長されると認められる期間を加算した期間をもってその占用権の残存期間とします。

　3　占用の許可に基づき所有する家屋を貸家とした場合の占用権の評価

　都市公園の占用の許可などに基づき所有する家屋が貸家に該当する場合の占用権の価額は、次の算式により計算した価額によって評価します（評基通87-7）。

評基通87-5（占用権の評価）の定めにより評価したその占用権の価額（A）	－ A ×	評基通94（借家権の評価）に定める借家権割合	×	評基通26（貸家建付地の評価）の(2)の定めによるその家屋に係る賃貸割合

1 土地及び土地の上に存する権利

2 家屋及び構築物等

3 株式等

4 公社債等

5 定期金に関する権利

6 動産

10　配偶者居住権

⑴　配偶者居住権の概要

　被相続人の配偶者（以下「配偶者」といいます。）が相続開始の時に居住していた被相続人の所有建物を対象として、終身又は一定期間、配偶者にその使用及び収益を認めることを内容とする法定の権利（配偶者居住権）が民法改正により創設され、遺産の分割における選択肢の１つとして、配偶者に配偶者居住権を取得させることができることとされたほか、被相続人が遺贈によっても配偶者に配偶者居住権を取得させることができることとされました。

⑵　配偶者居住権等の評価

　配偶者居住権については、取得した相続財産の分割行為である遺産分割等により定められ、具体的相続分を構成することから、相続により取得した財産として相続税の課税対象になります。その場合の財産評価については、相続税法第22条の"時価"によるのではなく、配偶者居住権のほか、配偶者居住権の目的となっている建物の所有権（居住建物）、配偶者居住権に基づく敷地の利用権及び居住建物の敷地の用に供される土地（土地の上に存する権利を含みます。）についても相続税法第23条の２にて、次表に掲げる区分に従い、評価方法が規定されています。

図表 1-10-1　配偶者居住権等の評価

区　分	評　価　方　法		
配偶者居住権	$\dfrac{居住建物}{の時価^※} - 居住建物の時価^※ \times \dfrac{耐用年数 - 経過年数 - 存続年数}{耐用年数 - 経過年数} \times 存続年数に応じた法定利率による複利現価率$		
	ただし、居住建物の一部が賃貸の用に供されている場合又は被相続人が相続開始の直前において居住建物をその配偶者と共有していた場合には、次の算式により計算した金額となります（相法23の２①一）。		
	居住建物が賃貸の用に供されておらず、かつ、共有でないものとした場合の時価 $\times$ $\dfrac{賃貸の用に供されている部分以外の部分の床面積}{居住建物の床面積}$ $\times$ 被相続人が有していた持分割合		
居住建物	居住建物の時価^※ － 配偶者居住権の価額		
配偶者居住権に基づく敷地利用権	居住建物の敷地時価^※ － 居住建物の敷地時価^※ $\times$ 存続年数に応じた法定利率による複利現価率		
	ただし、居住建物の一部が賃貸の用に供されている場合又は被相続人が相続開始の直前において居住建物の敷地を他の者と共有し、若しくは居住建物をその配偶者と共有していた場合には、次の算式により計算した金額となります（相法23の２③一）。		
	居住建物が賃貸の用に供されておらず、かつ、居住建物の敷地が共有でないものとした場合の居住建物の敷地の時価 $\times$ $\dfrac{居住建物の賃貸の用に供されている部分以外の部分の床面積}{居住建物の床面積}$ $\times$ 被相続人が有していた居住建物の敷地の持分割合と当該建物の持分割合のうちいずれか低い割合		
居住建物の敷地の用に供される敷地	土地の時価^※ － 敷地利用権の価額		

※　ここでいう「時価」は、相続税法第22条に規定する時価をいう。

1 土地及び土地の上に存する権利

2 家屋及び構築物等

3 株式等

4 公社債等

5 定期金に関する権利

6 動産

【チェックポイント1-10-1】配偶者居住権等の評価

1　相続税法第22条に規定する時価
　基本的に財産評価基本通達の定めに従い評価したものをいいます。

2　配偶者居住権を評価する場合の耐用年数
　耐用年数とは、耐用年数省令に定める住宅用の耐用年数を1.5倍したものをいいます。なお、店舗併用住宅などの非居住用部分が存する居住建物についても、居住建物の全部が「住宅用」であるものとして、耐用年数省令に定める耐用年数を1.5倍したものを用います（相令5の8②、相規12の2）。したがって、非居住用部分については、事業所得、不動産所得又は雑所得の計算上の耐用年数を用いないことに留意してください。

3　配偶者居住権を評価する場合の経過年数
　経過年数とは、居住建物が建築された日（新築時）から配偶者居住権が設定された時までの年数をいいます。なお、居住建物が相続開始前に増改築された場合であっても、増改築部分を区分することなく、新築時から配偶者居住権が設定された時までの年数をいいます（相法23の2①二イ、相基通23の2-3）。

4　配偶者居住権を評価する場合の存続年数
　存続年数とは、「配偶者居住権が存続する年数として政令で定める年数」をいうものとされています（相法23の2①二イ）。具体的には、次の(1)又は(2)の場合の区分に応じ、それぞれ(1)又は(2)に定める年数をいいます。
　(1)　配偶者居住権の存続期間が配偶者の終身の間とされている場合
　　　配偶者居住権が設定された時における当該配偶者の平均余命
　　※　配偶者の平均余命は、配偶者居住権が設定された時の属する年の1月1日現在において公表されている最新の完全生命表によります（相基通23の2-5）。なお、完全生命表に当てはめる配偶者の年齢は、配偶者居住権が設定された時における配偶者の満年齢によります。
　　(参考)　完全生命表は、国勢調査による日本人人口の各定数、人口動態統計の各定数を基に5年ごとに厚生労働省が公表しており、第22回生命表（完全生命表）は平成29年3月に公表されています。
　(2)　上記(1)以外の場合
　　　配偶者居住権が設定された時から配偶者居住権の存続期間満了の日までの年数(配偶者居住権が設定された時における配偶者の平均余命を上限とします。)

5　経過年数又は存続年数を求める場合の「配偶者居住権が設定された時」
　配偶者居住権が設定された時とは、次の(1)又は(2)に掲げる場合の区分に応じ、それぞれ次に掲げる時をいいます（相基通23の2-2）。なお、配偶者居住権の設定の登記を備えた日（登記日）ではありませんので注意してください。
　(1)　遺産の分割によって配偶者居住権を取得するものとされた場合（民法1028①一）遺産の分割が行われた時。なお、「遺産の分割が行われた時」とは、それぞれ次の日をいいます。①　遺産分割の協議の場合は、その協議の成立した日　②　遺産分割の調停の場合は、その調停の成立した日（家事事件手続法 268）③　遺産分割の審判の場合は、その審判の確定した日（家事事件手続法74、86）
　(2)　配偶者居住権が遺贈の目的とされた場合（民法1028①二）相続開始の時。
　　　なお、配偶者居住権が停止条件付遺贈の目的とされた場合には、当該遺贈の効力が生じた日となります。

（参考1-10-1）配偶者居住権等の評価明細書

　配偶者居住権、配偶者居住権の目的となっている建物、配偶者居住権に基づく敷地利用権又は居住建物の敷地の用に供される土地（以下「配偶者居住権等」といいます。）を評価するために使用する国税庁の「配偶者居住権等の評価明細書」は、右のQRコードから出力してください。

図表1-10-2　配偶者居住権等の評価で用いる各種数表

《参考1》配偶者居住権等の評価で用いる建物の構造別の耐用年数（「居住建物の内容」の③）

構造	耐用年数	構造	耐用年数
鉄骨鉄筋コンクリート造又は鉄筋コンクリート造	71	金属造（骨格材の肉厚3mm以下）	29
れんが造、石造又はブロック造	57	木造又は合成樹脂造	33
金属造（骨格材の肉厚4mm超）	51	木骨モルタル造	30
金属造（骨格材の肉厚3mm超～4mm以下）	41		

《参考2》第22回生命表（完全生命表）に基づく平均余命（「配偶者居住権の存続年数等」の⑧）※平成29年3月1日公表（厚生労働省）

満年齢	平均余命 男	平均余命 女	満年齢	平均余命 男	平均余命 女	満年齢	平均余命 男	平均余命 女	満年齢	平均余命 男	平均余命 女	満年齢	平均余命 男	平均余命 女
16	－	71	36	46	52	56	27	32	76	11	15	96	3	3
17	－	70	37	45	51	57	26	32	77	11	14	97	3	3
18	63	69	38	44	50	58	25	31	78	10	13	98	2	3
19	62	68	39	43	49	59	24	30	79	9	12	99	2	3
20	61	67	40	42	48	60	24	29	80	9	12	100	2	3
21	60	66	41	41	47	61	23	28	81	8	11	101	2	2
22	59	65	42	40	46	62	22	27	82	8	10	102	2	2
23	58	64	43	39	45	63	21	26	83	7	10	103	2	2
24	57	63	44	38	44	64	20	25	84	7	9	104	2	2
25	56	62	45	37	43	65	19	24	85	6	8	105	2	2
26	55	61	46	36	42	66	19	23	86	6	8	106	2	2
27	54	60	47	35	41	67	18	22	87	5	7	107	1	2
28	53	59	48	34	40	68	17	22	88	5	7	108	1	1
29	52	58	49	33	39	69	16	21	89	5	6	109	1	1
30	51	57	50	32	38	70	16	20	90	4	6	110	1	1
31	50	56	51	31	37	71	15	19	91	4	5	111	1	1
32	49	55	52	31	36	72	14	18	92	4	5	112	1	1
33	49	55	53	30	35	73	13	17	93	3	4	113	－	1
34	48	54	54	29	34	74	13	16	94	3	4	114	－	1
35	47	53	55	28	33	75	12	16	95	3	4	115	－	1

《参考3》複利現価表（法定利率3％）（「配偶者居住権の存続年数等」の⑧）

存続年数	複利現価率	存続年数	複利現価率	存続年数	複利現価率	存続年数	複利現価率	存続年数	複利現価率	存続年数	複利現価率	存続年数	複利現価率
1	0.971	11	0.722	21	0.538	31	0.400	41	0.298	51	0.221	61	0.165
2	0.943	12	0.701	22	0.522	32	0.388	42	0.289	52	0.215	62	0.160
3	0.915	13	0.681	23	0.507	33	0.377	43	0.281	53	0.209	63	0.155
4	0.888	14	0.661	24	0.492	34	0.366	44	0.272	54	0.203	64	0.151
5	0.863	15	0.642	25	0.478	35	0.355	45	0.264	55	0.197	65	0.146
6	0.837	16	0.623	26	0.464	36	0.345	46	0.257	56	0.191	66	0.142
7	0.813	17	0.605	27	0.450	37	0.335	47	0.249	57	0.185	67	0.138
8	0.789	18	0.587	28	0.437	38	0.325	48	0.242	58	0.180	68	0.134
9	0.766	19	0.570	29	0.424	39	0.316	49	0.235	59	0.175	69	0.130
10	0.744	20	0.554	30	0.412	40	0.307	50	0.228	60	0.170	70	0.126

（参考1-10-2）配偶者居住権等の評価に関する質疑応答事例

　　配偶者居住権等の評価に関しては、国税庁が令和2年7月7日に公表した「配偶者居住権等の評価に関する質疑応答事例」（資産課税課情報）がありますので、右のQRコードから出力してください。

1 土地及び土地の上に存する権利
2 家屋及び構築物等
3 株式等
4 公社債等
5 定期金に関する権利
6 動産

（参考1-10-3）「配偶者居住権等の評価明細書」記載の留意事項

> 被相続人中央太郎の居住用不動産（1階（100㎡）を居住用、2階（100㎡）を賃貸用（2室のうち1室が賃貸中）とする賃貸併用住宅）を配偶者中央花子（生年月日1940年5月22日生まれ）が配偶者居住権及びその敷地権を、相続人中央一郎が居住建物及びその敷地を遺産分割により2021年3月20日に相続したケース

配偶者居住権等の評価明細書

| 所有者 | 建物 | （被相続人氏名）中央太郎 | ① 持分割合 1／1 | （配偶者氏名）中央花子 | 持分割合 | 所在地番（住居表示） | 東京都江東区亀戸〇-〇-〇 東京都江東区亀戸〇-〇-〇 |
| | 土地 | （被相続人氏名）中央太郎 | ② 持分割合 1／1 | （共有者氏名） | 持分割合 | （共有者氏名） | 持分割合 |

（令和二年四月一日以降用）

居住建物の	建物の耐用年数 ※裏面《参考1》参照 （建物の構造） 木造		33 年	③
	建築後の経過年数 （建築年月日）平成22年12月1日 から 令和3年5月20日 … 10年 （6月以上の端数は1年 6月未満の端数は切捨て）		10 年	④
	建物のうち賃貸の用に供されている部分以外の部分の床面積		150 ㎡	⑤
			200 ㎡	⑥

> ⑨欄は建物の相続税評価額で、⑩欄は賃貸割合控除後の建物の相続税評価額です。
> 自用家屋部分：2,000万円×100 ㎡/200 ㎡＝1,000万円
> 貸家部分：2,000万円×100 ㎡/200 ㎡＝1,000万円
> 居住建物の時価：1,000万円＋（1,000万円－1,000万円×0.3×50%）＝1,850万円

| 配偶者居住権の存続年数等 | 存続年数（C） | 12 年 | ⑦ |
| | 〔存続期間が終身の場合の存続年数〕 配偶者居住権が設定された日における配偶者の満年齢 80歳 （生年月日 昭和15年5月22日、性別 女） （平均余命）⑧ ※裏面《参考2》参照 … 12 年 ©Aと⑪のいずれか短い年数とし、Aがない場合は⑪の年数 12 年 | 複利現価率 ※裏面《参考3》参照 0.701 | ⑧ |

評価の基礎となる価額	建物	賃貸の用に供されておらず、かつ、共有でないものとした場合の相続税評価額	20,000,000 円	⑨
		共有でないものとした場合の相続税評価額	18,500,000 円	⑩
		相続税評価額 （⑩の相続税評価額）18,500,000 円 × （①持分割合）1／1	18,500,000 （円未満切捨て）	⑪
	土地	建物が賃貸の用に供されておらず、かつ、土地が共有でないものとした場合の相続税評価額	60,000,000 円	⑫
		共有でないものとした場合の相続税評価額	58,200,000 円	⑬
		相続税評価額 （⑬の相続税評価額）58,200,000 円 × （②持分割合）1／1	58,200,000 （円未満切捨て）	⑭

○配偶者居住権の価額

| （⑨の相続税評価額）20,000,000 円 × （⑤賃貸以外の床面積／⑥居住建物の床面積）150／200 ㎡ × （①持分割合）1／1 | 15,000,000 （円未満四捨五入） | ⑮ |
| （⑮の金額） （⑮の金額） （③耐用年数－④経過年数－⑦存続年数／③耐用年数－④経過年数）（注）分子又は分母が零以下の場合は零。 （⑧複利現価率） 15,000,000 円 － 15,000,000 円 × 33－10－12／33－10 × 0.701 | （配偶者居住権の価額）9,971,087 （円未満四捨五入） | ⑯ |

> ⑫欄は自用地の相続税評価額で、⑬欄は貸家建付地の相続税評価額です。
> 自用地部分：6,000万円×100 ㎡/200 ㎡＝3,000万円
> 貸家建付地部分：6,000万円×100 ㎡/200 ㎡＝3,000万円
> 居住建物の敷地の時価：3,000万円＋（3,000万円－3,000万円×0.4×0.3×50%）＝5,820万円

	8,528,913 （円未満四捨五入）	⑰
（⑫の相続税評価額）60,000,000 円 × （⑤／⑥居住建物の床面積）150／200 ㎡ × （①と②のいずれか低い持分割合）1／1	45,000,000 （円未満四捨五入）	⑱
（⑱の金額）45,000,000 円 － （⑱の金額）45,000,000 円 × （⑧複利現価率）0.701	（敷地利用権の価額）13,455,000 （円未満四捨五入）	⑲

○居住建物の敷地の用に供される土地の価額

| （⑭の相続税評価額）58,200,000 円 － （⑲敷地利用権の価額）13,455,000 円 | 44,745,000 | ⑳ |

| 備 考 | |

（注）土地には、土地の上に存する権利を含みます。

※ 「配偶者居住権等の評価明細書」の記載例については、「相続税法基本通達の一部改正について（法令解釈通達）のあらまし（情報）」（令和2年2月21日）を国税庁で公表しているので、参照してください。

第2章　家屋及び構築物等

1　家　屋

⑴　家屋の評価単位及び評価

居宅などの家屋の価額は、原則として、1棟の家屋ごとに評価し、固定資産税評価額に財産評価基本通達別表1に定める倍率（1.0）を乗じて計算します（評基通88、89）。

【家屋の評価算式】

固定資産税評価額　　×　1.0

なお、課税時期において現に建築中の家屋の価額は、その家屋の費用現価※の70％に相当する金額によって評価します（評基通91）。

※　課税時期までに建物に投下された建築費用の額を、課税時期の価額に引き直した額の合計額

【建築中の家屋の評価算式】

家屋の費用現価　×　70％

⑵　貸　家

貸家の用に供されている家屋の価額は、その家屋の固定資産税評価額に借家権割合と賃貸割合を乗じた価額を、その家屋の固定資産税評価額から控除して評価します（評基通93）。

【貸家の評価算式】

固定資産税評価額　−　固定資産税評価額　×　借家権割合　×　賃貸割合

⑶　借家権

借家権の価額は、次の算式により計算した価額によって評価します。ただし、この権利が権利金等の名称をもって取引される慣行のない地域にあるものについては、評価しません（評基通94）。

【借家権の評価算式】

固定資産税評価額　×　借家権割合　×　賃貸割合

【チェックポイント2-1-1】家屋の評価単位及び評価

1　アパート等の貸家の評価

課税時期において貸家の用に供されている家屋は、その家屋の固定資産税評価額に借家権割合（現在は、全国全ての地域について30％）とその家屋の賃貸割合を乗じた価額を、その家屋の固定資産税評価額から控除して評価します。

2　増改築等に係る家屋の状況に応じた固定資産税評価額が付されていない家屋の評価
　　A　課税時期から申告期限までの間に状況に応じた固定資産税評価額が付された場合
　　　　課税時期の状況に応じた固定資産税評価額が付された場合は、その価額で評価します。
　　B　A以外の場合
　　　　増改築等に係る部分以外の部分に対応する固定資産税評価額に、当該増改築等に係る家屋と状況の類似した付近の家屋の固定資産税評価額を基として、その付近の家屋との構造、経過年数、用途等の差を考慮して評定した価額（ただし、状況の類似した付近の家屋がない場合には、その増改築等に係る部分の再建築等に係る部分の再建築価額から課税時期までの間における償却費相当額を控除した価額の70％に相当する金額）を加算した価額により評価します。

3　災害家屋（火災家屋）の評価
　　被災後の現況に応じた固定資産税評価額が付されていない場合には、「家屋の評価」（評基通89）の定めにより評価した特定非常災害の発生直前の家屋の価額から、その価額に地方税法第367条（固定資産税の減免）の規定に基づき条例に定めるところによりその被災した家屋に適用された固定資産税の軽減又は免除の割合を乗じて計算した金額を控除した金額によって評価することができます（資産評価企画官情報第2号「特定非常災害発生日以後に相続等により取得した財産の評価に関する質疑応答事例集」の送付について（情報）（平成30年1月15日））。

⑷　文化財建造物である家屋の評価

　　文化財建造物である家屋の価額は、それが文化財建造物でないものとした場合の価額（図表2-1-1参照）から、その価額に「文化財建造物である家屋の敷地の用に供されている宅地の評価」（評基通24-8）で定める割合（重要文化財0.7、登録有形文化財0.3、伝統建造物0.3）を乗じて計算した金額を控除した金額によって評価します（評基通89-2）。

【文化財建造物である家屋の評価算式】

> 文化財建造物でないものとした場合の価額　×　割合（重要文化財0.7、登録有形文化財0.3、伝統建造物0.3）

図表2-1-1　文化財建造物でないものとした場合の価額

区　　分	文化財建造物でないものとした場合の価額
文化財建造物である家屋に固定資産税評価額が付されている場合	固定資産税評価額
文化財建造物である家屋に固定資産税評価額が付されていない場合	その文化財建造物の再建築価額（課税時期においてその財産を新たに建築又は設備するために要する費用の額の合計額をいいます。）から、経過年数に応ずる減価の額を控除した価額の70％に相当する金額

（注）　「経過年数に応ずる減価の額」は、再建築価額から当該価額に0.1を乗じて計算した金額を控除した価額に、その文化財建造物の残存年数（建築の時から朽廃の時までの期間に相当する年数）のうちに占める経過年数（建築の時から課税時期までの期間に相当する年数（その期間に1年未満の端数があるときは、その端数は1年とします。））の割合を乗じて計算します。

【チェックポイント2-1-2】文化財建造物である家屋の評価

1　国宝、重要有形民俗文化財等の建造物
　　国宝、重要有形民俗文化財及び地方公共団体指定の文化財建造物については、財産評価通達において評価方法が定められておらず、文化財保護法や条例において定められている利用規制の程度等に応じて、個別に評価することとなります。

1　土地及び土地の上に存する権利
2　家屋及び構築物等
3　株式等
4　公社債等
5　定期金に関する権利
6　動産

2　景観法に基づき景観重要建造物に指定された建造物である家屋

　財産評価基本通達5（評価方法の定めのない財産の評価）の定めに基づき、同通達24－8及び89－2に定める伝統的建造物である家屋及びその敷地の用に供されている宅地の評価方法に準じて、それが景観重要建造物である家屋でないものとした場合の価額から、その価額に30%を乗じて計算した価額を控除した金額によって評価します。

3　歴史まちづくり法に基づき歴史的風致形成建造物に指定された家屋

　財産評価基本通達5（評価方法の定めのない財産の評価）の定めに基づき、同通達24－8及び89－2に定める登録有形文化財である家屋及びその敷地の用に供されている宅地の評価方法に準じて、それが歴史的風致形成建造物である家屋でないものとした場合の価額からその価額に30%を乗じて計算した価額を控除した金額によって評価します。

2　配偶者居住権等

　被相続人の配偶者が相続開始の時に居住していた被相続人の所有建物を対象として、終身又は一定期間、配偶者にその使用及び収益を認めることを内容とする法定の権利（配偶者居住権）が民法改正により創設され、相続税法上も令和2年4月1日から適用されました（改正法附則17）。

　なお、配偶者居住権の敷地の評価については、第1章「10　配偶者居住権等」を参照。

⑴　配偶者居住権

　配偶者居住権の価額は、配偶者居住権の目的となっている建物の相続開始の時における当該配偶者居住権が設定されていないものとした場合の時価に掲げる価額からその価額に相続税法第23条の2第1項第2号に掲げる数及び第3号に掲げる割合を乗じて得た金額を控除した価額です（相法23の2①）。

【配偶者居住権の評価算式】

居住建物の相続税評価額※1	－	居住建物の相続税評価額※1	×	$\dfrac{耐用年数^{※2}－経過年数^{※3}－存続年数^{※4}}{耐用年数^{※2}－経過年数^{※3}}$	×	存続年数に応じた法定利率による複利現価率

※1　居住建物の一部が賃貸の用に供されている場合又は被相続人が相続開始の直前において居住建物をその配偶者と共有していた場合には、次の算式により計算した金額となります。

居住建物が賃貸の用に供されておらず、かつ、共有でないものとした場合の時価	×	$\dfrac{賃貸の用に供されている部分以外の部分の床面積}{居住建物の床面積}$	×	被相続人が有していた持分割合

※2　耐用年数とは、耐用年数省令に定める住宅用の耐用年数を1.5倍したものをいいます。なお、店舗併用住宅などの非居住用部分が存する居住建物についても、居住建物の全部が「住宅用」であるものとして耐用年数を1.5倍したものを用います（相令5の8②、相規12の2）。

※3　経過年数とは、居住建物が建築された日（新築時）から配偶者居住権が設定された時までの年数をいいます。なお、居住建物が相続開始前に増改築された場合であっても、増改築部分を区分することなく、新築時から配偶者居住権が設定された時までの年数をいいます（相法23の2①二イ、相基通23の2－3）。

※4　存続年数とは、「配偶者居住権が存続する年数として政令で定める年数」をいうものとされています（相法23の2①二イ）。具体的には、次の①又は②の場合の区分に応じ、それぞれ①又は②に定める年数をいいます。

　①　配偶者居住権の存続期間が配偶者の終身の間とされている場合
　　　配偶者居住権が設定された時における配偶者の平均余命（配偶者居住権設定年の1月1日現在において公表されている最新の完全生命表によります（相基通23の2－5）。）
　②　上記①以外の場合
　　　配偶者居住権が設定された時から配偶者居住権の存続期間満了の日までの年数（配偶者居住権が設定された時における配偶者の平均余命を上限とします）。

1 土地及び土地の上に存する権利

2 家屋及び構築物等

3 株 式 等

4 公 社 債 等

5 定期金に関する権利

6 動 産

(2) 居住建物

　配偶者居住権の目的となっている建物（居住建物）の価額は、当該建物の相続開始の時における当該配偶者居住権が設定されていないものとした場合の時価から配偶者居住権の価額を控除した価額です（相法23の2②）。

【居住建物の評価算式】

> 居住建物の相続税評価額　－　配偶者居住権の相続税評価額

（参考2-2-1）配偶者居住権等の評価明細書

> 　配偶者居住権、配偶者居住権の目的となっている建物、配偶者居住権に基づく敷地利用権又は居住建物の敷地の用に供される土地（以下「配偶者居住権等」といいます。）を評価するために使用する国税庁の「配偶者居住権等の評価明細書」は、右のQRコードから出力してください。

3　附属設備等

　附属設備等の評価は、次に掲げる区分に従い、それぞれに掲げるところによります（評基通92）。

(1) 家屋と構造上一体となっている設備

　家屋の所有者が有する電気設備（ネオンサイン、投光器、スポットライト、電話機、電話交換機およびタイムレコーダー等を除きます。）、ガス設備、衛生設備、給排水設備、温湿度調整設備、消火設備、避雷針設備、昇降設備、じんかい処理設備等で、その家屋に取り付けられ、その家屋と構造上一体となっているものについては、その家屋の価額に含めて評価します。

(2) 門、塀等の設備

　門、塀、外井戸、屋外じんかい処理設備等の附属設備の価額は、その附属設備の再建築価額から、建築の時から課税時期までの期間（その期間に1年未満の端数があるときは、その端数は1年とします。）の償却費の額の合計額又は減価の額を控除した金額の70％に相当する金額によって評価します。なお、この場合における償却方法は、定率法により、その耐用年数は減価償却資産の耐用年数省令に規定する耐用年数によります。

【門、塀等の設備の評価算式】

> （再建築価額　－　償却費の額の合計額）　×　70％

(3) 庭園設備

　庭園設備（庭木、庭石、あずまや、庭池等）の価額は、その庭園設備の調達価額（課税時期においてその財産をその財産の現況により取得する場合の価額）の70％に相当する価額によって評価します。

【庭園設備の評価算式】

> 調達価額　×　70％

4　構築物

　構築物（土地又は家屋と一括して評価するものを除きます。）の価額は、原則として、１個の構築物ごとに評価します。ただし、２個以上の構築物でそれらを分離した場合においては、それぞれの利用価値を著しく低下させると認められるものにあっては、それらを一括して評価します（評基通96）。

　また、構築物の価額は、その構築物の再建築価額から、建築の時から課税時期までの期間（その期間に１年未満の端数があるときは、その端数は１年とします。）の償却費の額の合計額又は減価の額を控除した金額の70%に相当する金額によって評価します（評基通97）。

　なお、この場合における償却方法は、定率法により、その耐用年数は減価償却資産の耐用年数省令に規定する耐用年数によります。

【構築物の評価算式】

> （再建築価額　－　償却費の額の合計額）　×　70%

【チェックポイント２−４−１】構築物

> 1　構築物に含まれるもの
>
> 　ガソリンスタンド、橋、トンネル、広告塔、運動場、野球場のスタンド、プール等があり、土地又は家屋と一括して評価するものは除かれます。
>
> 2　文化財である構築物の評価
>
> 　文化財建造物である構築物の価額は、構築物の価額から、その価額に文化財建造物である家屋の敷地の用に供されている宅地の評価（評基通24-8）に定める割合（重要文化財0.7、登録有形文化財0.3、伝統建造物0.3）を乗じて計算した金額を控除した金額によって評価します（評基通97-2）。

1 土地及び土地の上に存する権利

2 家屋及び構築物等

3 株　式　等

4 公　社　債　等

5 定期金に関する権利

6 動　産

第3章　株式等

1　上場株式

　上場株式とは、金融商品取引所に上場されている株式をいいます。

⑴　原則的な評価方法（負担付贈与等による取得以外の場合）

イ　上場株式は、次の①から④の価額のうち、最も低い価額によって評価します（評基通169⑴）。

　　①　課税時期の最終価格（終値）

　　②　課税時期の属する月の終値の月中平均値

　　③　課税時期の属する月の前月の終値の月中平均値

　　④　課税時期の属する月の前々月の終値の月中平均値

【チェックポイント3−1−1】上場株式の評価①

> 2以上の金融商品取引所に上場されている株式
>
> 　2以上の金融商品取引所に上場されている株式については、納税義務者が選択した金融商品取引所によることとされています。ただし、課税時期の最終価格等がある金融商品取引所があるにもかかわらず、それらのない金融商品取引所を選択することは認められません。

【質疑応答】国外上場株式の評価

> 外国の証券取引所に上場されている株式の評価
> 外国の証券取引所に上場されている株式はどのように評価するのでしょうか。　

ロ　課税時期が権利落等の日から株式の割当て等の基準日までの間にある場合の最終価格

　上場株式を評価する場合、課税時期が権利落又は配当落（以下「権利落等」）の日から、株式の割当て、株式の無償交付又は配当金交付（以下「株式の割当て等」）の基準日までの間にあるときは、その権利落等の日の前日以前の最終価格のうち、課税時期に最も近い日の最終価格をもって課税時期の最終価格とします（評基通170）。

図表3−1−1　割当て基準日（20日）に2割の無償株式割当てがある場合の最終株価

課税時期	17日 （権利落等前日）	18日 （権利落等日）	19日	20日 （割当て基準日）
株価終値	100円	81円	82円	83円
最終株価	100円	17日の株価終値100円 （参考3−1−1）を参照		83円※

※　株数は1.2倍に増えていることに留意してください。

（参考3−1−1）課税時期が株式の割当て等の基準日前にある場合の最終価格

> 　株式の割当て等があった場合、証券受渡の関係上、株式の割当て等の基準日の数日前（権利落等の日）から権利落等分だけ値下がりします。そのため、課税時期が権利落等の日から株式の割当て等の基準日までの間にある場合には、権利落ち等の日の前日以前の最終価格で評価します。

八　課税時期に取引がない場合

上場株式を評価する場合において、課税時期に取引（株価）がないときには、次の①から③に掲げる最終価格により評価します（評基通171）。

①　通常の場合

課税時期の前日以前の最終価格又は翌日以後の最終価格のうち、課税時期に最も近い日の最終価格となります（課税時期に最も近い日の最終価格が２つある場合は、その平均額となります。）。

図表３-１-２　課税時期に取引がない場合の最終株価

課税時期	12日	13日	14日	15日	16日
株価終値	100円	取引なし	取引なし	取引なし	104円
最終株価	100円	（12日の終値）100円	（終値の平均）102円※	（16日の終値）104円	104円

※　12日と16日の終値の平均額値（（100円+104円）÷２）

②　課税時期が権利落等の日の前日以前である場合

課税時期以前の前日以前の価格うち、課税時期に最も近い日の最終価格となります（権利落等以後の価格は、算定要素に入れません。）。

図表３-１-３　課税時期が権利落等の日の前日以前である場合の最終株価

課税時期	12日	13日（権利落等前日）	14日（権利落等日）	15日	16日（割当て基準日）
株価終値	100円	取引なし	取引なし	85円	84円
最終株価	100円	12日の株価終値100円（参考３-１-１）を参照			84円※

※　株数は無償割当て分が増えていることに留意してください。

③　課税時期が株式等の割当ての基準日の日の翌日以後である場合

課税時期の翌日以後の最終価格のうち、課税時期に最も近い日の最終価格となります（権利落等以前の価格は、算定要素に入れません。）。

図表３-１-４　課税時期が株式等の割当ての基準日の日の翌日以後である場合の最終株価

課税時期	12日（権利落等日）	13日	14日（割当て基準日）	15日	16日
株価終値	100円	取引なし	取引なし	取引なし	84円
最終株価	100円	（12日の終値）100円	16日の株価終値84円※（参考３-１-１）を参照		84円※

※　株数は無償割当て分が増えていることに留意してください。

二　課税時期の属する月以前３か月間に権利落がある場合の終値の月平均値

課税時期の属する月以前３か月間に権利落等がある場合における最終価格の月平均額は次により評価します（評基通172）。

①　課税時期が株式の割当て等の基準日以前である場合

その月の初日からその権利落等の日の前日（配当落の場合にあっては、その月の末日）までの毎日の最終価格の平均額により評価します。

1 土地及び土地の上に存する権利

2 家屋及び構築物等

3 株　式　等

4 公　社　債　等

5 定期金に関する権利

6 動　産

② 課税時期が株式の割当て等の基準日以前で、その権利落等の日が課税時期の属する月の初日以前である場合

　課税時期の属する月の最終価格の月平均額は、次の算式によって計算した金額（配当落の場合にあっては、課税時期の属する月の初日から末日までの毎日の最終価格の平均額）により評価します。

$$
\begin{array}{c}
\text{課税時期の属}\\
\text{する月の終値}\\
\text{の月平均額}
\end{array}
\times
\left[
1 +
\begin{array}{c}
\text{株式1株に対}\\
\text{する割当株数}\\
\text{又は交付株数}
\end{array}
\right]
-
\begin{array}{c}
\text{割当てを受けた新}\\
\text{株式1株につき払}\\
\text{い込むべき金額}
\end{array}
\times
\begin{array}{c}
\text{株式1株に}\\
\text{対する割当}\\
\text{株式数}
\end{array}
$$

③ 課税時期が株式割当て等の基準日の翌日以後である場合

　権利落等の日が属する月の最終価格の月平均額は、その権利落等の日（配当落の場合にあってはその月の初日）からその月の末日までの毎日の最終価格の平均額により評価し、その権利落等の日が属する月の前月以前の各月の最終価格の月平均額は、次の算式によって計算した金額（配当落の場合にあっては、その月の初日から末日までの毎日の最終価格の平均額）により評価します。

$$
\frac{
\begin{array}{c}
\text{その月の}\\
\text{終値の}\\
\text{月平均額}
\end{array}
+
\begin{array}{c}
\text{割当てを受けた}\\
\text{新株式につき}\\
\text{払い込むべき金額}
\end{array}
\times
\begin{array}{c}
\text{新株式1株に}\\
\text{対する割当}\\
\text{株式数}
\end{array}
}{
\left(1 + \text{株式1株に対する割当株式数又は交付株式数}\right)
}
$$

図表 3-1-5　権利落がある場合の最終価格の月平均額

課　税　時　期		1日～20日	21日 （権利落等日）	22日 （割当基準日）	23日	24日	25日～31日
月中平均株価	新株落ち	100円	90円				
	配当落ち	96円					
株式の無償交付等の権利落等の場合の月中平均株価		課税時期（1日から22日） 1日～20日の平均株価100円			課税時期（23日から31日） 21日～31日の平均株価90円		

　課税時期の属する月3か月間に権利落がある場合の最終価格の月平均額の求め方を図解すると次のとおりです。

図表 3-1-6　最終価格の月平均額の求め方

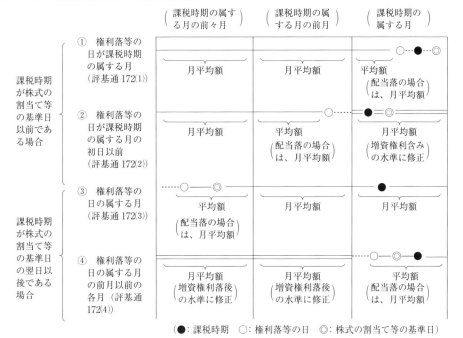

（●：課税時期　○：権利落等の日　◎：株式の割当て等の基準日）

【チェックポイント３−１−２】上場株式の評価②

1　課税時期の属する月以前３か月間に配当落がある場合、

　本来は、配当期待権が独立して課税対象となることから、権利落の場合と同様に月平均額を修正すべきではありますが、計算が煩瑣であること、配当金交付基準日は通常は月末であるために、仮に月初から配当落の前日までの平均額を求めてみても、その金額の月平均額との差はごく僅少となることなどの理由から、実務上の便宜を考慮して、月平均額は修正しないこととされています。

2　課税時期の属する月以前３か月間に株式併合がある場合の最終価格の月平均額の求め方

　例えば５株を１株にする株式併合（併合比率５：１）の場合において、従前の株価が300円であるとすれば、株式併合後の株価は、次のとおり1,500円となります。

　課税時期の価格が株式併合後であるならば、併合比率を基に、課税時期の属する月以前３か月間の月中平均株価も株式併合後の水準に修正する必要があります。

$$\frac{300円}{1 / 5} = 1,500円$$

⑵　負担付贈与又は個人間の対価を伴う取引により取得した場合

　その株式が上場されている金融商品取引所の公表する課税時期の最終価格により評価します（評基通169⑵）。

（参考３−１−２）上場株式の評価明細書

上場株式を評価するために使用する国税庁の「上場株式の評価明細書」は、右のQRコードから出力してください。

課税時期に取引がない場合は課税時期に最も近い日の最終価格を採用しますが、複数ある場合は平均額を採用します。

東証では、権利落ちがあった月の平均株価について、権利落ち前後の両方の平均株価（4月分）を公表していますが、それ以前の平均株価については権利落ち前の平均株価しか公表していないため、権利落ち後の平均株価（3月分）の調整計算が必要になります。

上 場 株 式 の 評 価

銘　柄	取引所等の名称	課税時期の最終価格		最終価格の月平均額			評価額 ①の金額又は①から④までのうち最も低い金額	増資による権利落等の修正計算その他の参考事項
		月　日	① 価額	課税時期の属する月 ② 5　月	課税時期の属する月の前月 ③ 4　月	課税時期の属する月の前々月 ④ 3　月		
L建設	東1	5.19	円 652	円 631	円 675	円 804 670	円 631	4/15権利落ち2割無償 804÷1.2＝670
Mホールディングス	東1	5.18	206	190	235	220	190	5/18（208円）と5/20（204円）の平均
A食品	名1	5.19	350	352	366	370	350	A食品の本店所在地の取引所を選択
P機械	東1 PRO	3.10	510			510	510	TOKYO PRO　Market

複数の市場に上場している場合は、株価が最も安い市場を選択することができます。
なお、課税時期に取引価格がない市場を選択して課税時期に最も近い日の最終価格を採用することはできません。

東証のプロマーケット市場に上場している銘柄については、取引者が限定されているため、売買があまり成立しませんが、上場株式に該当するので、直近の株価で評価するものと考えられます。

記載方法等

1　「**取引所等の名称**」欄には、課税時期の最終価格等について採用した金融商品取引所名及び市場名を、例えば、東京証券取引所の市場第1部の最終価格等を採用した場合には、「東1」と記載します。

2　「**課税時期の最終価格**」の「**月日**」欄には、課税時期を記載します。ただし、課税時期に取引がない場合等には、課税時期の最終価格として採用した最終価格についての取引月日を記載します。

3　「**最終価格の月平均額**」の「**②**」欄、「**③**」欄及び「**④**」欄には、それぞれの月の最終価格の月平均額を記載します。ただし、最終価格の月平均額について増資による権利落等の修正計算を必要とする場合には、修正計算後の最終価格の月平均額を記載するとともに、修正計算前の最終価格の月平均額をかっこ書きします。

4　「**評価額**」欄には、負担付贈与又は個人間の対価を伴う取引により取得した場合には、「①」欄の金額を、その他の場合には、「①」欄から「④」欄までのうち最も低い金額を記載します。

5　各欄の金額は、各欄の表示単位未満の端数を切り捨てます。

（資4− 30− A4標準）

右側見出し：
1 土地及び土地の上に存する権利
2 家屋及び構築物等
3 株式等
4 公社債等
5 定期金に関する権利
6 動産

2　気配相場等のある株式

⑴　登録銘柄及び店頭管理銘柄

　登録銘柄及び店頭管理銘柄の価額は、日本証券業協会の公表する課税時期の取引価格（その取引価格が高値と安値の双方について公表されている場合には、その平均額）によって評価します。

　ただし、その取引価格が課税時期の属する月以前3か月間の各月ごとの平均額（取引価格の月平均額）のうち最も低い価額を超える場合には、その最も低い価額によって評価します（評基通174）。

（参考3-2-1）上場株式登録銘柄及び店頭管理銘柄の評価明細書

　登録銘柄及び店頭管理銘柄の評価するために使用する国税庁の「登録銘柄及び店頭管理銘柄の評価明細書」は、右のQRコードから出力してください。

⑵　公開途上にある株式

　公開途上にある株式とは、金融商品取引所が株式の上場を承認した日から上場の日の前日までのその株式をいい、次のように評価します。

　①　株式の公募又は売出しが行われる場合は、その株式の公開価格によって評価します。

　②　公募等が行われない場合は、課税時期以前の取引価格等を勘案して評価します。

3　外国の証券取引所に上場されている株式

　外国の証券取引所に上場されている株式は、国内における上場株式と同様に課税時期における客観的な交換価値が明らかとなっていますから、原則として、財産評価基本通達に定める「上場株式」の評価に準じて評価します（評基通5-2）。

　なお、邦貨換算については、原則として、納税義務者の取引金融機関が公表する最終の為替相場（対顧客直物電信買相場（TTB）又はこれに準ずる相場）によります（評基通4-3）。

4　信用取引の建玉（未決済取引）

⑴　信用取引により売建て（空売り）をしていた者が決済前に死亡した場合

　信用取引の売付代金（売建金額手数料控除後）とこれに対する金利（受入日歩）の合計額が相続財産の価額となり、借株の価額及び逆日歩（品貸料）が債務となります。

　この場合における借株の価額は、課税時期の最終価格となります。

⑵　信用取引により買建てをしていた者が決済前に死亡した場合

　信用取引の買付けによる株式及び逆日歩（品貸料）が相続財産となり、買建代金（手数料込み）に相当する金額とその金利（支払日歩）の合計額が債務となります。

　なお、信用取引による株式の価額は、現株と同様に上場株式の評価方法（課税時期の最終価格及び課税時期の属する月以前3か月間の最終価格の月平均額のうち、最も低い額）により評価することになります。

　（注）信用取引を行う際に証券会社に差し入れた信用取引委託保証金は、相続財産となります。

1 土地及び土地の上に存する権利

2 家屋及び構築物等

3 株式等

4 公社債等

5 定期金に関する権利

6 動産

5　取引相場のない株式

⑴　取引相場のない株式の概要

　取引相場のない株式は、相続や贈与などで株式を取得した株主が、その株式発行会社の経営支配力を有している株主（同族株主等）かそれ以外の株主かの区分により、それぞれ、類似業種比準方式、純資産価額方式若しくはその併用方式による原則的評価方式か、特例的な評価方式の配当還元方式により評価します。

　また、資産保有状況、営業の状態が一般の会社と異なると認められる特定の会社は、特定の評価会社の株式として純資産価額方式を基本として評価します（具体的には、「取引相場のない株式（出資）の評価明細書」に従い評価することになります。）。

図表 3 - 5 - 1　株主区分による評価方式

区　　　分			具体的な評価方式
一般の評価会社	同族株主等	原則的評価方式（評基通179） 大会社	類似業種比準価額方式（純資産価額方式の選択も可能）
		中会社	類似業種比準価額方式と純資産価額方式の併用方式（純資産価額方式の選択も可能）
		小会社	純資産価額方式（類似業種比準方式と純資産価額方式の併用方式の選択も可能）
	同族株主等以外	特例的な評価方式（評基通188- 2 ）	配当還元方式（原則的評価方式の選択も可能）
特定の評価会社	同族株主等	土地保有特定会社（評基通189- 4 ）	純資産価額方式
		株式等保有特定会社（評基通189- 3 ）	純資産価額方式又はS$_1$+S$_2$方式
		比準要素数 1 の会社（評基通189- 2 ）	純資産価額方式（類似業種比準方式と純資産価額方式の併用方式の選択も可能）
		開業後 3 年未満の会社等	純資産価額方式
	同族株主等以外	特例的な評価方式（評基通188- 2 ）	配当還元方式（原則的評価方式の選択も可能）
	清算中の会社（評基通189- 6 ）		清算見積見込額の複利現価方式
	開業前・休業中の会社（評基通189- 5 ）		純資産価額方式

⑵　株主の区分の判定

　同族関係者の株主グループのうち、筆頭株主グループの議決権の割合に応じて、判定すべき株主の属する株主グループの議決権割合が一定基準に達するか否かにより、同族株主等に該当するか否かを判定します。

（参考 3 - 5 - 1 ）同族関係者の範囲

　1　個人たる同族関係者（法令 4 ①）
　⑴　株主等の親族（配偶者、6 親等内の血族及び 3 親等内の姻族）
　⑵　株主等と婚姻の届出をしていないが事実上婚姻関係と同様の事情にある者
　⑶　個人である株主等の使用人
　⑷　上記に掲げる者以外の者で個人である株主等から受ける金銭その他の資産によって生計を維持している者
　⑸　上記⑵、⑶及び⑷に掲げる者と生計を一にするこれらの者の親族

2　法人たる同族関係者（法令4②～④⑥）
(1)　株主等の1人が他の会社（同族会社かどうかを判定しようとする会社以外の会社。以下同じ。）を支配している場合における当該他の会社。ただし、同族関係会社であるかどうかの判定の基準となる株主等が個人の場合は、その者及び上記1の同族関係者が他の会社を支配している場合における当該他の会社（以下、(2)及び(3)において同じ。）。
(2)　株主等の1人及びこれと特殊の関係のある(1)の会社が他の会社を支配している場合における当該他の会社
(3)　株主等の1人並びにこれと特殊の関係のある(1)及び(2)の会社が他の会社を支配している場合における当該他の会社
(注)　1　上記(1)から(3)に規定する「他の会社を支配している場合」とは、次に掲げる場合のいずれかに該当する場合をいいます。
イ　他の会社の発行済株式又は出資（自己の株式又は出資を除きます。）の総数又は総額の50％超の数又は金額の株式又は出資を有する場合
ロ　他の会社の次に掲げる議決権のいずれかにつき、その総数（当該議決権を行使することができない株主等が有する当該議決権の数を除きます。）の50％超の数を有する場合
① 事業の全部若しくは重要な部分の譲渡、解散、継続、合併、分割、株式交換、株式移転又は現物出資に関する決議に係る議決権
② 役員の選任及び解任に関する決議に係る議決権
③ 役員の報酬、賞与その他の職務執行の対価として会社が供与する財産上の利益に関する事項についての決議に係る議決権
④ 剰余金の配当又は利益の配当に関する決議に係る議決権
ハ　他の会社の株主等（合名会社、合資会社又は合同会社の社員（当該他の会社が業務を執行する社員を定めた場合にあっては、業務を執行する社員）に限ります。）の総数の半数を超える数を占める場合
2　個人又は法人との間で当該個人又は法人の意思と同一の内容の議決権を行使することに同意している者がある場合には、当該者が有する議決権は当該個人又は法人が有するものとみなし、かつ、当該個人又は法人（当該議決権に係る会社の株主等であるものを除きます。）は当該議決権に係る会社の株主等であるものとみなして、他の会社を支配しているかどうかを判定する。
(4)　上記(1)から(3)の場合に、同一の個人又は法人の同族関係者である2以上の会社が判定しようとする会社の株主等（社員を含みます。）である場合には、その同族関係者である2以上の会社は、相互に同族関係者であるものとみなされます。

図表3-5-2　同族株主等の判定と評価方法

株　主　の　区　分						評価方式
同族株主※1がいる	取得者が同族株主	取得後の議決権割合が5％以上			同族株主等	原則的評価方式
		取得者の取得後の議決権割合が5％未満	中心的な同族株主がいない		同族株主等	原則的評価方式
			中心的な同族株主がいる	中心的な同族株主※3	同族株主等	原則的評価方式
				役員である株主又は役員となる株主※2	同族株主等	原則的評価方式
				上記以外	同族株主等以外	特例的評価方式
	同族株主以外の株主				同族株主等以外	特例的評価方式
同族株主※1がいない	取得者の属する株主グループの議決権割合の合計が15％以上	取得後の議決権割合が5％以上			同族株主等	原則的評価方式
		取得者の取得後の議決権割合が5％未満	中心的な株主※1がいない		同族株主等	原則的評価方式
			中心的な株主がいる	役員である株主又は役員となる株主※2	同族株主等	原則的評価方式
				上記以外	同族株主等以外	特例的評価方式
	議決権割合の合計が15％未満の株主グループに属する株主				同族株主等以外	特例的評価方式

※1　同族株主とは、課税時期における評価会社の株主のうち、株主の1人及びその同族関係者の有する議決権の合計数が議決権総数の30％以上（株主の1人及びその同族関係者の有する議決権の合計数が最も多いグループの有する議決権の合計数が50％超である場合には、50％超）である場合におけるその株主及びその同族関係者をいいます。

※2　役員とは、社長、理事長ならびに法人税法施行令第71条第1項第1号（代表取締役、代表執行役、代表理事、清算人）、第2号（副社長、専務、常務その他これらに準ずる職制上の地位を有する社員）、及び第4号（取締役（委員会設置会社における取締役に限ります）、会計参与及び監査役ならびに監事）に規定される者をいいます。よって、平取締役や使用人兼務役員は、ここでいう役員には含まれません。

※3　中心的な同族株主とは、株主の区分の判定で、筆頭株主グループの議決権の割合が30％以上の割合の場合で、課税時期において、同族株主グループの1人、その者の配偶者、その者の直系血族、その者の兄弟姉妹、その者の1親等の姻族及びその者の特殊関係会社（これらの者で議決権の25％以上を保有している会社）の有する議決権の合計が議決権総数の25％以上である場合の株主をいいます（同族株主グループに属する1人ごとに上記の議決権の合計を確認する必要があります。）。

※4　中心的な株主とは、課税時期において株主の1人及びその同族関係者の有する議決権の合計数がその会社の議決権総数の15％以上である株主グループのうち、いずれかのグループに単独でその会社の議決権総数の10％以上の議決権を有している株主がいる場合におけるその株主をいいます。

【チェックポイント3-5-1】取引相場のない株式①

1　評価会社が自己株式を有する場合の議決権の数

評価会社が自己株式を有する場合には、その自己株式に係る議決権の数は0として計算した議決権の数をもって評価会社の議決権総数となります（評基通188-3、会社法308②）。

2　株式持ち合いの場合の議決権の数

評価会社の株主のうちに、会社法第308条第1項の規定により、評価会社の株式につき、議決権を有しないこととされる会社があるときは、当該会社の有する議決権の数は0として計算した議決権数をもって議決権総数となります（評基通188-4、会社法第308条第1項かっこ書きには、株式の持ち合いをしている会社間で、議決権総数の25％以上を保有されている会社は、保有している当該会社に対する議決権を行使できない旨が規定されています。）。

3　遺産が未分割である場合の議決権割合の判定

遺産分割が整っていない状況で、取引相場のない株式を評価する場合、各相続人の相続による取得後の株式数は、相続人ごとに、所有する株式数にその未分割の株式数の全部を加算した数とします。なお、評価明細書第1表の1の「1．株主及び評価方式の判定」の「④株式数（株式の種類）」欄には、相続人ごとに、従前から所有していた株式数を本書きし、その上部に㋑と表示した上で未分割の株式数全部を記載し、その合計数を「回議決権数」欄に記載します。

また、「納税義務者の属する同族関係者グループの議決権の合計数⑤（②/④）」欄には、各相続人がその未分割である株式の全てを取得したものとした場合の割合を記載します。

4　投資育成会社※が株主である場合の議決権割合の判定

投資育成会社は、同族株主に該当しないものとして、A及びBの株主区分の判定を行います。はじめに、議決権総数から投資育成会社の議決権の数を控除しないで判定します（1次判定）。

具体的には、Aは議決権割合が15％以上（29％）あるので「同族株主等」と判定され、Bもまた議決権割合が15％以上（26％）あるので「同族株主等」と判定されます。

株主	議決権割合
A	29％
B	26％
投資育成会社	45％

次に、甲社の議決権総数から投資育成会社の議決権の数を控除した数を議決権総数とした場合のAの議決権割合は52％（29/55）、Bの議決権割合は47％（26/55）となり、Aは「同族株主等」と判定されます（2次判定）。また、Bは50％未満（47％）なので「同族株主等以外」と判定されます。

2次判定の結果、Bは「同族株主等」から「同族株主等以外」に判定が変わります。

5　買取価額の定められている取引相場のない株式の評価

従業員持株制度を採用している会社が、社内規程により「株式の買取は券面額による。」と定めている場合であっても、その買取価額が時価を表しているものとは限らないことから、財産評価基本通達の定めるところにより評価します。

1　土地及び土地の上に存する権利

2　家屋及び構築物等

3　株式等

4　公社債等

5　定期金に関する権利

6　動産

※ 投資育成会社は投資先企業を支配することを目的として投資を行うものではないため、財産評価基本通達188-6は、他の株主の同族株主等の判定にあたり、投資育成会社を影響させないために次の措置が定められています。

① 投資育成会社が「同族株主」に該当し、かつ、当該投資育成会社以外に「同族株主」に該当する株主がいない場合には、当該投資育成会社は、「同族株主」には該当しないものとします。

② 投資育成会社が「中心的な同族株主」に該当し、かつ、当該投資育成会社以外に「中心的な同族株主」に該当する株主がいない場合には、当該投資育成会社は、「中心的な同族株主」には該当しないものとします。

③ 投資育成会社が「中心的な株主」に該当し、かつ、当該投資育成会社以外に「中心的な株主」に該当する株主がいない場合には、当該投資育成会社は、「中心的な株主」には該当しないものとします。

④ 上記①～③は、評価会社の議決権総数から投資育成会社の議決権の数を控除せず、各株主の議決権割合そのままで判定しますが、評価会社の議決権総数から投資育成会社の議決権の数を控除した数を議決権総数とした場合の各株主の議決権割合を基に判定した場合に、「同族株主等」ではなく「同族株主等以外」と判定される場合は、「同族株主等以外」と判定します。

【質疑応答】 株主区分の判定

> **1 同族株主の判定**
> 　財産評価基本通達188（同族株主以外の株主等が取得した株式）(1)に定める「同族株主」に該当するか否かの判定は、納税義務者を中心に行うのでしょうか。
>
> **2 同族会社が株主である場合**
> 　甲の有するA社株式の評価方式の判定に当たり、事例のようにA社の株主となっているB社がある場合、B社は株主甲の同族関係者となるでしょうか。
>
> **3 同族株主がいない会社の株主の議決権割合の判定**
> 　甲社は同族株主のいない会社ですが、その株主であるA及びその親族が所有する甲社の株式数に応じた議決権割合は図のとおりであり、他の株主にこれらの者の同族関係者はいません。Aが死亡し、甲社株式をAの配偶者Bが相続したときには、その株式はどのように評価することとなりますか。
>
> **4 遺産が未分割である場合の議決権割合の判定**
> 　相続人間で遺産分割協議が整っていない状況で、取引相場のない株式を評価する場合、各相続人に適用されるべき評価方式を判定するに当たって、基礎となる「株式取得後の議決権の数」はどのようになるのでしょうか。

(3) 原則的評価方式（会社の規模に応じた評価方式）

　原則的評価方式により評価する場合、会社の規模の大きい「大会社」は上場会社とのバランスを考慮した類似業種比準方式、会社の規模の小さい「小会社」は、個人事業者とのバランスを考慮した純資産価額方式によって評価します。その中間の規模の「中会社」は、類似業種比準方式と純資産価額方式との併用方式で評価しますが、その規模の程度（「大」、「中」及び「小」）により「大会社」の要素を取り入れる割合（Lの割合）を定めています（図表3-5-3参照）。

【中会社の評価算式（類似業種比準方式と純資産価額方式との併用方式）】

> 類似業種比準価額　×　L　＋　純資産価額　×　（1　－　L）

図表3-5-3　会社の規模に応じた原則的評価方式

規模区分		評価方式
大会社		類似業種比準方式 純資産価額方式※ ｝選択
中会社	大 L＝0.90	類似業種比準価額 × 0.90 ＋ 純資産価額 × 0.10 純 資 産 価 額※　　× 0.90 ＋ 純資産価額 × 0.10 ｝選択
	中 L＝0.75	類似業種比準価額 × 0.75 ＋ 純資産価額 × 0.25 純 資 産 価 額※　　× 0.75 ＋ 純資産価額 × 0.25 ｝選択
	小 L＝0.60	類似業種比準価額 × 0.60 ＋ 純資産価額 × 0.40 純 資 産 価 額※　　× 0.60 ＋ 純資産価額 × 0.40 ｝選択
小会社		純資産価額方式 類似業種比準価額 × 0.5　＋ 純資産価額 × 0.5 ｝選択

※　議決権割合50％以下の同族株主グループに適用がある80％評価は適用しません（評基通185）。

⑷　会社規模の判定

　会社規模の判定は、課税時期の直前期末における評価会社の①従業員数、②総資産価額及び③取引金額の3要素により判定します（評基通178）。

図表3-5-4　会社規模の判定（総資産価額及び取引金額基準のいずれかに該当する会社）

会社区分		判定基準	卸 売 業	小売・サービス業	小売・サービス業以外
大会社		従業員数	従業員数70人以上はすべて大会社		
		取引金額	30億円以上	20億円以上	15億円以上
		総資産価額	20億円以上	15億円以上	15億円以上
			従業員数35人以下を除く		
中会社	0.90	取引金額	7億円以上30億円未満	5億円以上20億円未満	4億円以上15億円未満
		総資産価額	4億円以上20億円未満	5億円以上15億円未満	5億円以上15億円未満
			従業員数35人以下を除く		
	0.75	取引金額	3.5億円以上7億円未満	2.5億円以上5億円未満	2億円以上4億円未満
		総資産価額	2億円以上4億円未満	2.5億円以上5億円未満	2.5億円以上5億円未満
			従業員数20人以下を除く		
	0.60	取引金額	2億円以上3.5億円未満	6千万円以上2.5億円未満	8千万円以上2億円未満
		総資産価額	7千万円以上2億円未満	4千万円以上2.5億円未満	5千万円以上2.5億円未満
			従業員数5人以下を除く		
小会社		取引金額	2億円未満	6千万円未満	8千万円未満
		総資産価額	7千万円未満	4千万円未満	5千万円未満

※1　直前期末以前1年間においてその期間継続して評価会社に勤務していた継続従業員（就業規則等で定められた1週間当たりの労働時間が30時間未満である従業員を除きます。）の数に、直前期末以前1年間において評価会社に勤務していた従業員（継続勤務従業員を除きます。）のその1年間における労働時間の合計時間数を従業員1人当たり年間平均労働時間数（1,800時間）で除して求めた数を加算した数
　（注）　1　上記により計算した評価会社の従業員数が、例えば5.1人となる場合は従業員数「5人超」に、4.9人となる場合は従業員数「5人以下」に該当します。
　　　　　2　従業員数には、社長、理事長並びに法人税法施行令第71条（使用人兼務役員とされない役員）第1項第1号及び第3号に掲げる役員は含まれません。
※2　直前期末における各資産の確定決算上の帳簿価額の合計額
　（注）　1　固定資産の減価償却累計額を間接法によって表示している場合には、各資産の帳簿価額の合計額から減価償却累計額を控除します。
　　　　　2　売掛金、受取手形、貸付金等に対する貸倒引当金は控除しないことに留意してください。
　　　　　3　前払費用、繰延資産、税効果会計の適用による繰延税金資産など、確定決算上の資産として計上されている資産は、帳簿価額の合計額に含めて記載します。
　　　　　4　収用や特定の資産の買換え等の場合において、圧縮記帳引当金勘定に繰り入れた金額及び圧縮記帳積立金として積み立てた金額、並びに翌事業年度以降に代替資産等を取得する予定であることから特別勘定に繰り入れた金額は、帳簿価額の合計額から控除しません。

1 土地及び土地の上に存する権利
2 家屋及び構築物等
3 株式等
4 公社債等
5 定期金に関する権利
6 動産

※3　取引金額は、直前期の事業上の収入金額（売上高）を記載します。この場合の事業上の収入金額とは、その会社の目的とする事業に係る収入金額（金融業・証券業については収入利息及び収入手数料）をいいます。
　　(注)　直前期の事業年度が1年未満であるときには、課税時期の直前期末以前1年間の実際の収入金額によることとなりますが、実際の収入金額を明確に区分することが困難な期間がある場合は、その期間の収入金額を月数按分して求めた金額によっても差し支えありません。

【質疑応答】　会社規模区分の判定等

1　従業員の範囲
　財産評価基本通達178（取引相場のない株式の評価上の区分）による会社規模区分の判定において、 次の者については、いずれの会社の従業員としてカウントするのでしょうか。
　①　出向中の者
　②　人材派遣会社より派遣されている者

2　事業年度を変更している場合の「直前期末以前1年間における取引金額」の計算
　　財産評価基本通達178（取引相場のない株式の評価上の区分）による会社規模区分の判定上、課税時期の直前期末以前1年間の期間中に評価会社が事業年度の変更を行っている場合には、「直前期末以前1年間における取引金額」は、どのように計算するのでしょうか。

⑸　類似業種比準価額方式

イ　類似業種比準価額の計算方法

　類似業種比準価額は、評価会社の事業と類似する上場会社（以下「類似会社」といいます。）の株価に、株価の重要な決定要素とされる①配当金額、②利益金額、③純資産価額の3つの比準要素について、類似会社と評価会社の格差率（比準割合）を算出し、類似会社の株価にこれを乗じた金額に会社規模に応じた斟酌率を乗じることによって評価会社の株価を計算します。

【類似業種比準価額の算式】

$$
\text{類似業種の株価} \times \cfrac{\dfrac{\text{評価会社の配当金額}}{\text{類似会社の配当金額}} + \dfrac{\text{評価会社の利益金額}}{\text{類似会社の利益金額}} + \dfrac{\text{評価会社の純資産価額}}{\text{類似会社の純資産価額}}}{3} \times \text{斟酌率}^{※}
$$

※　斟酌率は、大会社「0.7」、中会社「0.6」、小会社「0.5」（評基通180⑵）

（参考3-5-2）令和2年分の類似業種比準価額計算上の業種目及び業種目別株価等について（法令解釈通達）

取引相場のない株式を原則的評価方法の1つである類似業種比準方式により評価する場合、その 算定に必要となる業種目別の1株当たりの配当金額、利益金額、簿価純資産価額及び株価について定めています。

図表3-5-5　類似業種比準株価算定の要素の説明

区　分	類似業種比準株価算定要素の説明
類似業種の株価	課税時期の属する月以前3か月間の各月の類似業種の株価のうち最も低いものとします。ただし、納税義務者の選択により、類似業種の前年平均株価又は課税時期の属する月以前2年間の平均株価を選択することができます（評基通182）。
評価会社の1株当たりの配当金額	直前期末以前2年間におけるその会社の剰余金の配当金額（特別配当、記念配当等の名称による配当金額のうち、将来毎期継続することが予想できない金額を除きます。）の合計額の2分の1に相当する金額を、直前期末における発行済株式数で除して計算した金額とします（評基通183）。

評価会社の1株当たりの利益金額	直前期末以前1年間における法人税の課税所得金額（固定資産売却益、保険差益等の非経常的な利益の金額を除きます。）に、その所得の計算上益金に算入されなかった剰余金の配当（資本金等の額の減少によるものを除きます。）等の金額（所得税額に相当する金額を除きます。）及び損金に算入された繰越欠損金の控除額を加算した金額（その金額が負数のときは、0とします。）を、直前期末における発行済株式数で除して計算した金額とします。ただし、納税義務者の選択により、直前期末以前2年間の各事業年度について、それぞれ法人税の課税所得金額を基とし上記に準じて計算した金額の合計額（その合計額が負数のときは、0とします。）の2分の1に相当する金額を直前期末における発行済株式数で除して計算した金額とすることができます（評基通183）。
評価会社の1株当たりの純資産価額	直前期末における資本金等の額及び法人税法第2条第18号に規定する利益積立金額に相当する金額（法人税申告書別表五（一）「利益積立金額及び資本金等の額の計算に関する明細書」の差引翌期首現在利益積立金額の差引合計額）の合計額を直前期末における発行済株式数で除して計算した金額とします。なお、利益積立金額に相当する金額が負数である場合には、その負数に相当する金額を資本金等の額から控除するものとし、その控除後の金額が負数となる場合には、その控除後の金額を0とします（評基通183）。

□ 評価会社の業種の判定

評価会社の業種がどの業種に該当するかは、財産評価関係個別通達（類似業種比準価額計算上の業種目及び業種目別株価等について）により判定します（評基通181）。

（参考3-5-3）「卸売業」、「小売・サービス業」及び「卸売業、小売・サービス業以外」の判定資料

> 評価会社の類似業種がどの業種に該当するかは、「類似業種比準価額計算上の業種目及び類似業種の株価等の計算方法等について（情報）（平成29年6月13日付資産評価企画官情報第4号）」の5「（別表）日本産業分類の分類項目と類似業種比準価額計算上の業種目との対比表」（平成29年分）で確認することができます。

図表3-5-6　類似業種の判定

該当する業種目	評 価 方 式
小分類に区分される場合	小分類の業種目を評価会社の類似業種としますが、その業種の属する中分類の業種目を選択することもできます。
中分類に区分される場合	中分類の業種目を評価会社の類似業種としますが、その業種の属する大分類の業種目を選択することができます。
評価会社が複数の業種目を兼業している場合（評基通181-2）	① 評価会社が複数の業種目を兼業している場合は、取引全体のうちに占める業種目別の取引金額の割合（業種目別の割合）が50%を超える業種目となります。 ② 業種目別の割合が50%を超えない場合は次のiからvのとおりです。 i 1つの中分類の業種目中に2以上の類似する小分類の業種目が属し、その取引金額の合計の総取引金額に対する割合が50%超の場合は、その中分類の中にある類似する小分類の「その他の○○業」 ii 1つの中分類の業種目中に2以上の類似しない小分類の業種目が属し、その取引金額の合計の総取引金額に対する割合が50%超の場合（iに該当する場合を除きます。）は、その中分類の業種目 iii 1つの大分類の業種目中に2以上の類似する中分類の業種目が属し、その取引金額の合計の総取引金額に対する割合が50%の場合は、その大分類の中にある類似する中分類の「その他の○○業」 iv 1つの大分類の業種目中に2以上の類似しない中分類の業種目が属し、その取引金額の合計の総取引金額に対する割合が50%超の場合（iiiに該当する場合を除きます。）は、その大分類の業種目 v iからivのいずれにも該当しない場合は、大分類の業種目中の「その他の産業」

1 直後期末の方が課税時期に近い場合

類似業種比準方式によるときには、課税時期が直前期末よりも直後期末に近い場合であっても、直前期末の比準数値によって評価するのでしょうか。

2 株主優待利用券等による経済的利益相当額がある場合の1株当たりの配当金額

 類似業種比準方式により株式を評価する場合の「1株当たりの配当金額Ⓑ」の計算に当たり、株主優待利用券等による経済的利益相当額は、評価会社の剰余金の配当金額に加算する必要がありますか。

3 自己株式の取得によるみなし配当の金額がある場合の1株当たりの配当金額

自己株式を取得することにより、その株式を譲渡した法人に法人税法第24条第1項の規定により配当等とみなされる部分（みなし配当）の金額が生じた場合、類似業種比準方式により株式取得法人（株式発行法人）の株式を評価するに当たり、「1株当たりの配当金額Ⓑ」の計算上、そのみなし配当の金額を剰余金の配当金額に含める必要がありますか。

4 現物分配により資産の移転をした場合の1株当たりの配当金額

 現物分配により評価会社が資産の移転をした場合、類似業種比準方式における「1株当たりの配当金額Ⓑ」の計算上、その移転した資産の価額を剰余金の配当金額に含めるのでしょうか。

5 固定資産の譲渡が数回ある場合の1株当たりの利益金額

評価会社の「1株当たりの利益金額Ⓒ」の計算上、法人税の課税所得金額から固定資産売却益、保険差益等の非経常的な利益の金額を除外することとされていますが、固定資産の譲渡が期中に数回あり、個々の譲渡に売却益と売却損があるときは、どのようにするのでしょうか。

6 種類の異なる非経常的な損益がある場合の1株当たりの利益金額

 類似業種比準方式により株式を評価するに当たり、種類の異なる非経常的な損益がある場合（例えば、固定資産売却損と保険差益がある場合等）には、これらを通算した上で「1株当たりの利益金額Ⓒ」を算定するのでしょうか。

7 継続的に有価証券売却益がある場合の1株当たりの利益金額

類似業種比準方式により株式を評価するに当たり、「1株当たりの利益金額Ⓒ」の計算上、課税時期の直前期以前の相当の期間にわたり継続して評価会社に有価証券売却益があるときは、その有価証券売却益は、非経常的な利益の金額に該当しないのでしょうか。

8 外国子会社等から剰余金の配当等がある場合の1株当たりの利益金額

 類似業種比準方式により株式を評価するに当たり、評価会社の「1株当たりの利益金額Ⓒ」の計算上、外国子会社等から受ける剰余金の配当等の額があるときは、どのように計算するのでしょうか。

9 譲渡損益調整資産の譲渡等があった場合の1株当たりの利益金額

「1株当たりの利益金額Ⓒ」の計算上、評価会社において、その評価会社との間に完全支配関係がある法人に対して、法人税法第61条の13に規定する譲渡損益調整資産を譲渡していた場合に、法人税法上繰り延べられた譲渡益は法人税の課税所得金額に加算する必要がありますか。

10 みなし配当の金額がある場合の1株当たりの利益金額

 評価会社が所有する株式をその株式の株式発行法人に譲渡することにより、法人税法第24条第1項の規定により配当等とみなされる部分（みなし配当）の金額が生じた場合、「1株当たりの利益金額Ⓒ」の計算上、そのみなし配当の金額を「益金に算入されなかった剰余金の配当等」の金額に含める必要がありますか。

11　適格現物分配により資産の移転を受けた場合の1株当たりの利益金額

　適格現物分配により資産の移転を受けたことにより生ずる収益の額は、法人税法第62条の5第4項により益金不算入とされていますが、類似業種比準方式における「1株当たりの利益金額Ⓒ」の計算上、「益金に算入されなかった剰余金の配当等」の金額に加算する必要がありますか。

12　寄附修正により利益積立金額が変動する場合の1株当たりの純資産価額

　評価会社である完全支配関係にある親法人から内国法人である子法人に対して寄附があった場合、親法人の利益積立金額は、税務調整により寄附金に相当する金額だけ増加することとなりますが、類似業種比準方式における「1株当たりの純資産価額Ⓓ」の計算上、利益積立金が増加した分を減算するなどの調整を行う必要がありますか。

⑹　純資産価額方式

　純資産価額方式は、課税時期における各資産を評価した価額[※1、2]の合計額から課税時期における各負債の金額の合計額及び評価差額に対する法人税額等に相当する金額（評基通186-2）を控除した金額を課税時期における発行済株式数で除して計算した金額[※3]とします（評基通185）。

※1　課税時期前3年以内に取得又は新築した土地等並びに家屋等の価額は、課税時期における通常の取引価額に相当する金額によって評価し、当該土地等又は当該家屋等に係る帳簿価額が課税時期における通常の取引価額に相当すると認められる場合には、当該帳簿価額に相当する金額によって評価します。

※2　各資産のうちに取引相場のない株式（出資及び転換社債型新株予約権付社債）があるときの当該株式の1株当たりの純資産価額は、評価差額に対する法人税額等に相当する金額を控除しません（評基通186-3）。

※3　中会社の類似業種比準方式と純資産価額方式との併用方式及び小会社の純資産価額方式の1株当たりの純資産価額については、株式の取得者とその同族関係者の有する議決権の合計数が評価会社の議決権総数の50%以下である場合においては、上記により計算した1株当たりの純資産価額に100分の80を乗じて計算した金額とします。

【純資産価額の算式】

$$\frac{\begin{array}{c}\text{資産の合計額}\\\text{相続税評価額}\end{array} - \begin{array}{c}\text{負債の合計額}\\\text{相続税評価額}\end{array} - \begin{array}{c}\text{評価差額に対する}\\\text{法人税額等相当額}\end{array}}{\text{発行済株式数} - \text{自己株式数}}$$

図表3-5-7　純資産価額方式の要素の説明

区　分	純資産価額方式の要素の説明
純資産価額計算上の資産（評基通185）	【資産として計上するもの】 ・帳簿に計上されていなくとも評価すべき資産として、借地権、営業権などがあります。 ・被相続人の死亡を保険事故として、評価会社が受け取った生命保険金は、仮決算を行わない場合であっても計上します。なお、保険金に対応する保険積立金が資産に計上されているときは、その金額を控除します。 【資産として計上しないもの】 ・保険料、賃借料等の前払費用は、課税時期において解約した場合に返還される金額があるときは、計上しますが、解約により返還される金額のない前払費用は計上しません。 ・財産性のない、繰延資産、繰延税金資産は計上しません。 ※　1株当たりの純資産額価額（相続税評価額）の計算は、原則として、課税時期における各資産及び各負債によることとしており、仮決算を行うことを前提としていますが、直前期末から課税時期までの間に資産及び負債の金額について著しく増減がないと認められる場合には、直前期末の帳簿に基づき計算することができます。

純資産価額計算上の負債（評基通186）	**【負債として計上するもの】** ・課税時期における未納公租公課（直前期末以前に係る未払法人税、未払消費税、未払道府県民税額及び市町村民税額、未払事業税）、未払利息等 ・直前期末以前に賦課期日のあった固定資産税及び都市計画税の未払額 ・直前期末後から課税時期までに確定した剰余金の配当等の額 ・被相続人の死亡により、相続人その他の者に支給することが確定した退職手当金、功労金その他これらに準ずる給与の額 ・社葬費用（最高裁判決平成9年9月4日判決） ・未収保険金について仮決算を行わない場合の保険差益に係る法人税額等（評価会社が欠損法人である場合には、保険差益の額から欠損金の額を控除して法人税額等を計算します。） **【負債として計上しないもの】** ・相続税法上の債務は「確実と認められるものに限られる」（相法14）ので、貸倒引当金、納税引当金、退職給与引当金、繰延税金負債
評価差額に対する法人税等に相当する金額（評基通186-2）	次の(1)の金額から(2)の金額を控除した残額がある場合におけるその残額に37%（法人税等の税率の合計に相当する割合）を乗じて計算した金額とする。 (1) 課税時期における各資産をこの通達に定めるところにより評価した価額の合計額から課税時期における各負債の金額の合計額を控除した金額 (2) 課税時期における相続税評価額による総資産価額の計算の基とした各資産の帳簿価額の合計額（当該各資産の中に、現物出資若しくは合併により著しく低い価額で受け入れた資産又は株式交換若しくは株式移転により著しく低い価額で受け入れた株式がある場合には、当該各資産の帳簿価額の合計額に、現物出資、合併、株式交換又は株式移転の時において当該現物出資等受入れ資産をこの通達に定めるところにより評価した価額から当該現物出資等受入れ資産の帳簿価額を控除した金額（現物出資等受入れ差額）を加算した価額）から課税時期における各負債の金額の合計額を控除した金額 (注) 1 現物出資等受入れ資産が合併により著しく低い価額で受け入れた資産（合併受入れ資産）である場合において、上記(2)の「この通達に定めるところにより評価した価額」は、当該価額が合併受入れ資産に係る被合併会社の帳簿価額を超えるときには、当該帳簿価額とする。 2 上記(2)の「現物出資等受入れ差額」は、現物出資、合併、株式交換又は株式移転の時において現物出資等受入れ資産をこの通達に定めるところにより評価した価額が課税時期において当該現物出資等受入れ資産をこの通達に定めるところにより評価した価額を上回る場合には、課税時期において当該現物出資等受入れ資産をこの通達に定めるところにより評価した価額から当該現物出資等受入れ資産の帳簿価額を控除した金額とする。 3 上記(2)のかっこ書における「現物出資等受入れ差額」の加算は、課税時期における相続税評価額による総資産価額に占める現物出資等受入れ資産の価額（課税時期においてこの通達に定めるところにより評価した価額）の合計額の割合が20%以下である場合には、適用しない。

1　売買目的で保有する有価証券の評価

　1株当たりの純資産価額（相続税評価額によって計算した金額）の計算に当たって、評価会社が売却することを目的として保有している上場株式は、財産評価基本通達第6章第2節（たな卸商品等）に定めるたな卸商品等として評価することになるのでしょうか。

2　匿名組合契約に係る権利の評価

　匿名組合契約により営業者に金銭を出資した法人（匿名組合員）の株式を、純資産価額方式で評価する場合、その権利（出資金）については、どのように評価するのでしょうか。

3　評価会社が受け取った生命保険金の取扱い

　1株当たりの純資産価額（相続税評価額によって計算した金額）の計算に当たって、被相続人の死亡を保険事故として評価会社が受け取った生命保険金は、評価会社の資産に計上するのでしょうか。また、生命保険金から被相続人に係る死亡退職金を支払った場合には、その死亡退職金の額を負債に計上してよろしいですか。

4　金利スワップ（デリバティブ）の純資産価額計算上の取扱い

　金利スワップ取引を行っている法人が、当該金利スワップ取引について決算期末に法人税法第61条の5の規定によりみなし決済を行ったところ、当該金利スワップ取引について評価損が計上されたため、その反対勘定として計算上生じた「金利スワップ負債」が法人税申告書別表五（一）に計上されることとなりました。この「金利スワップ負債」については、この法人の株式評価に係る純資産価額方式の適用上、負債として取り扱うことができますか。

5　欠損法人の負債に計上する保険差益に対応する法人税額等

　欠損法人である評価会社が被相続人を被保険者として保険料を負担していた生命保険契約について、被相続人の死亡により生命保険金を受け取った場合には、この生命保険金に係る保険差益について課されることとなる法人税額等は、どのように計算するのでしょうか。

6　評価会社が支払った弔慰金の取扱い

　1株当たりの純資産価額（相続税評価額によって計算した金額）の計算に当たって、被相続人の死亡に伴い評価会社が相続人に対して支払った弔慰金は負債として取り扱われますか。

---

(7) 株式の割当てを受ける権利等の発生している株式の価額の修正

　原則的評価方式で評価した場合（清算中の会社を除きます。）において、その株式が次に掲げる場合に該当するものであるときは、次の算式により修正した金額によって評価します（評基通187）。

配当期待権が発生している場合※1	評価した価額 － 株式1株に対して受ける予想配当金額		
株式割当権が発生している場合※2	評価した価額 ＋	割当1株当たりの払込金額	×	1株当たりの割当株式数
	1 ＋ 株式1株に対する割当株式数又は交付株式数		

※1　課税時期が配当金交付の基準日の翌日から、配当金交付の効力が発生する日までの間にある場合
※2　課税時期が株式の割当ての基準日、株式の割当てのあった日又は株式無償交付の基準日のそれぞれ翌日からこれらの株式の効力が発生する日までの間にある場合

1　土地及び土地の上に存する権利
2　家屋及び構築物等
3　株式等
4　公社債等
5　定期金に関する権利
6　動産

1　直前期末後から課税時期までに確定した剰余金の配当等の額を負債として計上する理由

多くの場合、直前期末を配当交付の基準日としていることから、直前期末から課税時期までの間に確定した配当金については負債に含めて取り扱うこととされています。

なお、課税時期が配当金交付の基準日の翌日から配当金の効力が発生する日までの間にある場合においては、配当期待権が発生しているので、株式の価額の修正を行う必要があります。

2　被相続人の死亡により、相続人等に支給する退職手当金等を負債として計上する理由

課税時期に支払いが確定していない負債は本来計上すべきではありませんが、受け取る側は、相続税法第3条（相続又は遺贈により取得したものとみなす場合）第1項第2号〔退職手当金〕により、相続税の課税価格に算入することになるので、これに平仄を合わせるため、支払う側は、負債に該当することとしています。したがって、同号の規定によって退職手当金等とみなされない弔慰金等は、本来の取扱いのとおり、負債として計上しません。

3　評価会社が仮決算をしている場合の負債の価額

評価会社が仮決算をしている場合も、前記図表3-5-7（負債として計上するもの）は、負債として計上できるほか、未納公租公課に関しては、課税時期の属する事業年度に係る法人税額、消費税額、事業税額、道府県民税額及び市町村民税額のうち、その事業年度開始の日から課税時期までの期間に対応する金額も負債として計上できます（直前期末後から課税時期までに確定した剰余金の配当等の額、役員賞与は、仮決算であれば当然負債に計上されています。）。

---

(8)　配当還元方式

その株式に係る年配当金額（その金額が2円50銭未満のもの及び無配のものにあっては2円50銭）を基として、次の算式により計算した金額によって評価する。ただし、その金額が原則的評価方法により評価した金額を超える場合には、原則的評価方法により計算した金額で評価します（評基通188-2）。

【配当還元方式の算式】

$$\frac{その株式に係る年配当金額^{*1}}{10\%} \times \frac{1株当たりの資本金等の額}{50円}$$

※1　直前期末以前2年間におけるその会社の剰余金の配当金額（特別配当、記念配当等の名称による配当金額のうち、将来毎期継続することが予想できない金額を除きます。）の合計額の2分の1に相当する金額を、直前期末における発行済株式数（1株当たりの資本金等の額が50円以外の金額である場合には、直前期末における資本金等の額を50円で除して計算した数によります。）で除して計算した金額。

【質疑応答】　配当還元方式

1　株式の割当てを受ける権利等が発生している場合の価額修正の要否

課税時期において株式の割当てを受ける権利等が発生している場合には、配当還元方式で計算した株式の価額について修正を要するのでしょうか。

「日本標準産業分類項目と類似業種比準価額計算上の業種目との対比表」を参考にして、業種目番号を記載します。

第１表の１　評価上の株主の判定及び会社規模の判定の明細書

整理番号

（平成三十年一月一日以降用）

会　社　名	（電話　　　　　）	本店の所在地		
代表者氏名		事業	取扱品目及び製造、卸売、小売等の区分	業種目番号	取引金額の構成比
課税時期	年　　　月　　　日				％
直前期	自　　年　　至　　年				

相続等により取得した後の株式数を記載します。なお、未分割の場合は外書きで未分割の株式数を記載します。

納税義務者の属する同族関係者グループの議決権割合（⑤の割合）を基として、区分します。

１. 株主及び評価方式の判定

氏名又は名称	続柄	会社における役職名	㋑株式数（株式の種類）	㋺議決権数	㋩議決権割合（㋺/④）
	納税義務者		株	個	％

区分	筆頭株主グループの議決権割合（⑥の割合）			株主の区分
	50％超の場合	30％以上50％以下の場合	30％未満の場合	
⑤の割合	50％超	30％以上	15％以上	同族株主等
	50％未満	30％未満	15％未満	同族株主等以外の株主

１％未満の端数は切り捨てます。ただし、50％〜51％は切り上げて51％と記載します。

同族株主等（原則的評価方式等）	同族株主等以外の株主（配当還元方式）

「同族株主等」に該当する納税義務者のうち、議決権割合（㋩の割合）が５％未満の者の評価方式は、「2. 少数株式所有者の評価方式の判定」欄により判定します。

課税時期だけではなく、申告期限までに役員となった者も含みます。

内　容

判定要素	氏　名	
	㋥役員	である〔原則的評価方式等〕・でない（次の㋭へ）
	㋭納税義務者が中心的な同族株主	である〔原則的評価方式等〕・でない（次の㋬へ）
	㋬納税義務者以外に中心的な同族株主（又は株主）	がいる（配当還元方式）・がいない〔原則的評価方式等〕（氏名　　　　）
判定	原則的評価方式等　・　配当還元方式	

判定要素（課税時期現在の株式等の所有状況）

	㋑	㋺	㋩
自己株式			
納税義務者の属する同族関係者グループの議決権の合計数		②	⑤（②/④）
筆頭株主グループの議決権の合計数		③	⑥（③/④）
評価会社の発行済株式又は議決権の総数	①	④ 100	

１ 土地及び土地の上に存する権利
２ 家屋及び構築物等
３ 株　式　等
４ 公　社　債　等
５ 定期金に関する権利
６ 動　産

第1表の2　評価上の株主の判定及び会社規模の判定の明細書（続）　　会社名

３．会社の規模（Ｌの割合）の判定

（取引相場のない株式（出資）の評価明細書）

判定要素	項　目	金　額	項　目	人　数
	直前期末の総資産価額 （帳簿価額）	千円	直前期末以前1年間における従業員数	人 〔従業員数の内訳〕 （継続勤務従業員数）＋（継続勤務従業員以外の従業員の労働時間の合計時間数） （　　人）＋ (　　　　　時間) ／ 1,800時間
	直前期末以前1年間の取引金額	千円		

	㋑　直前期末以前1年間における従業員数に応ずる区分	70人以上 70人未満

小数点第1位まで計算します。
例えば5.1人となる場合は従業員数「5人超」に、4.9人となる場合は従業員数「5人以下」に該当します。

判定

㋺　直前期末の総資産価額（帳簿価額）及び直前期末以前1年間における従業員数に応ずる区分

㋩　区分

総資産価額（帳簿価額）			従業員数	取引金額			会社規模とLの割合（中会社）の区分
卸売業	小売・サービス業	卸売業、小売・サービス業以外		卸売業	小売・サービス業	卸売業、小売・サービス業以外	
20億円以上	15億円以上	15億円以上	35人超	30億円以上	20億円以上	15億円以上	大会社
4億円以上 20億円未満	5億円以上 15億円未満	5億円以上 15億円未満	35人超	7億円以上 30億円未満	5億円以上 20億円未満	4億円以上 15億円未満	0.90
2億円以上 4億円未満	2億5,000万円以上 5億円未満	2億5,000万円以上 5億円未満	人超 人以下	3億5,000万円以上 7億円未満	2億5,000万円以上 5億円未満	2億円以上 4億円未満	0.75
7,000万円以上 2億円未満	4,000万円以上 2億5,000万円未満	5,000万円以上 2億5,000万円未満	5人超 20人以下	2億円以上 3億5,000万円未満	6,000万円以上 2億円未満	8,000万円以上 2億円未満	0.60
7,000万円未満	4,000万円未満	5,000万円未満	5人以下	2億円未満	6,000万円未満	8,000万円未満	小会社

準

2以上の業種の取引がある場合は直前期末以前1年間の最も多い取引金額で判定します。

・「会社規模とLの割合（中会社）の区分」欄は、㋺欄の区分（「総資産価額（帳簿価額）」と「従業員数」とのいずれか下位の区分）と㋩欄（取引金額）の区分とのいずれか上位の区分により判定します。

判定	大会社	中会社			小会社	
		Ｌの割合				
		0.90	0.75	0.60		

４．増（減）資の状況その他評価上の参考事項

第2表　特定の評価会社の判定の明細書

会社名 _____

1. 比準要素数1の会社

	判　定　要　素						判定基準	(1)欄のいずれか2の判定要素が0であり、かつ、(2)欄のいずれか2以上の判定要素が0である（該当）・でない（非該当）	
	(1)直前期末を基とした判定要素			(2)直前々期末を基とした判定要素					
	第4表のⒷの金額	第4表のⒸの金額	第4表のⒹの金額	第4表のⒷ₂の金額	第4表のⒸ₂の金額	第4表のⒹ₂の金額			
	円　銭 0	円	円	円　銭 0	円	円	判定	該　当	非該当

2. 株式等保有特定会社

	判　定　要　素			判定基準	③の割合が50%以上である	③の割合が50%未満である
	総資産価額（第5表の①の金額）	株式等の価額の合計額（第5表のⒼの金額）	株式等保有割合（②／①）			
	① 千円	② 千円	③ ％	判定	該　当	非該当

> 1％未満を切捨て。

3. 土地保有特定会社

	判　定　要　素			会社の規模の判定（該当する文字を○で囲んで表示します。）			
	総資産価額（第5表の①の金額）	土地等の価額の合計額（第5表の㋭の金額）	土地保有割合（⑤／④）				
	④ 千円	⑤ 千円	⑥ ％	大会社・中会社・小会社			

判定基準	会社の規模	大　会　社		中　会　社		小　会　社（総資産価額（帳簿価額）が次の基準に該当する会社）・卸売業 7,000万円以上20億円未満・小売・サービス業 4,000万円以上15億円未満・上記以外の業種 5,000万円以上15億円未満	
	⑥の割合	70%以上	70%未満	90%以上	90%未満	70%以上	70%未満
	判　定	該当	非該当	該当	非該当	該当	非該当

小会社の規模欄（大会社中会社に続く）:
- 卸売業 20億円以上
- 小売・サービス業 15億円以上
- 上記以外の業種 15億円以上

⑥の割合	90%以上	90%未満
判定	該当	非該当

4. 開業後3年未満の会社等

(1) 開業後3年未満の会社

判定要素		判定基準	課税時期において開業後3年未満である	課税時期において開業後3年未満でない
開業年月日	年　月　日	判定	該　当	非該当

(2) 比準要素数0の会社

判定要素	直前期末を基とした判定要素			判定基準	直前期末を基とした判定要素がいずれも0である（該当）・でない（非該当）	
	第4表のⒷの金額	第4表のⒸの金額	第4表のⒹの金額			
	円　銭	円	円	判定	該　当	非該当

5. 開業前又は休業中の会社

開業前の会社の判定		休業中の会社の判定	
該当	非該当	該当	非該当

6. 清算中の会社

判　定	
該　当	非該当

7. 特定の評価会社の判定結果

1. 比準要素数1の会社　　　　2. 株式等保有特定会社

3. 土地保有特定……　　　　5. 開業前又は休……

> 特定会社の判定の結果、2以上の特定会社に該当する場合は後の番号の会社判定によります。

該当する番号を○で囲んでください。なお、上記の「1. 比準要素数1の会社」欄から「6. 清算中の会社」欄の判定において2以上に該当する場合には、後の番号の判定によります。

1 土地及び土地の上に存する権利
2 家屋及び構築物等
3 株式等
4 公社債等
5 定期金に関する権利
6 動産

第3表　一般の評価会社の株式及び株式に関する権利の価額の計算明細書　会社名

（取引相場のない株式（出資）の評価明細書）

1株当たりの価額の計算の基となる金額	類似業種比準価額（第4表の㉖、㉗又は㉘の金額）	1株当たりの純資産価額（第5表の⑪の金額）	1株当たりの純資産価額の80%相当額（第5表の⑫の記載がある場合のその金額）
	① 円	② 円	③ 円

1　原則的評価方式による価額

区　分		1株当たりの価額の算定方法	1株当たりの価額
1株当たりの価額の計算	1 大会社の株式の価額	①の金額と②の金額とのいずれか低い方の金額	④

課税時期が配当金交付の基準日の翌日から、その効力発生日までの間の場合（配当期待権）の株価の修正（☞171頁）
※　第4表の未払配当金の株価の修正と異なります。
※　なお、課税時期が株主総会の決議日前のため、第5表の負債の部に未払配当金は計上できません。

	金額が L の割合	⑤
	円 × (1−0.))	

	って計算した金額と	⑥

株式の価額	①の金額	円×0.50）+（②の金額（③の金額があるときは③の金額）	

1株未満の株式数を切り捨てずに記載します。

株式の価額の修正	課税時期において配当期待権の発生している場合	株式の価額（④、⑤又は⑥） 円 − 配当金額 円 銭	修正後の株式の価額 ⑦ 円
	課税時期において株式の割当てを受ける権利、株主となる権利又は株式無償交付期待権の発生している場合	株式の価額〔④、⑤又は⑥（⑦があるときは⑦）〕（ 円 + 割当株式1株当たりの払込金額 円 × 1株当たりの割当株式数 株）÷（1株 + 1株当たりの割当株式数又は交付株式数 株）	修正後の株式の価額 ⑧ 円

2　配当還元方式による価額

1株当たりの資本金等の額、	直前期末の資本金等の額	直前期末の発行済株式数	直前期末の自己株式数	1株当たりの資本金等の額を50円とした場合の発行済株式数	1株当たりの資本金等の額 ⑨÷（⑩−⑪）
	⑨ 千円	⑩ 株	⑪ 株	⑫ 株	⑬ 円

課税時期が株式割当基準日の翌日から、効力発生までの間の場合の株価の修正（☞169頁）
※　第4表の「比準価額の修正」と異なります。
※　なお、課税時期が新株の払込日以降の場合は、第1表等の課税時期の株式数に新株を加算します。

記念配当、特別配当を含みません。

直前期末以前2年間の配当金額		⑭ 左のうち非経常的な配当金額	⑮ 差引経常的な年配当金額（⑭−⑮）	年平均配当金額
直前期	㋑ 千円	千円	㋑ 千円	⑰ （㋑+㋺）÷2 千円
直前々期	㋺ 千円	千円	㋺ 千円	

1株（50円）当たりの年配当金額	年平均配当金額（⑰）	⑫の株式数	⑱	この金額が2円50銭未満の場合は2円50銭とします。
	千円 ÷	株 =	円 銭	

	⑱の金額	⑬の金額	⑲	⑳ 円	⑲の金額が、原則的評価方式により計算した価額を超える場合には、原則的評価方式により計算した価額とします。
			÷ 50円 = 円		

課税時期が割当基準日の翌日から割当日までの間の場合の「株式の割当てを受ける権利」

3　株式に関する権利の価額（1.及び2.に共通）

配当期待権	1株当たりの予想配当金額 源泉徴収されるべき所得税相当額（ 円 銭）−（ 円 銭）	㉑ 円 銭
株式の割当てを受ける権利（割当株式1株当たりの価額）	⑧（配当還元方式の場合は⑳）の金額 − 割当株式1株当たりの払込金額 円	㉒ 円
株主となる権利（割当株式1株当たりの価額）	⑧（配当還元方式の場合は⑳）の金額（課税時期後にその株主となる権利につき払い込むべき金額があるときは、その金額を控除した金額）	㉓ 円
株式無償交付期待権（交付される株式1株当たりの価額）	⑧（配当還元方式の場合は⑳）の金額	㉔ 円

4.　株式及び株式に関する権利の価額（1.及び2.に共通）

株式の評価額	円
株式に関する権利の評価額	（ 円 銭）

課税時期が割当日の翌日から払込期日（効力発生日）までの間の場合の「株主となる権利」

配当期待権（㉑）と株式の割当権等（㉒〜㉔）は次のように区分して記載します。
配当期待権　　○円○銭（小数点第2位）
株式割当権　　○円（小数点第1位を切捨て）
※　上記の「株式割当権」は配当期待権とは異なり、株式数を乗じて申告書に計上するのではなく、割当株式数を乗じて申告書に記載することに留意してください。

第4表　類似業種比準価額等の計算明細書

会社名

（取引相場のない）	1.1株当たりの資本金等の額等の計算	直前期末の資本金等の額 ① 千円	直前期末の発行済株式数 ② 株	直前期末の自己株式数 ③ 株	1株当たりの資本金等の額 （①÷（②－③）） ④ 円	1株当たりの資本金等の額を50円とした場合の発行済株式数 （①÷50円） ⑤ 株	（平成三十年一月一日以降用）

評価明細書	2.1株50円当たりの年配当金額	直前期末以前2（3）年間の年平均配当金額				比準要素数1の会社・比準要素数0の会社の判定要素の金額	

⑥ 事業年度　⑦ 年配当金額　⑧ 左のうち非経常的な配当金額　⑧差引経常的な年配当金額（⑥－⑦）　年平均配当金額

固定資産売却益、保険差益、前期損益修正額等の非経常的な利益の金額を記載します。非経常的な損失の金額がある場合は、その金額は控除した金額（負数の場合は「0」）を記載します。

第2表の「比準要素数1の会社」の判定に使用します。

⑨ ⑨（イ＋ロ）÷2 千円

$\frac{⑨}{⑤}$　⑧ 円　銭　0

$\frac{⑩}{⑤}$　⑩ 円　銭　0

1株（50円）当たりの年配当金額　⑧ の金額　⑧ 円　銭

素等の金額の計算	1株50円当たりの年利益金額	直前期末以前2（3）年間の利益金額					比準要素数1の会社・比準要素数0の会社の判定要素の金額

事業年度　⑪法人税の課税所得金額　⑫非経常的な利益金額　⑬受取配当等の益金不算入額　⑭左の所得税額　⑮損金算入した繰越欠損金の控除額　⑯差引利益金額（⑪－⑫＋⑬－⑭＋⑮）

直前期　千円　千円　千円　千円　千円　千円

$\frac{⑯}{⑤}$ 又は $\frac{⑯＋⑯}{⑤}÷2$　© 円

直前々期　千円　千円　千円　千円　千円　千円

$\frac{⑯}{⑤}$ 又は $\frac{⑯＋⑯}{⑤}÷2$　© 円

直前々期の前期　千円　千円　千円　千円　千円　千円

1株（50円）当たりの年利益金額　$\left[\frac{⑯}{⑤} 又は \frac{⑯＋⑯}{⑤}÷2 の金額\right]$　© 円

	1株50円当たりの純資産価額	直前期末（直前々期末）の純資産価額				比準要素数1の会社・比準要素数0の会社の判定要素の金額

事業年度　⑰資本金等の額　⑱利益積立金額　⑲純資産価額（⑰＋⑱）

直前期　千円　千円　千円

$\frac{⑲}{⑤}$　⑪ 円

みなし配当は含みません。

直前々期　千円　千円　千円

$\frac{⑲}{⑤}$　⑫ 円

1株（50円）当たりの純資産価額　（⑫ の金額）　⑪ 円

3.類似業種比準価額の計算	類似業種と業種目番号 （No.　）	比準割合	区分	1株（50円）当たりの年配当金額	1株（50円）当たりの年利益金額	1株（50円）当たりの純資産価額	1株（50円）当たりの比準価額

類似業種　課税時期の属する月　⑨ 月　⑨ 円

評価会社　⑧ B 円　銭 0　© C 円　⑪ D 円　㉑×㉑×0.7

課税時期の属する月の前月　⑨ 月　⑨ 円

類似業種　B 円　銭　C 円　D 円

法令解釈通達の「類似業種比準価額計算上の業種目及び業種目株価等について」を参照。

※ 中会社は0.6　小会社は0.5 とします。

要素別比準割合　$\frac{⑧}{B}$　.　$\frac{©}{C}$　.　$\frac{⑪}{D}$

価 A ⑨、⑩、⑪及び⑦のうち最も低いもの　⑳

比準割合　$\frac{\frac{⑧}{B}＋\frac{©}{C}＋\frac{⑪}{D}}{3}$　㉑

㉒ 円　銭

第1表の2で判定した「会社規模」に応ずる「しんしゃく率」を乗じます。

類似業種と業種目番号 （No.　）

類似業種　課税時期の属する月　月

区分　1株（50円）当たりの年配当金額　1株（50円）当たりの年…

評価会社　⑧ B　© C　⑪ D

課税時期が配当金交付の効力発生日以降の場合（配当金）の比準価額の修正（☞171頁）
※ 第3表の配当期待権についての株式価額の修正と異なります。
※ 第5表の負債の部に未払配当金を計上します。
※ 配当金支払日前の場合は未収配当金を相続財産に計上します。

類似業種　B 円　銭　C 円　D 円

※ 中会社は0.6　小会社は0.5 とします。　㉓×㉔×0.7

要素別比準割合　$\frac{⑧}{B}$　.　$\frac{©}{C}$　.　$\frac{⑪}{D}$

価 A ⑨、⑩、⑪及び⑦のうち最も低いもの　㉓

比準割合　$\frac{\frac{⑧}{B}＋\frac{©}{C}＋\frac{⑪}{D}}{3}$　＝　㉔　.

㉕ 円　銭　0

1株当たりの比準価額　比準価額（㉒と㉕とのいずれか低い方）　円　0銭　×　④の金額 $\frac{円}{50円}$　㉖ 円

比準価額の修正	直前期末の翌日から課税時期までの間に配当金交付の効力が発生した場合	比準価額（㉖）	1株当たりの配当金額	修正比準価額 ㉗ 円

円　－　円　銭

	直前期末の翌日から課税時期までの間に株式の割当て等の効力が発生した場合	比準価額（㉖） （㉗があるときは㉗）	割当株式1株当たりの払込金額	1株当たりの割当株式数	1株当たりの割当株式数又は交付株式数	修正比準価額 ㉘ 円

（　円＋　円　銭×　株）÷（1株＋　株）

課税時期が株式の割当て等の効力が発生した日以降の場合の比準価額の修正（☞169頁）
・ 第3表の「株式の価額の修正」と異なり、新株式の発行に伴う株価の修正であり、「株式の割当てを受ける権利」「株主となる権利」（株主の権利に関する修正）を含みません。
・ 第5表の負債の部に未払配当金を計上します（図表3−7−3参照）。
・ なお、課税時期が払込日以降の場合は、既に新株式の効力が発生していますので、第1表等の課税時期の株式数は、新株を加算した株式数となります。

1 土地及び土地の上に存する権利
2 家屋及び構築物等
3 株　式　等
4 公　社　債　等
5 定期金に関する権利
6 動産

第5表　1株当たりの純資産価額（相続税評価額）の計算明細書　　会社名＿＿＿＿＿＿＿＿＿＿＿＿＿

（取引相場のない株式（出資）の評価明細書）

（平成三十年一月一日以降用）

1. 資産及び負債の金額（課税時期現在）

資　産　の　部				負　債　の　部			
科　　目	相続税評価額	帳簿価額	備考	科　　目	相続税評価額	帳簿価額	備考
	千円	千円			千円	千円	

資産の部の注記：
・売掛金、受取手形の相続税評価額は回収不能の金額を控除し、控除された貸倒引当金は加算します。
・借地権は相続税評価額に加算し、借家権は控除します。
・課税時期から3年以内に取得した土地等は通常の取引価額で相続税評価額及び帳簿価額に加算します。
・特許権等の無体財産権は相続税評価額から控除し、営業権の評価額を加算します。
・生命保険請求権を相続税評価額及び帳簿価額に加算します。
・繰延資産及び前払費用は、相続税評価額及び帳簿価額から控除します。
【仮決算をしない場合の追加項目】
・生命保険請求権を相続税評価額及び帳簿価額に加算します。
・新株式の払込期日以降の場合は、新株払込金を相続税評価額及び帳簿価額に加算します。

負債の部の注記：
・課税時期の属する事業年度に係る法人税、消費税、事業税、地方税を相続税評価額及び帳簿価額に加算します。
・課税時期以前に賦課決定のあった固定資産税のうち、未払のもの
・被相続人の死亡に係る退職金、功労金で支給することが確定したもの
【仮決算をしない場合の追加項目】
・課税時期までに確定した配当金額を相続税評価額及び帳簿価額に加算します。
・未払法人税、未払消費税、未払事業税、未払地方税を相続税評価額及び帳簿価額に加算します。
・死亡退職金及び死亡に伴う保険金請求権が発生した場合は死亡退職金との差額（繰越欠損金がある場合はその金額を控除した後の金額）に対する法人等を相続税評価額及び帳簿価額に加算します。
・課税時期までに確定した固定資産税を相続税評価額及び帳簿価額に加算します。
・社葬費用を相続税評価額及び帳簿価額に加算します。

合　　計	①	②		合　　計	③	④	
株式等の価額の合計額	㋑	㋺					
土地等の価額の合計額	㋩						
現物出資等受入れ資産の価額の合計額	㋥	㋭					

2. 評価差額に対する法人税額等相当額の計算

相続税評価額による純資産価額　（①－③）	⑤	千円
帳簿価額による純資産価額　（（②＋㋭－㋥）－④）、マイナスの場合は0	⑥	千円
評価差額に相当する金額　（⑤－⑥、マイナスの場合は0）	⑦	千円
評価差額に対する法人税額等相当額　（⑦×37%）	⑧	千円

3. 1株当たりの純資産価額の計算

課税時期現在の純資産価額（相続税評価額）　（⑤－⑧）	⑨	千円
課税時期現在の発行済株式数　（（第1表の1の①）－自己株式数）	⑩	株
課税時期現在の1株当たりの純資産価額（相続税評価額）　（⑨÷⑩）	⑪	円
同族株主等の議決権割合（第1表の1の⑤の割合）が50%以下の場合　（⑪×80%）	⑫	円

156

⑼ 特定の評価会社の株式

特定の評価会社の株式とは、評価会社の資産の保有状況、営業の状態等に応じて定めた次に掲げる評価会社の株式をいいます（評基通189）。

図表3-5-8　特定の評価会社の概要

区　分	特定の評価会社の概要			
① 比準要素数1の会社	類似業種比準価額の比準要素のいずれか2要素が0であり、かつ、直前々期末を基準にして計算した場合に、いずれか2要素が0である会社（②から⑥に該当するものを除きます。）。			
② 株式等保有特定会社	課税時期において評価会社の総資産価額（相続税評価額によって計算した金額）の合計額のうちに占める株式、出資及び新株予約権付社債の価額（相続税評価額によって計算した金額）の割合が50％以上である会社（③から⑥に該当するものを除きます。）。			
③ 土地保有特定会社	課税時期において次のいずれかに該当する会社（④から⑥に該当するものを除きます。）。			
	会社規模	総資産価額		土地等の保有割合
	大会社	総資産価額の基準なし		70％以上
	中会社	総資産価額の基準なし		90％以上
	小会社	卸売業	20億円以上	70％以上
			7,000万円以上20億円未満	90％以上
		小売・サービス業	15億円以上	70％以上
			4,000万円以上15億円未満	90％以上
		それ以外の業種	15億円以上	70％以上
			5,000万円以上15億円未満	90％以上
④ 開業後3年未満の会社等	開業後3年未満である評価会社、または類似業種比準価額の比準要素のすべてが0である会社（⑤⑥に該当するものを除きます。）。			
⑤ 開業前又は休業中の会社	課税時期において開業前又は休業中である会社			
⑥ 清算中の会社	課税時期において清算中である会社			

【チェックポイント3-5-3】取引相場のない株式③

1　2以上の特定の評価会社に該当する場合

2以上の特定の評価会社に該当する場合は、後の番号の区分が採用されます。

例えば、区分番号①の「比準要素数1の会社」と区分番号④の「開業後3年未満の会社等」に該当する場合は、区分番号④の「開業後3年未満の会社等」と判定します。

2　土地保有特定会社の判定基準である「土地等の保有割合」とは

土地等の保有割合とは、課税時期において評価会社が有する土地及び土地の上に存する権利の額の総資産価額に占める割合（土地等の価額（相続税評価額）÷総資産価額（相続税評価額））をいいます。なお、「土地の上に存する権利」には、「地上権」、「区分地上権」、「借地権」、「定期借地権等」、「賃借権」、「占有権」等が含まれます（評基通9）。

また、いわゆる「相当地代通達」の取扱いにより、非上場株式の評価上「純資産価額」に計上される土地の20％に相当する金額も、「土地保有特定会社」の判定上「土地等の価額」に含まれるとした裁決（平成24年10月9日）があります。

1 土地及び土地の上に存する権利
2 家屋及び構築物等
3 株式等
4 公社債等
5 定期金に関する権利
6 動産

⑽　比準要素数１の会社の株式

　比準要素数の会社の株式の価額は、純資産価額方式によって評価します。

　なお、当該株式の取得者とその同族関係者の有する議決権の合計数が議決権総数の50％以下である場合においては、80％を乗じて計算した金額とします（評基通189-2）。

　ただし、納税義務者の選択により類似業種比準価額×L＋１株当たりの純資産価額×（１－L）の、Lを0.25として計算した金額によって評価することができます。

　同族株主等以外の株主が取得した株式に該当する場合には、その株式の価額は、配当還元方式により計算した金額または純資産価額×80％または類似業種比準価額×0.25＋１株当たりの純資産価額×80％×0.75によって評価します。

図表３−５−９　比準要素数１の会社の株式の評価算式

株主区分	議決権割合	株式の評価算式		
同族株主等	50％超	純資産価額方式 類似業種比準価額 × 0.25 ＋ 純資産価額 × 0.75	選択	
	50％以下	純資産価額方式　×　80％ （類似業種比準価額 × 0.25 ＋ 純資産価額 × 0.75）×　80％	選択	
同族株主等以外の株主等		配当還元方式 純資産価額方式　×　80％ （類似業種比準価額 × 0.25 ＋ 純資産価額 × 0.75）×　80％	選択	

【質疑応答】　比準要素数１の会社の株式の評価

> 「比準要素数１の会社」の判定の際の端数処理
>
> 　「比準要素数１の会社」の判定を行う場合、「１株当たりの配当金額」、「１株当たりの利益金額」及び「１株当たりの純資産価額（帳簿価額によって計算した金額）」が少額のため、評価明細書の記載に当たって０円となる場合には、配当金額、利益金額及び純資産価額の要素は０とするのでしょうか。

⑾　株式等保有特定会社

　株式等保有特定会社の株式の価額は、純資産価額方式によって評価します。

　なお、当該株式の取得者とその同族関係者の有する当該株式に係る議決権の合計数が評価会社の議決権総数の50％以下である場合においては、80％を乗じて計算した金額とします（評基通189-3）。

　ただし、納税義務者の選択により、次の図表３−５−11の「S₁の金額」と「S₂の金額」との合計額によって評価することができます。

　同族株主以外の株主等が取得した株式に該当する場合には、その株式の価額は、配当還元方式により計算した金額または純資産価額×80％または「S₁の金額」と「S₂の金額」との合計額によって評価します。

図表３−５−10　株式等保有特定会社の株式の評価算式

株主区分	議決権割合	株式の評価算式		
同族株主等	50％超	純資産価額方式 $S_1 ＋ S_2$	選択	
	50％以下	純資産価額方式　×　80％ $S_1 ＋ S_2$	選択	
同族株主等以外の株主等		配当還元方式 純資産価額方式　×　80％ $S_1 ＋ S_2 × 80％$	選択	

図表 3-5-11　株式等保有特定会社のS1の金額とS2の金額

S1の金額	株式等保有会社が所有する株式等とそれらの株式等に係る受取配当金等の収入がなかったとした場合に、同社の株式を原則的評価方式によって評価した額		
	比準要素数1の会社		修正純資産価額[※1] 修正類似業種比準価額[※2]×0.25＋修正純資産価額×0.75
	上記以外	大会社	修正類似業種比準方式[※2] 修正純資産価額方式[※1]
		中会社　大	修正類似業種比準価額[※2]×0.90＋修正純資産価額[※1]×0.10 修正純資産価額[※1]
		中会社　中	修正類似業種比準価額[※2]×0.75＋修正純資産価額[※1]×0.25 修正純資産価額[※1]
		中会社　小	修正類似業種比準価額[※2]×0.60＋修正純資産価額[※1]×0.40 修正純資産価額[※1]
	小会社		修正純資産価額方式[※1] 修正類似業種比準価額[※2]×0.5＋修正純資産価額×0.5
S2の金額	株式等保有会社が所有する株式等のみについて純資産価額方式によって評価した額		
	$\dfrac{株式等の相続税評価額－\left(株式等の相続税評価額－株式等の帳簿価額－現物出資等受入れ差額\right)×37\%}{発行済株式数（自己株式を除きます。）}$		

※1　修正純資産価額とは、株式等保有会社が所有する株式等がなかったとした場合の純資産価額方式によって評価した額。なお、株主たる納税義務者の属する株主グループの議決権割合が50％以下の場合でも、80％相当額で評価することはできません。

※2　修正類似業種比準価額とは、株式等保有会社が所有する株式等に係る受取配当金等の収入がなかったとした場合の類似業種比準価額方式によって評価した額。なお、比準割合の計算要素である年配当金額、年利益金額及び純資産額は、次のように修正が施されます。

①　修正年配当金額＝年配当金額－年配当金額×受取配当金収受割合

②　修正年利益金額＝年利益金額－年利益金額×受取配当金収受割合

③　修正純資産価額＝純資産価額－純資産価額×（株式等の帳簿価額の合計額÷総資産価額（帳簿価額））－（利益積立金÷直前期末における発行済株式数（50円換算））×受取配当金収受割合

(注)　受取配当金収受割合とは、直前期末以前2年間の営業利益の金額の合計額（当該営業利益の金額に受取配当金等の額が含まれている場合には、当該受取配当金等の額の合計額を控除した金額）との合計額のうちに占める当該受取配当金等の額の合計額の割合（当該割合が1を超える場合には1を限度）

【チェックポイント3-5-4】取引相場のない株式④

S2の修正純資産価額方式における留意事項

　S2の修正純資産価額方式では、株主たる納税義務者の属する株主グループの議決権割合が50％以下の場合でも、80％相当額で評価することはできません。

1　土地及び土地の上に存する権利
2　家屋及び構築物等
3　株式等
4　公社債等
5　定期金に関する権利
6　動産

【質疑応答】　株式等保有特定会社の株式の評価

1　判定の基礎となる「株式等」の範囲

　次のものは、株式等保有特定会社の株式に該当するかどうかの判定の基礎となる「株式等」に含まれますか。
　①　証券会社が保有する商品としての株式
　②　外国株式
　③　株式制のゴルフ会員権
　④　匿名組合の出資
　⑤　証券投資信託の受益証券

2　受取配当金等収受割合が負数となる場合の計算方法

　　株式等保有特定会社の株式の評価に当たり、S$_1$の金額を計算する際の受取配当金等収受割合の計算上、受取配当金等の額を超える営業損失がある場合（分母が負数となる場合）には、受取配当金等収受割合を「0」とするのでしょうか。それとも「1」とするのでしょうか。

⑫　土地保有特定会社の株式

　土地保有特定会社の株式の価額は、純資産価額方式によって評価します。また、当該株式の取得者とその同族関係者の有する当該株式に係る議決権の合計数が評価会社の議決権総数の50％以下である場合においては、80％を乗じて計算した金額とします（評基通189-4）。

　なお、同族株主以外の株主等が取得した株式に該当する場合には、その株式の価額は、配当還元方式により計算した金額または純資産価額方式によって評価します。

図表3-5-12　土地保有特定会社の株式の評価算式

株主区分	議決権割合	株式の評価算式	
同族株主等	50％超	純資産価額方式	
	50％以下	純資産価額方式　×　80％	
同族株主等以外の株主等		配当還元方式 純資産価額方式　×　80％	選択

【質疑応答】　土地保有特定会社の株式

1　不動産販売会社がたな卸資産として所有する土地等の取扱い

　土地保有特定会社の株式に該当するかどうかの判定において、評価会社の有する各資産の価額の合計額のうちに占める土地等の価額の合計額の割合を求める際、不動産販売会社がたな卸資産として所有する土地等については、判定の基礎（土地等）に含まれるのでしょうか。

1 土地及び土地の上に存する権利

2 家屋及び構築物等

3 株 式 等

4 公 社 債 等

5 定期金に関する権利

6 動 産

⒀　**開業後 3 年未満の会社等の株式**

　開業後 3 年未満の会社等の株式の価額は、純資産価額方式によって評価します。また、当該株式の取得者とその同族関係者の有する当該株式に係る議決権の合計数が評価会社の議決権総数の50％以下である場合においては、80％を乗じて計算した金額とします（評基通189- 4 ）。

　なお、同族株主以外の株主等が取得した株式に該当する場合には、その株式の価額は、配当還元方式により計算した金額または純資産価額方式によって評価します。

図表 3 - 5 -13　開業後 3 年未満の会社等の株式の評価算式

株主区分	議決権割合	株式の評価算式
同族株主等	50％超	純資産価額方式
	50％以下	純資産価額方式　×　80％
同族株主等以外の株主等		配当還元方式 純資産価額方式　×　80％　｝選択

⒁　**開業前又は休業中の会社**

　開業前又は休業中の会社の株式の価額は、純資産価額方式によって評価します。

　なお、同族株主以外の株主等が取得した株式に該当する場合や議決権の合計数が評価会社の議決権総数の50％以下である場合であっても特別な扱いはありません（評基通189- 5 ）。

図表 3 - 5 -14　開業前又は休業中の会社の株式の評価算式

株主区分	議決権割合	株式の評価算式
同族株主等	50％超	純資産価額方式
	50％以下	純資産価額方式
同族株主等以外の株主等		純資産価額方式

⒂　**清算中の会社の株式**

　清算中の会社の株式の価額は、清算の結果分配を受ける見込みの金額（ 2 回以上にわたり分配を受ける見込みの場合には、そのそれぞれの金額）の課税時期から分配を受けると見込まれる日までの期間（その期間が 1 年未満であるとき又はその期間に 1 年未満の端数があるときは、これを 1 年とします。）に応ずる基準年利率による複利現価の額（ 2 回以上にわたり分配を受ける見込みの場合には、その合計額）によって評価します（評基通189- 6 ）。

図表 3 - 5 -15　開業前又は休業中の会社の株式の評価算式

株主区分	議決権割合	株式の評価算式
同族株主等	50％超	清算分配見込み額　×　複利現価率
	50％以下	清算分配見込み額　×　複利現価率
同族株主等以外の株主等		清算分配見込み額　×　複利現価率

【質疑応答】　清算中の会社の株式の評価

　　長期間清算中の会社
　　分配を行わず長期にわたり清算中のままになっているような会社の株式の価額は、どのように評価するのでしょうか。

⒃　種類株式

　平成18年に会社法が施行され、次に掲げる特別の権利を与える株式や、権利を制限する株式など通常と異なる種類の株式の発行が認められています（会社法108①）。

　種類株式については、権利内容（例えば、配当や残余財産分配の優先・劣後）や転換条件（例えば、普通株式への転換株数や償還金額）など様々な要因によってその発行価額や時価が決まってくるものと考えられます。このような種類株式については、社会一般における評価方法が確立されていない上に、権利内容の組み合わせによっては、相当数の種類株式の発行が可能であることから、その評価方法を評価基本通達に定めることが困難であるとして、個別に権利内容を判断して評価することとされています。

　なお、評価基本通達には、種類株式の評価についての定めはありませんが、中小企業庁からの「相続等により取得した種類株式の評価について（照会）」で事業承継目的での活用が期待される種類株式として、次の３類型　「配当優先の無議決権株式」、「社債類似株式」及び「拒否権付株式」に対して国税庁がその評価方法を示し、「種類株式の評価について（情報）」（平成19年３月９日付国税庁情報）が公表されています。

図表３-５-16　会社法で定めている種類株式の内容と種類

区　分	株式の内容
配当優先株式	剰余金の配当について、一般の株主よりも優先または劣後する内容の定めのある株式（会社法108①一）
残余財産分配優先株式	会社清算の場合などの残余財産の分配について、一般の株主よりも優先または劣後する内容の定めのある株式（会社法108①二）
議決権制限株式	株主総会において議決権を行使できる事項について内容の異なる定めのある株式（会社法108①三）
譲渡制限株式	譲渡による種類株式の取得について発行会社の承認を要する株式（会社法２十七、会社法108①四）
取得請求権付株式	株主がその株式について発行会社に取得を請求できる株式（会社法２十八、会社法108①五）
取得条項付株式	発行会社が一定の事由が生じたことを条件としてその株式を取得することができる株式（会社法２十九、会社法108①六）
全部取得条項付株式	当該種類の株式について、発行会社がその株主総会特別決議で全部を取得することができる株式（会社法108①七）
拒否権条項付株式	株主総会において決議すべき事項のうち、一般の株主総会決議のほか、種類株主総会の決議が必要とする株式（会社法108①八）
取締役、監査役の選解任権に関する株式	その種類の株主の総会における取締役、監査役の選任について、内容の異なる種類株式を発行できる株式（会社法108①九）。

①　配当優先株式

図表３-５-17　配当優先株式の評価方法

評価区分	評価方法の概要
類似業種比準方式	配当について優先・劣後のある株式を発行している会社の株式の評価に当たっては、配当金の多寡は、比準要素のうち「１株当たりの配当金額Ⓑ」に影響するので、「１株当たりの配当金額Ⓑ」は、配当優先株式、配当劣後株式の種類別にそれぞれの実際の配当金により計算します。
純資産価額方式	配当優先株式を純資産価額方式で評価する場合には、配当金の多寡は評価の要素としていないことから、配当優先の有無にかかわらず、通常のとおり、評価します。
配当還元方式	配当について優先・劣後のある株式を発行している会社の株式の評価に当たっては、配当金の多寡は、配当還元価額に影響するので、配当優先株式、配当劣後株式の種類別にそれぞれの実際の配当金により計算します。

1　配当優先株式の類似業種比準方式の適用における留意事項

① 評価明細書第4表を「配当優先株式」、「普通株式」ごとに作成します。

② 「1株当たりの資本金等の額等の計算」は、種類株式ごとに区分せず資本金等の額又は株式数を記載します。この場合、「②直前期末の発行済株式数」欄及び「③直前期末の自己株式数」欄は、評価する種類株式の株数を内書します。

③ 「1株（50円）当たりの年配当金額」は、種類株式ごとに記載します。この場合「1株当たりの年配当金額⑧（㉛）、㉜」を計算する場合の株式数は、発行済株式数の総数（自己株式数控除後）に占める各種類株式数（自己株式数控除後）の割合を乗じたものとします。

④ 「1株（50円）当たりの年利益金額」及び「1株（50円）当たりの純資産価額」は、種類株式ごとに差異はありません。

2　配当優先株式の配当還元方式の適用における留意事項

① 評価明細書第3表は、「配当優先株式」、「普通株式」ごとに作成します。

② 配当還元方式による価額1株当たりの資本金等の額、発行済株式等は、種類株式ごとに区分せず資本金等の額又は株式数を記載します。この場合、「⑩直前期末の発行済株式数」欄及び「⑪直前期末の自己株式数」欄については、評価する種類株式の株数を内書します。

③ 直前期末以前2年間の配当金額の各欄は、種類株式ごとに記載します。
「1株当たりの年配当金額」の⑫の株式数は、「⑫1株当たりの資本金等の額を50円とした場合の発行済株式数」欄の株式数に発行済株式数の総数（自己株式数控除後）に占める各種類株式数（自己株式数控除後）の割合を乗じたものとします。

【質疑応答】　種類株式の評価

1　上場会社が発行した利益による消却が予定されている非上場株式の評価
　上場会社であるA社が発行した非上場の株式は、X年以降に利益による消却が予定されている償還株式ですが、このような株式の価額はどのように評価するのでしょうか。

2　上場会社が発行した普通株式に転換が予定されている非上場株式の評価
　相続により、上場会社であるB社が発行した普通株式に転換が予定されている非上場の株式を取得しましたが、未だ転換請求期間前です。このような株式の価額はどのように評価するのでしょうか。

3　種類株式の評価について（平成19年3月9日資産課税課情報）
　下記の種類株式の評価方法について
① 配当優先の無議決権株式
② 社債類似株式
③ 拒否権付株式
（書式）無議決権株式の評価の取扱いに係る選択届出書

①土地及び土地の上に存する権利
②家屋及び構築物等
③株式等
④公社債等
⑤定期金に関する権利
⑥動産

② 無議決権株式

　無議決権株式については、原則として、議決権の有無を考慮せずに評価しますが、議決権の有無によって株式の価値に差が生じるのではないかという考え方もあることを考慮し、同族株主が無議決権株式（社債類似株式を除きます。）を相続又は遺贈により取得した場合には、次のすべての条件を満たす場合に限り、原則的評価方式により評価した価額から、その価額に５％を乗じて計算した金額を控除した金額により評価するとともに、当該控除した金額を当該相続又は遺贈により同族株主が取得した当該会社の議決権のある株式の価額に加算して申告することを選択できます（この方式による計算を「調整計算」といいます。）。

【チェックポイント３−５−６】取引相場のない株式⑥

　無議決権株式の評価について調整計算を行う場合の留意事項
　① 当該会社の株式について、相続税の法定申告期限までに、遺産分割協議が確定していること。
　② 当該相続又は遺贈により、当該会社の株式を取得したすべての同族株主から、相続税の法定申告期限までに、同族株主が取得した無議決権株式の価額について、調整計算前のその株式の評価額からその価額に５％を乗じて計算した金額を控除した金額により評価するとともに、当該控除した金額を同族株主が取得した当該会社の議決権のある株式の価額に加算して申告することについての届出書（無議決権株式の評価の取扱いに係る選択届）が所轄税務署長に提出されていること。
　　(注)　無議決権株式を相続又は遺贈により取得した同族株主間及び議決権のある株式を相続又は遺贈により取得した同族株主間では、それぞれの株式の１株当たりの評価額は同一となります。
　③ 当該相続税の申告に当たり、「取引相場のない株式（出資）の評価明細書」に、無議決権株式及び議決権のある株式の評価額の算定根拠を適宜の様式に記載し、添付していること。

---

③ 社債類似株式

　次の条件を満たす株式（社債類似株式）については、その経済的実質が社債に類似していると認められることから、財産評価基本通達197−2（利付公社債の評価）の⑶に準じて発行価額により評価しますが、株式であることから既経過利息に相当する配当金の加算は行いません。

【社債類似株式の条件】

　(イ)　配当金については優先して分配する。
　　　また、ある事業年度の配当金が優先配当金に達しないときは、その不足額は翌事業年度以降に累積することとするが、優先配当金を超えて配当しない。
　(ロ)　残余財産の分配については、発行価額を超えて分配は行わない。
　(ハ)　一定期日において、発行会社は本件株式の全部を発行価額で償還する。
　(ニ)　議決権を有しない。
　(ホ)　他の株式を対価とする取得請求権を有しない。

評価区分	評価方法の概要
類似業種比準方式	①　1株当たりの資本金等の額等の計算 　　社債類似株式に係る資本金等の額及び株式数はないものとして計算します。
	②　1株（50円）当たりの年配当金額（Ⓑ） 　　社債類似株式に係る配当金はないものとして計算します。
	③　1株（50円）当たりの年利益金額（Ⓒ） 　　社債類似株式に係る配当金を費用として利益金額から控除して計算します。
	④　1株（50円）当たりの純資産価額（Ⓓ） 　　社債類似株式の発行価額は負債として簿価純資産価額から控除して計算します。
純資産価額方式	①　「1．資産及び負債の金額（課税時期現在)」の「負債の部」に社債類似株式を計上します。この場合「科目」欄には、「社債類似株式」と記載し、「相続税評価額」欄及び「帳簿価額」欄に当該社債類似株式に係る発行価額の総額を記載します。
	②　「3．1株当たりの純資産価額の計算」の「⑩　課税時期現在の発行済株式数」欄は、社債類似株式に係る発行済株式数を控除して記載します。
配当還元方式	①　社債類似株式に係る資本金等の額及び株式数はないものとします。 ②　社債類似株式に係る配当金はないものとして計算します。

④　拒否権付株式

　拒否権付株式（会社法108①八）については、拒否権を考慮せずに評価します。

（参考 3 - 5 - 5 ）黄金株

> 　黄金株とは、敵対的な買収防衛策として、買収関連の株主総会決議事項について拒否権を行使できる株式をいい、拒否権付株式の使い方の1つとなります。

⒄　取引相場のない外国法人の株式

　財産評価通達 5 - 2 （国外財産の評価）は、「国外にある財産についても、この通達に定める評価方法により評価することに留意する。」と定めていますから、取引相場のない外国法人の株式は、その外国株式取得者の株主の区分を判定し、原則的評価方式又は配当還元方式により評価します。また類似業種比準方式の基になる標本会社が、我が国の金融商品取引所に上場している法人を対象としており、外国法人とは一般的に類似性を有しているとは認められないことから、適用できないとされています。したがって、この場合は、純資産価額方式のみで評価することになります。

　この場合に控除すべき「評価差額に対する法人税額等に相当する金額」は、その国において、我が国の法人税、事業税、道府県民税及び市町村民税に相当する税が課税されている場合は、評価差額に、それらの税率の合計に相当する割合を乗じて計算します。

　純資産価額方式で評価する場合の邦貨換算については、原則として、「1株当たりの純資産価額」を計算した後、「対顧客直物電信買相場（TTB）」により邦貨換算します（評基通 4 - 3 ）。

　ただし、資産・負債が2か国以上に所在しているなど場合には、資産・負債ごとに、資産については、「対顧客直物電信相場」（TTB）により、負債については「対顧客直物電信売相場（TTS）」によりそれぞれ邦貨換算した上で「1株当たりの純資産価額」を計算することもできます。

1　土地及び土地の上に存する権利

2　家屋及び構築物等

3　株　式　等

4　公　社　債　等

5　定期金に関する権利

6　動　産

1　取引相場のない外国株式の類似業種比準方式の適用について

　取引相場のない外国法人の株式を評価する場合、類似業種比準方式に準じて評価することはできるのでしょうか。

2　取引相場のない外国株式の純資産価額方式の適用について

　取引相場のない外国法人の株式を、純資産価額方式に準じて評価する場合、どのように邦貨換算するのでしょうか。

6　出資金

(1)　医療法人の出資金

　社団たる医療法人で持分の定めのあるもの（経過措置型医療法人）は、会社等と同様に、各社員は、社員権として出資に対する持分権を有しており、相続、遺贈又は贈与の対象となります。

　社団たる医療法人で持分の定めのあるものの出資は、1つの財産権として認識されており、取引相場のない株式の評価に準じて評価することとしています。

　しかしながら、医療法人は、会社法上の会社と異なり、剰余金の配当が禁止されていることから（医療法54）、そもそも配当還元方式は採り得ず、すべてが原則的評価方式となるため、同族株主等に該当するか否かの判定は不要となります。また、類似業種比準方式では、比準要素のうち「1株当たりの配当金」を除外して準用することになります。

図表 3 - 6 - 1　医療法人の出資金の評価上留意すべき事項

評価区分	評価方法の留意事項
類似業種比準方式	$$類似業種の株価（その他の産業113）\times\dfrac{\dfrac{医療法人の年利益金額}{類似業種の年利益金額}+\dfrac{医療法人の純資産価額}{類似業種の純資産価額}}{2}\times 斟酌率※$$ ※　会社の規模に応じた比準割合の斟酌率は、大会社「0.7」、中会社「0.6」、小会社「0.5」
純資産価額方式	医療法人の各社員には出資義務が強制されず、社員には出資を有するものと出資を有しないものとが併存し、各社員の議決権は平等であり出資と議決権が結びついていないことから、同族株主等の議決権割合が50%以下の場合の20%評価減の措置はありません。
比準要素数1の会社の判定	直前期末を基とした判定要素である年利益金額（Ⓒ1）、純資産価額（Ⓓ1）のいずれかが0であり、かつ、直前々期末を基とした判定要素である年利益金額（Ⓒ2）、純資産価額（Ⓓ2）、のいずれか1以上が0である場合には、「比準要素数1の会社」となります。
比準要素数0の会社の判定	直前期末を基とした判定要素である年利益金額（Ⓒ1）、純資産価額（Ⓓ1）のいずれも0である場合には、「比準要素数0の会社」となります。
株式等保有特定会社の「S1」	株式等保有特定会社に該当した場合の「S1」を類似業種比準方式で計算する場合、1株当たりの配当金がないので、次のように修正します。 $$類似業種の株価\times\dfrac{\dfrac{修正年利益金額※1}{類似業種の年利益金額}+\dfrac{修正純資産価額※2}{類似業種の純資産価額}}{2}\times 斟酌率※3$$ ※1　修正年利益金額＝年利益金額－年利益金額×受取配当金収受割合 ※2　修正純資産価額＝純資産価額－純資産価額×（株式等の帳簿価額の合計額÷総資産価額（帳簿価額））－（利益積立金÷直前期末における発行済株式数×受取配当金収受割合 ※3　会社の規模に応じた比準割合の斟酌率は、大会社「0.7」、中会社「0.6」、小会社「0.5」

1 土地及び土地の上に存する権利

2 家屋及び構築物等

3 株　式　等

4 公　社　債　等

5 定期金に関する権利

6 動　産

（参考3-6-1）医療法人の類型（経過措置型医療法人）

　　平成18年の医療法改正前は、医療法人の解散時における残余財産を出資者に対して分配することは特に禁止されていませんでした（医療法人の財産に対する出資者の出資割合に応じた持分を認めている、いわゆる「持分あり医療法人」）。それにより、持分あり医療法人については、退社時の持分払戻しと解散時の残余財産の分配が可能であり、これらは、実質的には剰余金の配当に当たるとも考えられることから、医療法人における非営利性の確保に抵触するのではないかとの疑義も生じていました。平成18年の医療法改正においては、医療法人の非営利性の徹底を図るとともに、地域医療の安定性を確保するため、残余財産の帰属先を国又は地方公共団体等に限定し、出資者に分配できないこととされ、持分あり医療法人の新設ができなくなりました。

　　しかし、この改正は既存の医療法人には適用されず、新法適用への移行は自主的な取組みと位置付けられたため、当分の間、経過措置型医療法人として存続することとされています。

　　そのため、現在でも数多くの「持分あり医療法人」が存在しており、その持分（出資）は財産であり、評価の対象となります。

【チェックポイント3-6-1】医療法人の出資

1　持分の定めのある医療法人が出資額限度額法人に移行した場合

　　持分の定めのある医療法人が出資額限度額法人に移行した場合の等の課税関係については、国税庁平成16年6月16日付文書回答事例が国税庁HPに掲載されていますので参考にしてください。また、この文書回答事例に関するいくつかの質疑応答事例が、平成17年7月28日付国税庁審理室情報「出資限度額法人（医療法人）に関する質疑応答事例について」として国税庁HPに掲載されています。

2　基金拠出型医療法人の基金を相続した場合

　　「基金」は基金拠出者の立場からすると、医療法人に対する債権という財産であり、基金拠出者が死亡し、その相続人に相続される場合には、「基金」は、財産評価基本通達204（貸付金債権の評価）に準じて、医療法人から返還されるべき金額によって評価します（厚生労働省HP　「持分の定めのない医療法人への移行に係る質疑応答集（Q&A）について」Q9）。

【質疑応答】　医療法人の出資の評価

1　医療法人の出資を類似業種比準方式により評価する場合の業種目の判定等

　　医療法人の出資を類似業種比準方式により評価する場合には、どの業種目に該当するのでしょうか。

⑵　持分会社の出資持分

　　合名会社、合資会社又は合同会社は、「持分会社」と定義され（会社法575）、持分会社の社員は、死亡によって退社（会社法607①三）することとされています。その持分について払戻しを受ける場合、又は出資持分の相続について定款に別段の定めがあり、その持分を承継する場合にはそれぞれ次のように評価します。

図表3-6-2　持分会社の出資持分の評価方法

区　分	評価方法
持分の払戻しを受ける場合	持分の払戻請求権として評価し、その価額は、評価すべき持分会社の課税時期における各資産を財産評価基本通達の定めにより評価した価額の合計額から課税時期における各負債の合計額を控除した金額に持分を乗じて計算した金額となります。これは、会社法第611条第2項が、「退社した社員と持分会社との間の計算は、退社の時における持分会社の財産の状況に従ってしなければならない。」と規定していることによります。
持分を承継する場合	持分会社に対する出資の価額は、取引相場のない株式の評価方法（評基通178から193）に準じて出資の価額を評価します（評基通194）。

⑶　農業協同組合等の出資

　農業協同組合、信用金庫又は信用組合のように、その組合の行う事業によって、その組合員及び会員のために最大の奉仕をすることを目的とし、営利を目的として事業を行わない組合等に対する出資は、原則として、払済出資金額によって評価します（評基通195）。

⑷　企業組合等の出資

　企業組合、漁業生産組合又は農事組合法人その他これに類似する組合等のように、それ自体が1個の企業体として営利を目的として事業を行うことができる組合等に対する出資は、純資産価額方式（評基通185）を準用して評価します（評基通196）。

　なお、企業組合が定款で「組合員が脱退したときは、組合員の本組合に対する出資限度として払い戻すものとする。」と定めている場合の出資等の評価は、次のとおりです。
　㈠　法令の規定により払込出資金額しか返還されないことが担保されている場合
　　　払済出資金額によって評価します。
　㈡　法令の規定により払込出資金額しか返還されないことが担保されていない場合
　　　出資持分の相続について定款に別段の定めがある等により、その持分を承継する場合には、純資産価額方式（評基通185）を準用して評価します。
　　　　ただし、法令の規定により、払込出資金額しか返還されないことが担保されていない場合であっても、出資持分を承継することなく、相続人等が現実に出資払戻請求権を行使して、出資の払戻しを受けたときには、その払戻しを受けた出資の金額によって評価します。

⑸　協業組合の出資

　協業組合については、組合ではあるが、相互扶助等の組合原則を徹底しているというよりは、会社制度の要素を多く取り込んでおり、その実態は持分会社に近似すると認められることから、持分会社の出資の評価に準じて評価します。ただし、各組合員の議決権は原則として平等であり、出資と議決権が結びついていないことから、同族株主等の議決権の割合が50％以下の場合の20％評価減、配当還元方式等の定めは適用がないことに留意してください。

⑹　匿名組合契約に係る匿名組合員の出資

　匿名組合とは、当事者の一方（匿名組合員）が相手方（営業者）のために出資をし、その営業から生ずる利益を分配することを約する契約です。

　匿名組合員の有する財産は、利益配当請求権と匿名組合契約終了時における出資金返還請求権が一体となった債権的権利であり、その価額は営業者が匿名組合契約に基づき管理している全ての財産・債務を対象として、課税時期においてその匿名組合契約が終了したものとした場合に、匿名組合員が分配を受けることができる清算金の額に相当する金額により評価します。清算金の額を算出するに当たっては、純資産価額方式（評基通185）の定めを準用して評価します。

　この場合、匿名組合には、法人税等が課税されないことから、法人税等相当額を控除することはできません。

1　信用金庫等の出資の評価

　次に掲げる法人に対する出資者に相続が開始し、定款等の定めに基づき、その相続人が当該出資者の地位を承継することとなったときには、財産評価基本通達のいずれの定めによって評価するのでしょうか。

　①　信用金庫の出資
　②　信用組合の出資
　③　農事組合法人の出資
　④　協業組合の出資

2　持分会社の退社時の出資の評価

　　　　　合名会社、合資会社又は合同会社（持分会社）の社員は、死亡によって退社することとされていますが、その持分について払戻しを受ける場合には、どのように評価するのでしょうか。また、出資持分の相続について定款に別段の定めがあり、その持分を承継する場合には、どのように評価するのでしょうか。

3　企業組合の定款に特別の定めがある場合の出資の評価

　企業組合が、その定款を「組合員が脱退したときは組合員の本組合に対する出資額を限度として持分を払い戻すものとする。」と変更した場合には、その出資又は出資払戻請求権はどのように評価するのでしょうか。

7　株式等に関する権利

⑴　株式の割当てを受ける権利

　株式の割当てを受ける権利とは、株式の割当基準日の翌日から株式の割当ての日までの間における株式の割当てを受ける権利をいいます（評基通168⑷）。

　株式の割当てを受ける権利の価額は、財産評価基本通達の定めにより評価した価額に相当する金額（権利落等後の株式の評価額）から割当てを受けた株式1株について払い込むべき金額を控除した価額によって評価します（評基通190）。

　ただし、課税時期において発行日決済取引※が行われている株式に係る株式の割当てを受ける権利については、その割当てを受けた株式について上場株式の評価の定め（評基通169）により評価した価額に相当する金額から割当てを受けた株式1株につき払い込むべき金額を控除した金額によって評価します。

※　発行日決済取引とは、有償株主割当増資が行われる際に発行される新株式について、その新株式が発行される前の段階で行う売買をいいます。

図表 3－7－1　株式の割当てを受ける権利等の図解と留意事項

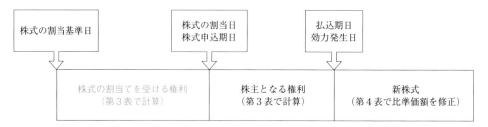

区　分	取引相場のない株式の評価明細書の記載	その他の留意事項
株式の割当て を受ける権利	第3表の「株式の価額の修正」 第3表の「株式に関する権利の価額」	「株式の割当てを受ける権利」を相続財産に計上 （割当株式の払込金が未払の場合は債務費計上）
株主となる権利	第3表の「株式の価額の修正」 第3表の「株式に関する権利の価額」	「株主となる権利」を相続財産に計上 （割当株式の払込金が未払の場合は債務費計上）
新株式	第4表の「比準価額の修正」 第5表の「資産の部」に新株払込金を計上	「新株式」を相続財産に計上

⑵　株主となる権利

　株主となる権利とは、株式の割当てがあった日の翌日（会社の設立に際し発起人が引受けをする株式にあっては、その引受けの日）から会社の設立登記の日の前日（会社成立後の株式の割当ての場合にあっては、払込期日（払込期日の定めがある場合には払込みの日））までの間における株式の引受けに係る権利をいいます（評基通168⑸）。

　会社設立の場合の株主となる権利の価額は、課税時期以前にその株式1株につき払い込んだ価額によって評価し（評基通191⑴）、会社設立後の株式の割当ての場合には、財産評価基本通達の定めにより評価した価額に相当する金額（権利落等後の株式の評価額）から課税時期の翌日以後払い込むべき金額がある場合には、その金額から払い込むべき金額を控除した金額によって評価します（評基通191⑵）。

　ただし、課税時期において発行日決済取引が行われている株式に係る株主となる権利については、その割当てを受けた株式について上場株式の評価の定め（評基通169）により評価した価額に相当する金額から課税時期の翌日以後払い込むべき金額がある場合には、その金額から払い込むべき金額を控除した金額によって評価します（評基通191⑵ただし書）。

⑶　株式無償交付期待権

　株式無償交付期待権とは、株式無償交付の基準日の翌日から株式無償交付の効力が発生する日までの間における株式の無償交付を受けることができる権利をいいます（評基通168⑹）。

　株式無償交付期待権の価額は、財産評価基本通達の定めにより評価した価額に相当する金額（権利落等後の株式の評価額）によって評価します。

　ただし、課税時期において発行日決済取引が行われている株式に係る株式無償交付期待権の割当てを受ける権利については、その株式について「上場株式の評価」（評基通169）の定めにより評価します（評基通192）。

図表 3-7-2　株式無償交付期待権の図解

区　　分	取引相場のない株式の評価明細書の記載	その他の留意事項
株式無償交付期待権	第3表の「株式の価額の修正」 第3表の「株式に関する権利の価額」	「株式無償交付期待権」を相続財産に計上
新株式	第4表の「比準価額の修正」 第5表の「資産の部」に新株払込金を計上	「新株式」を相続財産に計上

⑷　配当期待権

　　配当期待権とは、配当金交付の基準日の翌日から、配当金交付の効力が発生する日までの間における配当金の交付を受けることができる権利をいいます（評基通168⑺）。

　　配当期待権の価額は、課税時期後に受けると見込まれる予想配当の金額から当該金額につき源泉徴収されるべき所得税の額に相当する金額（特別徴収されるべき道府県民税の額に相当する金額を含みます。）を控除した金額によって評価します（評基通193）。

図表 3-7-3　配当期待権の図解

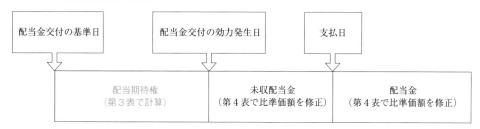

区　　分	取引相場のない株式の評価明細書の記載	その他の留意事項
配当期待権	第3表の「株式の価額の修正」 第3表の「株式に関する権利の価額」	「配当期待権」を相続財産に計上
未収配当金	第4表の「比準価額の修正」 第5表の「負債の部」に未払配当金を計上	「未収配当金」を相続財産に計上
配当金	第4表の「比準価額の修正」 第5表の「負債の部」に未払配当金を計上	配当金は既に現預金に混在

1　土地及び土地の上に存する権利

2　家屋及び構築物等

3　株　式　等

4　公　社　債　等

5　定期金に関する権利

6　動　産

⑸　**ストックオプション**

　ストックオプションとは、会社法第2条第21号に規定する新株予約権が無償で付与されたもののうち、「上場新株予約権」に該当するものを除いたものをいい、その目的たる株式が上場株式又は気配相場のある株式であり、かつ、課税時期が権利行使可能期間内にあるものに限ります（評基通168⑻）。

　その目的たる株式が上場株式又は気配相場等のある株式であり、かつ、課税時期が権利行使可能期間内にあるストックオプションの価額は、課税時期におけるその株式の価額から権利行使価額を控除した金額に、ストックオプション1個の行使により取得することができる株式数を乗じて計算した金額（その金額が負数のときは、0とします。）によって評価します（評基通193-2）。

【ストックオプションの評価算式】

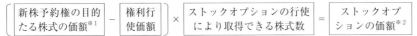

※1　上場株式及び気配相場等のある株式の定めにより評価します。
※2　負数になる場合は0とします。

【チェックポイント3-7-1】ストックオプション

> 1　非上場会社が発行するストックオプションの価額
>
> 　非上場会社が発行するストックオプションの価額については、その発行内容等（権利行使価額の決定方法や権利行使により取得する株式の譲渡方法を含みます。）を勘案し個別に評価することとされています。
>
> 2　課税時期が権利行使可能期間前のストックオプション
>
> 　課税時期が権利行使の前であっても、相続の開始と同時に相続人が権利行使できる場合は、本通達を適用してそのストックオプションを評価します。

⑹　**上場新株予約権**

　上場新株予約権とは、会社法第277条の規定により無償で割り当てられた新株予約権のうち、金融商品取引所に上場されているもの及び上場廃止後権利行使期間内にあるものをいいます（評基通168⑼）。

　上場新株予約権の価額は、その新株予約権が上場されている金融商品取引所の公表する課税時期の最終価格（課税時期に金融商品取引所の公表する最終価格がない場合には、課税時期前の最終価格のうち、課税時期に最も近い日の最終価格）と上場期間中の新株予約権の毎日の最終価格の平均額のいずれか低い価額によって評価します（負担付贈与又は個人間の対価を伴う取引により取得した上場新株予約権の価額は最終価格で評価）（評基通193-3）。

　なお、上場廃止された新株予約権が権利行使可能期間内にある場合は、課税時期におけるその目的たる株式の価額（上場株式の評価の定めにより評価）から権利行使価額を控除した金額に、新株予約権1個の行使により取得することができる株式数を乗じて計算した金額（その金額が負数のときは、「0」）によって評価します。

　ただし、新株予約権の発行法人による取得条項が付されている場合には、課税時期におけるその目的たる株式の価額から権利行使価額を控除した金額に、新株予約権1個の行使により取得することができる株式数を乗じて計算した金額と取得条項に基づく取得価格のいずれか低い金額によって評価する。

【上場廃止された新株予約権が権利行使可能期間内にある場合の評価算式】

$$\left(\begin{array}{c}\text{新株予約権の目的}\\\text{たる株式の価額}^*\end{array}-\begin{array}{c}\text{権利行}\\\text{使価額}\end{array}\right)\times\begin{array}{c}\text{新株予約権1個の行使に}\\\text{より取得できる株式数}\end{array}=\begin{array}{c}\text{評価額}\\\text{（負数の場合は0）}\end{array}$$

土地及び土地の上に存する権利 ①

家屋及び構築物等 ②

株　式　等 ③

公　社　債　等 ④

定期金に関する権利 ⑤

動　産 ⑥

第4章　公社債等

1　公社債

　公社債の価額は、銘柄の異なるごとに次に掲げる区分に従い、券面額100円当たりの価額に公社債の券面額を100で除した数を乗じて計算した金額によって評価します（評基通197）。

図表4-1-1　公社債の評価

区　　分		評　価　方　法
利付公社債 （評基通197-2）		①　金融商品取引所に上場されている利付公社債 　　課税時期の最終価格※1 ＋ 課税時期の既経過利息※2 ②　日本証券業協会において売買参考統計値が公表される銘柄として選定された利付公社債（金融商品取引所に上場されている利付公社債を除く。） 　　課税時期の平均値 ＋ 課税時期の既経過利息※2 ③　上記以外の利付公社債 　　発行価額 ＋ 課税時期の既経過利息※2
	個人向け国債	額面金額 ＋ 経過利子相当額（源泉所得税等控除前）－ 中途換金調整額※4
	ディスカウント債	発行価額 ＋ 既経過償還差益※3 ＋ 既経過利息※2 （発行価額 ＋ 既経過※3 償還差益）× 課税時期における指数 ÷ 100 ＋既経過利息　｝どちらか低い金額
元利均等償還が行われる公社債（評基通197-4）		定期金に関する権利の評価（相法24）の規定を準用して計算した金額によって評価
転換社債型新株予約権付社債（評基通197-5）		①　金融商品取引所に上場されている転換社債 　　課税時期の市場価格 ＋ 課税時期の既経過利息※2 ②　日本証券業協会において店頭転換社債として登録された転換社債 　　課税時期の最終価格 ＋ 課税時期の既経過利息※2 ③　上記以外の転換社債 　イ　発行会社の株価が、その転換社債の転換価格を超えない場合 　　　発行価額 ＋ 課税時期の既経過利息※2 　ロ　発行会社の株価が、その転換社債の転換価格を超える場合 　　　発行会社の株式の価額※5 × 100円 ÷ その転換社債の転換価格
割引発行の公社債（評基通197-3）		①　金融商品取引所に上場されている利付公社債 　　課税時期の最終価格※1 ②　日本証券業協会において売買参考統計値が公表される銘柄として選定された利付公社債（金融商品取引所に上場されている割引発行の公社債を除く。） 　　課税時期の平均値 ③　上記以外の割引発行の公社債 　　発行価額 ＋ 既経過償還差益※3
EB債（他社株転換可能債）		①　課税時期が評価日以後で、発行価額に相当する金銭による償還が行われることが確定している場合 　　発行価額 ＋ 課税時期の既経過利息※2 ②　課税時期が評価日以後で、対象株式による現物償還が行われることが確定している場合 　　対象株式評価額 ＋ 課税時期の既経過利息※2 ③　課税時期が評価日前である場合 　　発行価額 ＋ 課税時期の既経過利息※2 　　または、対象株式評価額 ＋ 課税時期の既経過利息※2で評価しても差し支えません。

※1 日本証券業協会において売買参考統計値が公表される銘柄として選定された公社債である場合には、日本証券業協会の公表する課税時期の平均値と最終価格のうちいずれか低い金額で評価することができます。

※2 課税時期において利払期が到来していない利息のうち、課税時期現在の既経過分に相当する金額から当該金額につき源泉徴収されるべき所得税の額に相当する金額を控除した金額

※3 券面額と発行価額との差額に相当する金額に受渡日から償還日までの日数に対する受渡日から課税時期までの日数の割合を乗じて計算した金額

※4 個人向け国債を満期前に解約する場合に発生する調整額のことで、直前2回分の各利子（税引前）相当額×0.79685で算出されます。

※5 その株式が上場株式又は気配相場のある株式である場合には、その株式について、この通達の定めにより評価した課税時期における株式1株当たりの価額をいい、その株式が取引相場のない株式である場合には、次の算式によって修正した金額となります。

$$\frac{\text{転換社債の発行会社の課税時期} \atop \text{における株式1株当たりの価額} + \text{その転換社債} \atop \text{の転換価格} \times \text{未転換社債のすべてが株式に転換} \atop \text{されたものとした場合の増資割合}}{1 + \text{未転換社債のすべてが株式に転換されたものとした場合の増資割合}}$$

増資割合とは、次の算式によって計算した割合をいいます。

$$\text{増資割合} = \frac{\text{課税時期において株式に転換されていないものの額面総額}}{\text{その転換社債の転換価格}} \div \frac{\text{課税時期における}}{\text{発行済株式数}}$$

【質疑応答】公社債の評価

---

1 個人向け国債の評価

個人向け国債はどのように評価するのでしょうか。

2 EB債（他社株転換債）の評価

　　A社は、一定の条件の下で、社債元本の金銭による償還に代えて、A社が保有するB社の株式で社債元本を償還することができるプレーン型のEB債（他社株転換債）を発行していますが、このEB債はどのように評価するのですか。

3 ディスカウント債の評価

ディスカウント債（通常よりも低い利率で、発行価額が額面金額よりも低く設定されており、償還時には額面で償還される債券）はどのように評価するのでしょうか。

【チェックポイント4−1−1】公社債の評価

海外の公社債の評価

国外の公社債も国内の公社債と同様の方法により評価します。

なお、国外の公社債については、外貨建てのため円貨に換算する必要があります。この円貨換算を行うときのレートは、納税義務者の取引金融機関が公表する課税時期における最終の為替相場（邦貨換算を行う場合の外国為替の売買相場のうち、対顧客直物電信買相場）により評価します（評基通4−3）。

---

2 貸付信託受益証券

貸付信託の受益証券の価額は、次に掲げるところにより評価します（評基通198）。

図表 4 - 2 - 1 　貸付信託の受益証券の評価

区　　分	評　価　方　法
貸付信託設定日から1年以上を経過しているもの	元本の額 + 既経過収益の額（A） − （A）につき源泉徴収をされるべき所得税の額に相当する金額 − 買取割引料
上記以外のもの	上記の算式に準じて計算した金額

3 証券投資信託受益証券等

証券投資信託受益証券等の評価は、それぞれ次に掲げるところにより評価します（評基通199）。

図表 4 - 3 - 1 　証券投資信託受益証券等の評価

区　　分	評　価　方　法
中期国債ファンド、MMF等の日々決算型の証券投資信託の受益証券	1口当たりの基準価額 × 口数 ＋ 再投資されていない未収分配金（A） − （A）につき源泉徴収をされるべき所得税の額に相当する金額 − 信託財産留保額及び解約手数料
上記以外の証券投資信託の受益証券	1口当たりの基準価額 × 口数 − 課税時期において解約請求等した場合に源泉徴収されるべき所得税の額に相当する金額 − 信託財産留保額及び解約手数料
金融商品取引所に上場されている証券投資信託の受益証券（ETF）	上場株式の評価の定めに準じて評価します。また、金銭分配期待権の価額は、配当期待権の評価に準じて評価します。
不動産投資信託証券等（J-REIT）（評基通213）	上場株式の評価の定めに準じて評価します。また、無償交付期待権の価額は、株式無償交付期待権の評価に準じて評価し、金銭分配期待権の価額（利益超過分配金の額を含みます。）は、配当期待権の評価に準じて評価します。
受益証券発行信託証券等（ETN）（評基通213-2）	上場株式の評価の定めに準じて評価します。また、受益証券発行信託証券に係る金銭分配期待権の価額は、配当期待権の評価に準じて評価します。

1 土地及び土地の上に存する権利
2 家屋及び構築物等
3 株式等
4 公社債等
5 定期金に関する権利
6 動産

第5章　定期金に関する権利

1　定期金に関する権利の概要

　定期金に関する権利とは、「定期金給付契約」に関する権利のことをいいます。

　「定期金給付契約」とは、契約によりある期間定期的に金銭その他の給付を受けることを目的とする債権をいい、いわゆる年金保険契約が代表的な例です。なお、いわゆる年金保険契約以外の契約であっても、年金の方法によって支払われる生命保険契約若しくは損害保険契約に係る保険金又は退職金についても「定期金給付契約」に該当し、定期金の給付事由の発生原因は問いません。

　定期金に関する権利の評価方法は、課税時期に給付事由が発生しているものと、給付事由が発生していないものとに分かれます。

図表 5 − 1 − 1　定期金に関する権利の評価方法の概要

区　　分			評　価　方　法
契約に基づく定期金	定期金給付事由が発生しているもの（相法3①五、24）	有期定期金	次に掲げる金額のうちいずれか多い金額 ① 解約返戻金の金額 ② 一時金の金額 ③ 給付金額の1年当たりの平均額に、残存期間に応ずる予定利率による複利年金現価率を乗じて得た金額
		無期定期金	次に掲げる金額のうちいずれか多い金額 ① 解約返戻金の金額 ② 一時金の金額 ③ 給付金額の1年当たりの平均額を、予定利率で除して得た金額
		終身定期金	次に掲げる金額のうちいずれか多い金額 ① 解約返戻金の金額 ② 一時金の金額 ③ 給付金額の1年当たりの平均額に、契約目的者に係る余命年数に応ずる予定利率による複利年金現価率を乗じて得た金額
	定期金給付事由が発生していないもの（相法3①四、25）	解約返戻金の定め有り	解約返戻金の金額
		解約返戻金の定め無し	掛金又は保険料が一時に払い込まれた場合 　掛金等の経過期間[1]につき、掛金等の払込金額に対し、複利終価率（予定利率の複利による計算をして得た元利合計額）に90％を乗じた金額
			掛金又は保険料が一時に払い込まれていない場合 　経過期間に応じ、経過期間に払い込まれた掛金等の金額の1年当たりの平均額に、予定利率による複利年金終価率を乗じて得た金額に90％を乗じた金額
契約に基づくもの以外の定期金[2]（相法3①六、24⑤）			定期金給付事由が発生しているものの評価に準じて評価した金額

※1　払込開始の時から当該契約に関する権利を取得した時までの期間をいいます。
※2　厚生年金保険法等の規定による遺族年金等については、それぞれそれらの法律に非課税規定が設けられているので、相続税は課税されません（相基通3-46）。
※3　被相続人に支給されるべきであった定期金又はこれに準ずる方法で支給される退職手当金等については、退職手当金等として課税されます（相基通3-47）。

【チェックポイント5-1-1】定期金に関する権利の評価

1　終身定期金の適用を受けるものにつき、その目的とされた者が当該契約に関する権利を取得した時後申告期限までに死亡し、その死亡によりその給付が終了した場合の評価

　当該定期金は、終身定期金の規定により評価した金額にかかわらず、その権利者が当該契約に関する権利を取得した時後に給付を受けるべき金額（当該権利者の遺族その他の第三者が当該権利者の死亡により給付を受ける場合には、その給付を受ける金額を含みます。）で評価します（相法24②）。

2　生存条件付定期金の評価

　定期金給付契約に関する権利で、その権利者に対し、一定期間、かつ、その目的とされた者の生存中、定期金を給付する契約（生存条件付定期金）に基づくものの価額は、有期定期金として算出した金額又は終身定期金として算出した金額のいずれか少ない金額により評価します（相法24③）。

3　保証期間付終身定期金の評価

　定期金給付契約に関する権利で、その目的とされた者の生存中定期金を給付し、かつ、その者が死亡したときはその権利者又はその遺族その他の第三者に対し継続して定期金を給付する契約（保証期間付終身定期金）に基づくものの価額は、有期定期金として算出した金額又は終身定期金として算出した金額のいずれか多い金額により評価します（相法24④）。

4　定期金に関する権利の評価における年数等の端数処理

　定期金に関する権利を評価する際の年数等の端数処理は、次の図のように異なります。

区　　分	端　数　処　理
複利年金現価率（相規12の5①）	小数点以下第3位未満の端数を四捨五入
複利終価率（評基通200-4）	
複利年金終価率（相規12の7①）	
給付期間の年数（相規12の5②一）	1年未満の端数を切上げ
払込済期間の年数（相規12の7②）	
経過期間の年数（相基通200-4）	1年未満の端数を切捨て
余命年数（相規12の6）	

（参考5-1-1）定期金に関する権利の評価明細書

相続税又は贈与税の申告に際し、定期金に関する権利の価額を評価するために使用する国税庁の作成した「定期金に関する権利の評価明細書」（平成22年度改正法適用分）は、右のQRコードから出力してください。

（参考5-1-2）令和2年分の基準年利率（法令解釈通達）

令和2年中に相続、遺贈又は贈与により取得した財産を評価する場合における財産評価基本通達（昭和39年4月25日付直資56ほか1課共同）4-4に定める「基準年利率」は、左のQRコードから出力してください。

1　土地及び土地の上に存する権利
2　家屋及び構築物等
3　株式等
4　公社債等
5　定期金に関する権利
6　動産

2 給付事由が発生している定期金

定期金給付契約で当該契約に関する権利を取得した時において定期金給付事由が発生しているもの（保証期間付定期金）に関する権利の価額は、次の各号に掲げる定期金又は一時金の区分に応じて評価します（相法3①五、24）。

図表5-2-1 給付事由が発生している定期金の評価

区　　分	評　価　方　法
有期定期金	次に掲げる金額のうちいずれか多い金額 ① 解約した場合の解約返戻金の金額 ② 定期金に代えて一時金の給付を受けた場合の一時金の金額 ③ 給付金額の1年当たりの平均額※1に、残存期間に応ずる予定利率※2による複利年金現価率を乗じて得た金額
無期定期金	次に掲げる金額のうちいずれか多い金額 ① 解約した場合の解約返戻金の金額 ② 定期金に代えて一時金の給付を受けた場合の一時金の金額 ③ 給付金額の1年当たりの平均額を、予定利率で除して得た金額
終身定期金	次に掲げる金額のうちいずれか多い金額 ① 解約した場合の解約返戻金の金額 ② 定期金に代えて一時金の給付を受けた場合の一時金の金額 ③ 給付金額の1年当たりの平均額※1に、契約目的者に係る余命年数※3に応ずる予定利率による複利年金現価率を乗じて得た金額

※1 当該定期金給付契約に係る給付期間（定期金の給付を受けるべき残りの期間）に給付を受けるべき金額の合計額を当該給付期間の年数（1年未満の端数は切上げ）で除して計算した金額（評基通200(1)）。
※2 定期金給付契約に関する権利を評価する場合の「予定利率」は、当該定期金給付契約に関する権利を取得した時における当該契約に係る「予定利率」をいいます（評基通200-6）。
※3 終身定期金に係る定期金給付契約のうち、1年間に給付を受けるべき定期金の金額が毎年異なる契約の場合、当該定期金給付契約に関する権利を取得した時後当該契約の目的とされた者に係る余命年数の間に給付を受けるべき金額の合計額を当該余命年数で除して計算した金額（評基通200(2)）。
※4 定期金給付契約に関する権利を取得した時の属する年の1月1日現在において公表されている厚生労働省の作成に係る「完全生命表」（図表1-10-2参照）に掲げる年齢及び性別に応じた平均余命（一年未満の端数があるときは、これを切り捨てた年数）で、最新のものによります（評基通200-3）。

3 給付事由が発生していない定期金

相続開始の時において、まだ定期金給付事由が発生していない定期金給付契約※1（生命保険契約を除きます※2。）で被相続人が掛金又は保険料を負担しているものについては、次のように区分されます。

なお、給付事由が発生していない定期金の価額は、図表5-3-1の区分により評価します（相法25）。

※1 定期金給付事由が発生していない定期金給付契約としては、「年金払積立傷害保険」の権利等があります。
※2 相続開始の時において、まだ保険事故が発生していない生命保険契約に関しては、当該契約を解約した場合に支払われる解約返戻金の額によって評価します（評基通214）。

① 被相続人以外の者が契約者である場合

　契約者が、定期金契約に関する権利を被相続人から相続又は遺贈により取得したとみなして課税されます（相法3①四）。

② 被相続人が契約者である場合

　被相続人の定期金契約を相続又は遺贈により取得した者が、定期金に関する権利について本来の相続財産として課税されます（相基通3-36）。

	1 土地及び土地の上に存する権利
	2 家屋及び構築物等
	3 株式等
	4 公社債等
	5 定期金に関する権利
	6 動産

図表 5-3-1　給付事由が発生していない定期金の評価

区　　分		評　価　方　法
解約返戻金を支払う旨の定めあり		解約返戻金※1の金額
解約返戻金を支払う旨の定めなし	掛金等が一時払いの場合	一時払保険料の額 ×　経過期間※2に応じる複利終価率　×90%
	上記以外	経過期間に払い込まれた掛金等の金額の1年当たりの平均額　×　経過期間に応ずる予定利率による複利年金終価率※3　×90%

※1　解約返戻金とは、定期金給付契約に関する権利を取得した時において、当該契約を解約するとした場合に支払われることになる解約返戻金に、これとともに支払われることになる剰余金の分配額等又は前納保険料がある場合にはこれらの金額を加算し、源泉徴収されるべき所得税の額に相当する金額がある場合には、当該金額を減算した金額（相基通24-3）。
※2　当該掛金又は保険料の払込開始の時から当該契約に関する権利を取得した時までの期間をいいます。
※3　複利の計算で年金終価を算出するための割合として財務省令（相規12の7）で定めるものをいいます。

（参考5-3-1）年金払積立傷害保険の相続税法第24条及び第25条の取扱いについて

> 年金払積立傷害保険の相続税法第24条及び第25条の取扱いについては、国税庁平成23年2月25日付文書回答事例が国税庁HPに掲載されていますので参照してください。　

4　契約に基づくもの以外の定期金

　被相続人の死亡により相続人その他の者が定期金（一時金を含みます。）に関する権利で契約に基づくもの以外のもの（恩給法の規定による扶助料に関する権利を除きます。）を取得した場合においては、当該定期金に関する権利を取得した者について、当該定期金に関する権利（退職金等に該当するものを除きます。）を相続又は遺贈により取得したものとみなし、定期金に関する権利の評価を準用して評価します（相法3①六、相法24⑤）。

　例えば、退職年金※を受けている者の死亡により、その相続人その他の者が当該年金を継続して受けることとなった場合（退職年金の継続受取人）等があります。

※　退職年金は、事業主と保険（信託）会社との契約であって、従業員又はその遺族との契約がないことから、契約に基づかない定期金とされています。

（参考5-4-1）国税庁の「定期金に関する権利の自動計算」サイト

> 平成22年度改正法後の定期金に関する権利の評価については、国税庁の「定期金に関する権利の自動計算」サイトで計算することができます。　

（参考5-4-2）「定期金に関する権利の評価が変わりました（平成22年5月）」パンフレット

> 　平成22年度改正法により、「定期金に関する権利」の評価が変わった際に、国税庁が出したパンフレットに、改正内容や定期金評価の具体的な計算例などが詳しく記載されていますので参考にしてください。

定 期 金 に 関 す る 権 利 の 評 価 明 細 書

（平成二十二年度改正法適用分）

定 期 金 又 は 契 約 の 名 称		**年金受給権（生命保険契約）**
定 期 金 の 給 付 者	氏 名 又 は 名 称	**○○生命保険相互会社**
	住 所 又 は 所 在 地	**東京都千代田区麹町○─○**
定 期 金 に 関 す る 権 利 を 取 得 し た 者		**中央花子**

> 給付金の受給総額 ÷ 給付期間の年数

和 2 年 12 月 18 日

1　定期金の給付事由が発生しているもの

(1) 有期定期金

解 約 返 戻 金 の 金 額	一 時 金 の 金 額	⑨ の 金 額	評価額（①、②又は③のいずれか多い金額）
① **14,000,000** 円	② **14,000,000** 円	③ **14,055,000** 円	④ **14,055,000** 円

③の計算

定期金給付契約に基づく定期金の給付が終了する年月日		令和12年12月1日		
1 年 当 た り の 平 均 額	予 定 利 率	給付期間の年数	複利年金現価率	⑤ × ⑧ の 金 額
⑤ **1,500,000** 円	⑥ **1.20** %	⑦ **10** 年	⑧ **9.370**	⑨ **14,055,000**

(2) 無期定期金

解 約 返 戻 金 の 金 額	一 時 金 の 金 額	⑯ の 金 額	評価額（⑩、⑪又は⑫のいずれか多い金額）
⑩ 円	⑪ 円	⑯ 円	⑬ 円

⑫の計算

1 年 当 た り の 平 均 額	予 定 利 率	⑭ ÷ ⑮ の 金 額
⑭ 円	⑮ %	⑯ 円

(3) 終身定期金

解 約 返 戻 金 の 金 額	一 時 金 の 金 額	㉕ の 金 額	評価額（⑰、⑱又は⑲のいずれか多い金額）
⑰ **14,000,000** 円	⑱ **14,000,000** 円	**7,237,500** 円	⑳ **14,000,000** 円

⑲の計算

定期金給付契約の目的とされた者の生年月日及び性別		昭和5年6月1日	（ 男 ・ 女 ）	
1 年 当 た り の 平 均 額	予 定 利 率	余 命 年 数	複利年金現価率	㉑ × ㉔ の 金 額
㉑ **1,500,000** 円	㉒ **1.20** %	**5** 年	㉔ **4.825**	㉕ **7,237,500**

> 1年未満切上げ

(4) 権利者に対し、一定期間、かつ、定期金給付契約の目的とされた者の生存中定期金を給付する契約に

④ の 金 額	⑳ の 金 額	評 価 額（㉖又は㉗のいずれか少ない金額）
㉖ **14,055,000** 円	㉗ **14,000,000** 円	㉘ **14,000,000** 円

> 1年未満切捨て

約の目的とされた者の生存中定期金を給付し、かつ、その者が死亡したときは権利者又は遺族等に定期金を給付する契約に基づくもの

④ の 金 額	⑳ の 金 額	評 価 額（㉙又は㉚のいずれか多い金額）
㉙ 円	㉚ 円	㉛ 円

2　定期金の給付事由が発生していないもの

		定期金給付契約に基づく掛金又は保険料の払込開始年月日		昭和 令和 平成			
(1) 契約に解約返戻金を支払う定めがない場合	イ　掛金又は保険料が一時に払い込まれた場合	払 込 金 額	予定利率	経過期間の年数	複利終価率	㋑ × ㋺ の 金 額	評価額（㋩× 90/100）
		㋑ 円	㋺ %	㋩ 年	㋥	㋭ 円	㋬ 円
	ロ　イ以外の場合	1 年 当 た り の 平 均 額	予定利率	払込済期間の年数	複利年金終価率	㋣ × ㋠ の 金 額	評価額（㋷× 90/100）
		㋣ 円	㋠ %	㋷ 年	㋦	㋸ 円	㋵ 円
(2)　(1)以外の場合						評 価 額（解約返戻金の金額）	
						㋻ 円	

（資4-34-A4統一）

第6章　動　産

1　一般動産

　一般動産[1]の価額は、原則として、1個又は1組ごとに評価します。ただし、家庭用動産、農耕用動産、旅館用動産等で1個又は1組の価額が5万円以下のものについては、それぞれ一括して一世帯、一農家、一旅館等ごとに評価します（評基通128）。

　一般動産の価額は、原則として、売買実例価額、精通者意見価格等を参酌して評価します。ただし、売買実例価額、精通者意見価格等が明らかでない動産については、その動産と同種及び同規格の新品の課税時期における小売価額から、その動産の製造の時から課税時期までの期間（その期間に1年未満の端数があるときは、その端数は1年とします。）の償却費の額[2]の合計額又は減価の額を控除した金額によって評価します（評基通129）。

> ※1　暖房装置、冷房装置、昇降装置、昇降設備、電気設備、給排水設備、消火設備、浴そう設備等で附属設備等の評価（評基通92）の(1)から(3)まで及びたな卸商品（評基通132）から船舶の評価（評基通136）までの定めにより評価するものを除きます。
> ※2　償却費の額を計算する場合における耐用年数等については、耐用年数省令に規定する耐用年数により、償却方法は、定率法によります（評基通130）。

図表6-1-1　一般動産の評価

区　　分	評　価　方　法
原　　則	売買実例価額、精通者意見価格等を参酌して評価
売買実例価額、精通者意見価格等が明らかでない動産	その動産と同種及び同規格の新品の課税時期における小売価額　−　その動産の製造の時から課税時期までの期間の償却費の額の合計額

2　たな卸商品等

　たな卸商品等[1]の価額は、図表6-2-1の区分に従い、かつ、それぞれの区分に掲げる動産のうち種類及び品質等がおおむね同一のものごとに評価します[2]（評基通132）。

> ※1　商品、原材料、半製品、仕掛品、製品、生産品その他これらに準ずる動産
> ※2　個々の価額を算定し難いたな卸商品等の評価は、所得税法施行令第99条（たな卸資産の評価の方法）又は法人税法施行令第28条（たな卸資産の評価の方法）に定める方法のうちその企業が所得の金額の計算上選定している方法によることができます。

図表6-2-1　たな卸商品等の評価

区　　分	評　価　方　法
商品、製品及び生産品	課税時期における販売価額　−　販売業者の適正利潤の額　−　予定経費※　−　販売商品に係る消費税等
原材料	課税時期における原材料の仕入価額　+　原材料の引取り等に要する運賃その他の経費の額
半製品及び仕掛品	課税時期における原材料の仕入価額　+　その原材料の引取り、加工等に要する運賃、加工費その他の経費の額

※　課税時期後販売までにその販売業者が負担すると認められる経費の額

3 牛馬等

牛馬等（牛、馬、犬、鳥、魚等）は、図表6-3-1に掲げる区分に従い評価します（評基通134）。

図表6-3-1　牛馬等の評価

区　分	評　価　方　法
販売業者が販売の目的をもって有するもの	課税時期における販売価額 － 販売業者の適正利潤の額 － 予定経費※ － 販売商品に係る消費税等
上記以外	売買実例価額、精通者意見価格等を参酌して評価

4 書画骨とう品

書画骨とう品は、図表6-4-1に掲げる区分に従い評価します（評基通135）。

図表6-4-1　書画骨とう品の評価

区　分	評　価　方　法
販売業者が販売の目的をもって有するもの	課税時期における販売価額 － 販売業者の適正利潤の額 － 予定経費※ － 販売商品に係る消費税等
上記以外	売買実例価額、精通者意見価格等を参酌して評価

5 船　舶

船舶は、図表6-5-1に掲げる区分に従い評価します（評基通136）。

図表6-5-1　船舶の評価

区　分	評　価　方　法
原則	売買実例価額、精通者意見価格等を参酌して評価
売買実例価額、精通者意見価格等が明らかでない動産	その船舶と同種同型の船舶※を課税時期において新造する場合の価額 － その船舶の建造の時から課税時期までの期間の償却費の額の合計額

※　同種同型の船舶がない場合においては、その評価する船舶に最も類似する船舶

第7章　無体財産権

1　特許権

特許権の価額は、権利者が自ら特許発明を実施している場合を除き、その権利に基づき将来受ける補償金の額[1,2]の基準年利率による複利現価の額の合計額によって評価します（評基通140、141）。

[1]　将来受ける補償金の額が確定していないものについては、課税時期前の相当の期間内に取得した補償金の額のうち、その特許権の内容等に照らし、その特許権に係る経常的な収入と認められる部分の金額を基とし、その特許権の持続性等を参酌して推算した金額をもってその将来受ける補償金の額とします（評基通142）。

[2]　「その権利に基づき将来受ける」期間は、課税時期から特許法第67条に規定する特許権の存続期間が終了する時期までの年数（その年数に1年未満の端数があるときは、その端数は、切り捨てます。）の範囲内において推算した年数とします（評基通143）。

図表7-1-1　特許権の評価

区　　分	評　価　方　法
原　　　則	将来受ける補償金の額の基準年利率による複利現価の額の合計額によって評価
権利者が自ら特許発明を実施している場合	その者の営業権の価額に含めて評価（評基通145）
補償金の額の合計額が50万円に満たない場合	評価しません（評基通144）

（参考7-1-1）令和2年基準年利率　　　　　　　　　　　　　　　　　　　　　　（単位：%）

区分	年数又は期間	1月	2月	3月	4月	5月	6月	7月	8月	9月	10月	11月	12月
短期	1年 2年	0.01	0.01	0.01	0.01	0.01	0.01	0.01	0.01	0.01	0.01	0.01	0.01
中期	3年 4年 5年 6年	0.01	0.01	0.01	0.01	0.01	0.01	0.01	0.01	0.01	0.01	0.01	0.01
長期	7年以上	0.05	0.05	0.01	0.1	0.1	0.1	0.25	0.1	0.25	0.1	0.1	0.1

（注）　課税時期の属する月の年数又は期間に応ずる基準年利率を用いることに留意してください。

2　実用新案権、意匠権及びそれらの実施権

　実用新案権、意匠権及びそれらの実施権の価額は、特許権の評価の定めを準用して評価します（評基通146）。

3　商標権及びその使用権

　商標権及びその使用権の価額は、特許権の評価の定めを準用して評価します（評基通147）。

（参考 7 - 3 - 1 ）特許権、実用新案権、意匠権、商標権等の評価明細書

> 「特許権、実用新案権、意匠権、商標権等の評価明細書」（平成16年分以降用）は、右のQRコードから出力してください。

図表 7 - 3 - 1　特許権等の存続期間

権利の区分	存　続　期　間
特許権	特許出願の日から20年（特許法67①）
実用新案権	出願の日から10年（実用新案法15）
意匠権	意匠登録出願から25年（意匠法21①）
商標権	設定登録の日から10年となっていますが、10年ごとに期間を延長するための更新登録申請を行い、所定の登録料を納付すれば、10年間ずつ期間を更新することができます

4　著作権、出版権及び著作隣接権

　著作権、出版権及び著作隣接権の価額は、下記の図表 7 - 4 - 1 に従って評価します。

図表 7 - 4 - 1　著作権、出版権及び著作隣接権の評価

区　分		評　価　方　法
著作権		年平均印税収入の額[※1]　×　0.5　×　評価倍率[※2]　（評基通148）
出版権	出版業者	営業権の価額に含めて評価（評基通154）
	上記以外	評価しません（評基通154）
著作隣接権		著作権の評価を準用して評価（評基通154-2）

※ 1　課税時期の属する年の前年以前 3 年間の印税収入の額の年平均額。ただし、個々の著作物に係る著作権について評価する場合には、その著作物に係る課税時期の属する年の前年以前 3 年間の印税収入の額の年平均額とする。

※ 2　課税時期後における各年の印税収入の額が「年平均印税収入の額」であるものとして、著作物に関し精通している者の意見等を基として推算したその印税収入期間に応ずる基準年利率による複利年金現価率。
　　　なお、精通者意見については、一般社団法人日本著作権協会（JASRAC）、公益社団法人日本文藝家協会など各業界の団体・機関に相談・照会等する方法もあります。著作権関係の業界の団体等については、「CRIC（公益社団調査区権情報センター）」等参照。

5 電話加入権

電話加入権の評価は、売買実例価額、精通者意見価格等を参酌して評価します（評基通161）。

6 鉱業権及び租鉱権

鉱業権の価額は、鉱業権の存する鉱山の固定資産及び流動資産と一括して、鉱山ごとに評価します。

図表7-6-1 鉱業権及び租鉱権の評価

区　分	評　価　方　法
操業している鉱山の工業権	平均所得[※1] × 可採年数に応ずる基準年利率による複利年金現価率[※2]
探鉱中の鉱山の鉱業権	その鉱山に投下された費用現価の70%に相当する価額によって評価
休業している鉱山の鉱業権	平均所得[※1]×（休業している鉱山等の課税時期から所得を得るに至ると認められる年までの年数（A）に可採年数を加えた年数に応ずる基準年利率による複利年金現価率 －（A）に応ずる基準年利率による複利年金現価率 －（A）に投下する各年の資本の額の基準年利率による複利現価の額の合計額[※2]
近い将来に所得を得る見込みがないもの	その鉱山が廃鉱となった場合においても他に転用できると認められるその鉱山の固定資産及び流動資産の価額の合計額によって評価
租鉱権の設定されている鉱山の鉱業権	その鉱山に係る平均租鉱料年額からその鉱山の所有者がその鉱山について負担すべき平均必要経費年額を控除した金額の50%に相当する金額をAとし、埋蔵鉱量のうち経済的可採鉱量を租鉱権者の1年間の採掘予定鉱量で除して得た年数をn年として、その租鉱権の設定されている鉱山が操業しているかどうか等の区分に応じ、それぞれ、上記の定めを準用して評価（評基通157）
租鉱権	租鉱権の存続期間をn年とし、その租鉱権の設定されている鉱山が操業しているかどうか等の区分に応じ、鉱業権の評価の定めを準用して評価（評基通159）

※1　平常の営業状態において、課税時期後n年間（可採年数：埋蔵鉱量のうち経済的可採鉱量 ÷ 1年間の採鉱予定鉱量）毎年実現を予想される1年間の純益に支払利子と償却額を控除した金額に0.5を乗じて、その金額から企業者報酬の額を控除して計算します。
※2　算出した鉱山の鉱業権の価額が、その鉱山の固定資産及び流動資産の価額の合計額に満たない場合には、その鉱山の固定資産及び流動資産の価額の合計額によって評価

7 採石権

採石権の価額は、鉱業権の定めを準用して評価します（評基通160）。

8 漁業権及び指定漁業を営むことのできる権利等

漁業権の価額は、営業権の価額に含めて評価します（評基通163、164）。

9　営業権

　営業権の価額は、次の算式によって計算した金額によって評価します。

　なお、医師、弁護士等のようにその者の技術、手腕又は才能等を主とする事業に係る営業権で、その事業者の死亡と共に消滅するものは、評価しません（評基通165）。

【営業権の評価算式】

$$\left(\text{平均利益金額}^{※1} \times 0.5 - \text{標準企業者報酬額}^{※2} - \text{総資産価額}^{※3} \times 5\% \right) \times \text{営業権の持続年数}^{※4} \text{に応ずる基準年利率による複利年金現価率}$$

※1　平均利益金額は、課税時期の属する年の前年以前3年間（法人は、課税時期の直前期末以前3年間）における所得の金額の合計額の3分の1に相当する金額（その金額が、課税時期の属する年の前年（法人は、課税時期の直前期末以前1年間）の所得の金額を超える場合には、課税時期の属する年の前年の所得の金額）とする。この場合における所得の金額は、事業所得の金額（法人は、法人税法第22条第1項に規定する所得の金額に損金に算入された繰越欠損金の控除額を加算した金額）とし、その所得の金額の計算の基礎に次に掲げる金額が含まれているときは、これらの金額は、いずれもなかったものとみなして計算した場合の所得の金額とします。
　　イ　非経常的な損益の額
　　ロ　借入金等に対する支払利子の額及び社債発行差金の償却費の額
　　ハ　青色事業専従者給与額又は事業専従者控除額（法人にあっては、損金に算入された役員給与の額）

※2　標準企業者報酬額は、次に掲げる平均利益金額の区分に応じ、次に掲げる算式により計算した金額

平均利益金額の区分	標準企業者報酬額
1億円以下	平均利益金額 ×0.3 ＋ 1,000万円
1億円超　3億円以下	平均利益金額 ×0.2 ＋ 2,000万円
3億円超　5億円以下	平均利益金額 ×0.1 ＋ 5,000万円
5億円超	平均利益金額 ×0.05 ＋ 7,500万円

　　（注）　平均利益金額が5,000万円以下の場合は、標準企業者報酬額が平均利益金額の2分の1以上の金額となるので、営業権の評価算式によると、営業権の価額は算出されません。

※3　総資産価額は、この通達に定めるところにより評価した課税時期（法人は、課税時期直前に終了した事業年度の末日）における企業の総資産の価額

※4　営業権の持続年数は、原則として10年となります。

（参考7-9-1）営業権の評価明細書

相続税又は贈与税の申告に際し、営業権の価額を評価するために使用する国税庁の作成した「営業権の評価明細書」（平成20年分以降用）は、右のQRコードから出力してください。

平均利益金額が5,000万円以下の場合は、標準企業者報酬額が平均利益金額の２分の１以上の金額となるので、営業権の評価算式によると、営業権の価額は算出されません。

営業権の評価明細書

（平成二十年分以降用）

事業所所在地又は本店所在地	東京都千代田区麹町○−○	事業の内容	和菓子製造	商号又は屋号	○○堂
氏名又は法人名	中央太郎				

平均利益金額の計算

年分又は事業年度	① 事業所得の金額又は所得の金額（繰越欠損金の控除額を加算した金額）	② 非経常的な損益の額	③ 支払利子等の額	④ 青色事業専従者給与額等又は損金に算入された役員給与の額	⑤ （①±②＋③＋④）
直前々々期 平成30年	110,000,000	0	2,000,000	60,000,000	㋑ 172,000,000 円
直前々期 令和1年	120,000,000	0	2,000,000	60,000,000	㋺ 182,000,000
前年分又は直前事業年度	100,000,000	0	2,000,000	60,000,000	㋬ 162,000,000

$(㋑＋㋺＋㋬)×\dfrac{1}{3}＝$ 172,000,000 円…⑥

平均利益金額（㋬の金額と⑥の金額のうちいずれか低い方の金額）＝ 162,000,000 円…⑦

標準企業者報酬額の計算

標準企業者報酬額（標準企業者報酬額表に掲げる平均利益金額の区分に応じ、同表に掲げる算式により計算した金額）

（⑦の金額）

162,000,000 円 × 0.2 ＋ 20,000,000 円

＝ 52,400,000 円…⑧

【標準企業者報酬額表】

平均利益金額の区分	標準企業者報酬額の算式
1億円以下	平均利益金額×0.3＋10,000,000円
1億円超 3億円以下	平均利益金額×0.2＋20,000,000円
3億円超 5億円以下	平均利益金額×0.1＋50,000,000円
5億円超	平均利益金額×0.05＋75,000,000円

総資産価額の計算

科 目	相続税評価額	科 目	相続税評価額
土地	200,000,000 円		
建物	55,000,000		
現金預金	2,000,000		
機械装置	85,000,000		
商品	38,000,000		
有価証券	20,000,000		
		合 計 ⑨	400,000,000

次に掲げる金額が含まれているときは、これらの金額は、なかったものとみなして計算します。
イ 非経常的な損益の額（資産の売却損益など）
ロ 借入金等に対する支払利子の額及び社債発行差金の償却費の額
ハ 青色事業専従者給与額（事業専従者控除額）、損金に算入された役員給与の額

総資産価額は、この通達に定めるところにより評価した課税時期（法人は、課税時期直前に終了した事業年度の末日）における企業の総資産の価額を記載します。

（平均利益金額（⑦））　　　（標準企業者報酬額（⑧））　　　（総資産価額（⑨））　　　（超過利益金額（⑩））

162,000,000円 × 0.5 － 52,400,000円 － [400,000,000円 × 0.05] ＝ 8,600,000 円

（超過利益金額（⑩））　　　（営業権の持続年数に応ずる基準年利率による複利年金現価率※）　　　（営業権の価額）

8,600,000 円 × 9.945 ＝ 85,527,000 円

※ 営業権の持続年数は、原則として、10年とします。

（注）医師、弁護士等のようにその者の技術、手腕又は才能等を主とする事業に係る営業権で、その事業者の死亡とともに消滅するものは、評価しません。

（資4−29−A4統一）

7 無体財産権
8 その他の財産
9 みなし相続財産
10 贈与加算財産
11 債務控除
12 相続税がかからない財産

1　預貯金

　預貯金の価額は、課税時期における預入高と同時期現在において解約するとした場合に既経過利子の額として支払を受けることができる金額から当該金額につき源泉徴収されるべき所得税の額に相当する金額を控除した金額との合計額によって評価します（評基通203）。

　ただし、定期預金、定期郵便貯金及び定額郵便貯金以外の預貯金については、課税時期現在の既経過利子の額が少額なものに限り、同時期現在の預入高によって評価することができます。

【預貯金の評価算式】

【質疑応答】外貨（現金）の評価

> 外貨（現金）の評価
> 　被相続人が所有していた5,300米ドルを相続しました。課税時期の取引金融機関の対顧客直物電信買相場（TTB）は115円でした。5,300米ドルをこのTTBで換算すると、609,500円となりますが、外国通貨買相場（Cash　Buying）は、113円なので、これにより換算すると、598,900円となります。
> 　相続した財産が海外不動産などではなく、外貨ですから、外貨を円に交換するときの相場である外国通貨買相場を適用して邦貨換算してよろしいですか。

【チェックポイント 8-1-1】預貯金

> 　1　暗号資産（仮想通貨）の評価
> 　被相続人等から暗号資産を相続により取得した場合には、相続税が課税されます。
> 　暗号資産の評価方法については、評価通達に定めがないことから、財産評価通達5の「評価方法の定めのない財産の評価」の定めに基づき、評価通達に定める評価方法に準じて評価します。
> 　具体的には、相続人等の納税義務者が取引を行っている暗号資産交換業者が公表する課税時期における取引価格によって評価します。なお、活発な市場が存在しない暗号資産の場合には、客観的 な交換価値を示す一定の相場が成立していないため、その暗号資産の内容や性質、取引実態等を勘案し個別に評価します（「暗号資産に関する税務上の取扱いについて（情報）」（令和3年6月30日））。
>
> 　2　電子マネー
> 　電子マネーとは、「電子データで決済を行う決済サービス」の一種で、スマホアプリやカードにチャージしたお金を使用する「プリペイド型」や、使用した金額を後払いする「ポストペイ型」など、さまざまなタイプがあります。相続財産として申告が必要な電子マネーは、「プリペイド型」のチャージ金額となります。

2 貸付金債権等

貸付金、売掛金、未収入金、預貯金以外の預け金、仮払金、その他これらに類するもの（貸付金債権等）の価額は、次に掲げる元本の価額と利息の価額との合計額によって評価します（評基通204）。

【貸付金債権等の評価算式】

元本の価額※	＋	課税時期現在の既経過利息として支払を受けるべき金額

※ 貸付金債権等の評価を行う場合において、その債権金額の全部又は一部が、課税時期においてその回収が不可能又は著しく困難であると見込まれるときにおいては、それらの金額は元本の価額に算入しません（評基通205）。

3 受取手形等

受取手形又はこれに類するものの価額は、次により評価します（評基通206）。

なお、その債権金額の全部又は一部が、課税時期においてその回収が不可能又は著しく困難であると見込まれるときにおいては、それらの金額は元本の価額に算入しません（評基通205）。

図表 8 - 3 - 1　受取手形等の評価

区　　分	評　価　方　法
支払期限の到来しているもの	券面額によって評価
課税時期から 6 か月を経過する日までの間に支払期限の到来するもの	券面額によって評価
課税時期においてその回収が不可能又は著しく困難であると見込まれるもの	評価しません
上記以外のもの	課税時期において銀行等の金融機関において割引を行った場合に回収し得ると認める金額によって評価

4 無尽又は頼母子に関する権利

無尽又は頼母子とは、複数の個人や法人等が講等の組織に加盟して、金品を定期又は不定期に講等に対して払い込み、利息の額で競合う競りや抽選によって金品の給付を受ける権利をいい、課税時期までの掛金総額によって評価します（評基通207）。

なお、寺院や仏像などの新造・修復・再建のため庶民から広く寄付を求める「勧進」は、寄付と同じと考えられますので評価しません。

（参考 8 - 4 - 1 ）クラウドファンディングの評価

クラウドファンディングとは、インターネットのサイトでやりたいことを発表し、賛同してくれた人から広く資金を集める仕組みです。支援したお金がどのように使われるのかが分かること、少ない額から気軽に支援できることなどから注目されるようになりました。この仕組みには「購入型」「寄付型」「投資型」「融資型」などのタイプがあります。

「購入型」「寄付型」といった、支援者に請求権などの権利がないものについては評価の対象とならないと考えられますが、「投資型」「融資型」のような支援金に対して権利を有する形態は投資物件や融資金額で評価すべきものと考えられます。

7 無体財産権
8 その他の財産
9 みなし相続財産
10 贈与加算財産
11 債務控除
12 ない財産相続税がかからない

5　未収法定果実

　課税時期において既に収入すべき期限が到来しているもので同時期においてまだ収入していない地代、家賃、小作料その他の賃貸料、貸付金の利息等の法定果実の価額は、その収入すべき法定果実の金額によって評価します（評基通208）。

（参考8-5-1）相続開始後に発生した法定果実について

　相続開始後に発生した法定果実は、遺産分割の対象とするべきか、共有物分割（民法256条以下）の問題として取り扱うべきかにつき、最高裁は、「遺産分割は、相続開始の時にさかのぼってその効力を生ずるものであるが、各共同相続人がその相続分に応じて分割単独債権として確定的に取得した賃料債権（法定果実）の帰属は、後にされた遺産分割の影響を受けないものというべきである。」（平成17・9・8）と判示しています。したがって、遺産分割協議が整わないため、共同相続人のうちの特定の人がその収益を管理しているような場合であっても、遺産分割が確定するまでは、共同相続人がその法定相続分に応じて申告することとなります。なお、遺産分割協議が整い、分割が確定した場合であっても、その効果は未分割期間中の所得の帰属に影響を及ぼすものではありませんので、分割の確定を理由とする更正の請求又は修正申告を行うことはできません。

6　果樹等

　果樹その他これに類するものの価額は、樹種ごとに、幼齢樹（成熟樹に達しない樹齢のもの）及び成熟樹（その収穫物による収支が均衡する程度の樹齢に達したもの）に区分し、それらの区分に応ずる樹齢ごとに評価します（評基通98、99）。

　なお、屋敷内にある果樹等及び畑の境界にある果樹等でその数量が少なく、かつ、収益を目的として所有するものでないものについては、評価しません（評基通110）。

図表8-6-1　果樹等の評価

区　分	評　価　方　法
幼　齢　樹	植樹の時から課税時期までの期間に要した苗木代、肥料代、薬剤費等の現価の合計額　×　70%
成　熟　樹	（植樹の時から課税時期までの期間に要した苗木代、肥料代、薬剤費等の現価の合計額　ー　成熟の時から課税時期までの期間※1の償却費の額の合計額※2を控除した金額）×70%
数量が少なく、かつ、収益を目的として所有するものでないもの	評価しません

※1　その期間に1年未満の端数があるときは、その端数は1年
※2　償却方法は、所得税法施行令第120条の2第1項第1号又は法人税法施行令第48条の2第1項第1号に規定する定額法により、その耐用年数は耐用年数省令に規定する耐用年数によります。

　また、課税時期において、その後3か月以内に収穫することが予想される果実、立毛等の天然果実は、その天然果実の発生の基因となった財産とは別に評価し、その価額は、課税時期における現況に応じ、収穫時において予想されるその天然果実の販売価額の70%に相当する金額の範囲内で相当と認める価額によって評価します（評基通209）。

(参考8－6－1) 果樹等の評価

実務上、果樹等の評価は、収支内訳書(農業所得用)又は青色申告決算書(農業所得用)の「未償却残高」欄、「翌年への繰越額」欄の金額の70%を評価額として計上しています。

㋟ 減価償却費の計算

減価償却資産の名称等(繰延資産を含む)	面積又は数量	取得(成熟)年月	㋑取得価額(償却保証額)	㋺償却の基礎になる金額	償却方法	耐用年数	㋩償却率又は改定償却率	㋥本年中の償却期間	㋭本年分の普通償却費(㋺×㋩×㋥)	㋬割増(特別)償却費	㋣本年分の償却費合計(㋭＋㋬)	㋠事業専用割合	㋷本年分の必要経費算入額(㋣×㋠)	㋦未償却残高(期末残高)	摘要
木造建物作業場	33㎡	18年・5月	1,500,000円 ( )	1,250,000円	旧定額	15年	0.066	12月/12	89,100円	—円	89,100円	100%	89,100円	906,000円	
金属造畜舎	40	24・4	1,240,000 ( )	1,240,000	定額	19	0.053	9/12	49,290	—	49,290	100	49,290	1,190,710	
耕うん機	1台	24・9	450,000 (29,060)	450,000	定率	7	0.286	4/12	42,900	—	42,900	100	42,900	407,100	
甘夏みかん樹	40a	18・1	520,000 ( )	494,000	旧定額	30	0.034	12/12	16,796	—	16,796	100	16,796	409,838	
一括償却資産	—	24・	240,000 ( )	240,000	—	—	1/3	—/12	80,000	—	80,000	100	80,000	160,000	
パソコン他	—	24・	合計 500,000 ( )	(明細書添付保管)	—	—	—	—/12	—	—	—	—	500,000	—	措法28の2
ライトバン	1台	17・1	500,000 ( )	25,000	—	—	—	12/12	5,000	—	5,000	100	5,000	20,000	均等償却
		・	( )					/12							
		・	( )					/12							
		・	( )					/12							
		・	( )					/12							
計									283,086	—	283,086		㉚783,086	3,093,648	

(注) 平成19年4月1日以後に取得した減価償却資産について定率法を採用する場合にのみ㋑欄のカッコ内に償却保証額を記入します。

㋠ 果樹・牛馬等の育成費用の計算(販売用の牛馬、受託した牛馬は除きます。)

果樹・牛馬等の名称	取得・生産・定植等の年月日	㋑前年からの繰越額	育成費用の明細 ㋺本年中の種苗費、種付料、素畜費	㋩本年中の肥料、農薬等の投下費用	㋥小計(㋺＋㋩)	㋭育成中の果樹等から生じた収入金額	㋬本年に取得価額に加算する金額(㋥－㋭)	㋣本年中に成熟したものの取得価額	㋠翌年への繰越額(㋑＋㋬－㋣)	㋺、㋩、㋭の欄の金額の計算方法
甘夏みかん樹(20a)	19.11	275,000円	—円	100,000円	100,000円	40,000円	60,000円	—円	335,000円	
計		275,000	—	100,000	㊳100,000	40,000	60,000	—	335,000	

7 立竹木

(1) 評価の概要

立木及び立竹の価額は、次に掲げる区分に従い、それぞれ次に掲げる単位ごとに評価します(評基通111)。なお、相続又は遺贈により取得した立木の価額は、評価通達の定めに基づき算出した評価額に85%を乗じたものが相続税の課税価格に算入されます(相法26)。

図表8－7－1 立竹木の評価

区分		評価方法
森林の立木	主要樹種※1(評基通113)	1ha当たりの標準価額 × 地味級 × 立木度 × 地利級 × 地積(ha) ※2
	上記以外(評基通117)	売買実例価額、精通者意見価格等を参酌して評価※3
森林の立木以外の立木(評基通122, 124)		売買実例価額、精通者意見価格等を参酌して評価
庭園にある立竹木(評基通125)		庭園設備と一括して、附属設備等の評価(評基通92)の定めによって評価

※1 森林の主要樹種とは、杉及びひのきをいいます。

※2 樹齢15年以上の森林の立木で、立木材積が明らかなものについては、地味級及び立木度の定めにかかわらず、その森林の1ha当たりの立木材積を「標準立木材積表」のうち該当する標準立木材積で除して得た数値(その数値は0.05刻みとし、0.05未満の端数は切り捨てる。)をもって、その森林の地味級の割合に立木度の割合を乗じて計算した数値(割合)とします(評基通120)。

※3 国税局長が標準価額を定めている樹種に係る立木の価額は、主要樹種の評価方法に準じて評価します。

図表8-7-2　立竹木の評価要素

区　分	評　価　方　法
地味級 （評基通118）	地味級（地味の肥せき）は、樹種ごとに定めた「地味級判定表」に掲げる割合※1で、樹齢と立木材積※2により求めます。ただし、植栽本数、間伐回数等を著しく異にする林業地帯又は立木の生育度合を異にする林業地帯にある立木で地味級判定表に掲げる地味級の割合によることが不適当であるものについては、国税局長の定める割合によります。
立木度 （評基通119）	立木の評価を行う場合における立木度（立木の密度）の判定は、次に掲げるところによります。 ①　植林した森林については、森林の立木の間隔の大小にかかわらず、おおむねその立木度を密（1.0）とし、自然林についてはおおむねその立木度を中庸（0.8）とします。 ②　岩石、がけ崩れ等による不利用地が散在している森林で、その不利用地の地積をその森林の地積から除外することのできない森林については、植林した森林はおおむねその立木度を中庸（0.8）とし、自然林はおおむねその立木度を疎（0.6）とします。
地利級 （評基通121）	地利級は、立木の搬出を行う利便性の高さを数値化したものであり、原則として、小出し距離（立木を伐倒し、ケーブルを架設して搬出することを想定した場合におけるケーブルの起点から終点（集材場所）までの距離）と小運搬距離（集材場所から最寄りの原木市場又は製材工場までの距離）から「地利級判定表」により求めます。

※1　地味級判定表に定めていない樹種又は樹齢の立木については、原則として、1.0。
※2　一般的に立木材積を求めるときには幹の直径と高さから算出する方法が使われています。

(2)　保安林等の立木

　森林法その他の法令に基づき伐採の禁止又は制限を受ける立木の価額は、立木の評価額から、それらの法令に基づき定められた伐採関係の区分に従い、それぞれ次に掲げる割合を乗じて計算した金額を控除した価額によって評価します（評基通123）。

図表8-7-3　法令に基づき定められた伐採関係の控除割合

法令に基づき定められた伐採関係の区分	一部皆伐	択伐	単木選伐	禁伐
控　除　割　合	0.3	0.5	0.7	0.8

(3)　特別緑地保全地区内にある立木

　特別緑地保全地区内にある立木（林業を営むために伐採が認められる立木を除きます。）の価額は、立木の評価額から、その価額に80％を乗じて計算した金額を控除した金額によって評価します（評基通123-2）。

(4)　分収林契約に係る造林者の有する立木

　分収林契約でその造林に係る立木の全部の造林を行った者（その者が2人以上ある場合には、それらのすべての者）が所有する旨の約されているものに係る立木の価額は、立木の評価額に、その造林を行った者の分収割合を乗じて計算した価額によって評価します（評基通126）。

⑸ 分収林契約に係る費用負担者及び土地所有者の分収期待権

　分収林契約に係る費用負担者及び土地所有者が有する分収期待権（分収林契約に基づき、造林に係る立木を伐採し、又は譲渡した場合において、費用負担者又は土地の所有者が取得するものとされているその伐採又は譲渡による利益を受けるべき権利をいいます。）の価額は、立木の評価額※に、それぞれ、これらの者の分収割合を乗じて計算した金額によって評価します（評基通127）。

※　費用負担者及び土地所有者の有する分収期待権の価額の評価の基となる立木の価額の評価については、相続税法第26 条（相続又は遺贈（包括遺贈及び被相続人からの相続人に対する遺贈に限る。）により取得した立木の価額は、当該立木を取得した時における立木の時価に85％の割合を乗じて算出した金額による。）の規定を適用します。

（参考 8 - 7 - 1 ）山林・森林の立木の評価明細書の評価明細書

山林及び森林の立木の価額を評価するために使用する国税庁の作成した「山林・森林の立木の評価明細書」は、右のQRコードから出力してください。

7 無体財産権

8 その他の財産

9 みなし相続財産

10 贈与加算財産

11 債務控除

12 相続税がかからない財産

（評価立木の内容）

杉	樹齢20年	公簿地積30ha	実測地積31ha	一部皆伐（0.3）	持分割合2分の1
ひのき	樹齢30年	公簿地積20ha	実測地積20ha	禁伐制限なし	持分割合1分の1

立 木 の 評 価 明 細 書

所　在　地	地積(公簿) (森林簿) (実測)	樹種 樹齢	1ヘクタール 当たり ※補正価額 標準価額	地　味　級 材積　等級 標準　指数	立木度 区分 指数	地　利　級 小出し　等級 小運搬　指数	総合指数 保安林の 控除割合	評　価　額
岐阜県高山市○○	30 ha	杉	円	m³　上	密	km 10　2	1.43	円 持分 1 / 2
	31	年	円			km	評価減 0.8500	
	31	20	63,000	m³ 1.3　1.0	1.0	0.2　1.1	0.3	830,854
岐阜県高山市○○	20	ひのき		310　上	密	10　2	1.21	持分 1 / 1
	20							評価減 0.8500
	20	30	96,000	281 1.3　1.0	1.0	0.2　1.1		1,974,720

樹齢15年以上の森林の立木で、立木材積が明らかなものについては、財産評価基本通達118「地味級」及び119「立木度」の定めにかかわらず、その森林の1ha当たりの立木材積を「標準立木材積表」のうち該当する標準立木材積で除して得た数値（その数値は0.05刻みとし、0.05未満の端数は切り捨てる。）をもって、その森林の地味級の割合に立木度の割合を乗じて計算した数値（割合）とします（評基通120）。

　記載例の場合は、1.10（310㎡÷281㎡）に地利級（1.1）を乗じた金額1.21（1.1×1.1）が総合指数となります。

合計							2,805,574

（資4-35-A4統一）

8　ゴルフ会員権

　ゴルフ会員権の価額は、次に掲げる区分に従い、それぞれ次に掲げるところによります。

　なお、株式の所有を必要とせず、かつ、譲渡できない会員権で、返還を受けることができる預託金等がなく、ゴルフ場施設を利用して、単にプレーができるだけのものについては評価しません（評基通211）。

図表 8 - 8 - 1　ゴルフ会員権の評価

区　　　分		評　価　方　法
取引相場あり		$\dfrac{\text{通常の}}{\text{取引価格}}$ × 70% ＋ $\dfrac{\text{取引価格に含まれ}}{\text{ない預託金等の額}}$ × $\dfrac{\text{基準年利率に}^{※}}{\text{よる複利現価率}}$
取引相場なし	株式制会員権	取引相場のない株式として評価した金額
	株式と預託金の併用制会員権	$\dfrac{\text{取引相場のない株式}}{\text{として評価した金額}}$ ＋ 預託金等の額 × $\dfrac{\text{基準年利率に}^{※}}{\text{よる複利現価率}}$
	預託金制会員権	預託金等の額　×　基準年利率による複利現価率$^{※}$
	プレー権のみの会員権	返還を受けることができる預託金がないものは評価しません

※　規約等に基づいて返還を受けることができる金額の課税時期から返還を受けることができる日までの期間（その期間が１年未満であるとき又はその期間に１年未満の端数があるときは、これを１年とします。）に応ずる基準年利率による複利現価率。

【質疑応答】ゴルフ会員権等の評価

不動産所有権付リゾート会員権の評価
　不動産売買契約（土地及び建物並びに附属施設の共用部分）と施設相互利用契約とが一体として取引される不動産付施設利用権（リゾート会員権）（仲介業者等による取引相場があるもの）はどのように評価するのでしょうか。なお、課税時期において契約解除する場合には清算金（不動産代金の２分の１＋償却後の償却保証金）の返還があります。

（参考 8 - 8 - 1 ）ゴルフ会員権通達にいう通常の取引価格とは

　ゴルフ会員権通達にいう通常の取引価格は、原則的には課税時期である相続開始日の取引価格によるべきであるが、発行数量の限られるゴルフ会員権の流通状況を勘案すると、必ずしも課税時期の取引価格があるとは限らず、そうした場合においては、売買の成立し得る譲渡価額の下限価額というべき買取気配相場価額の高値を通常の取引価格とすることが相当と解される。なお、ゴルフ会員権の売買に際し、当該ゴルフ会員権に係る支払不足の預託金がある場合には、当該預託金は譲渡人が追加負担となる取引慣行が認められることから、支払不足の預託金負担額を考慮しない取引価格から預託金負担額を控除した金額を通常の取引価格とすることが相当である（平13．6．26東裁（諸）平12 - 195）。

9　抵当証券

　抵当証券の価額は、次に掲げるところにより評価します（評基通212）。

図表 8 - 9 - 1　抵当証券の評価

区　　　分	評　価　方　法
金融商品取引業者等が販売・媒介等を行うもの	元本の額$^{※}$ ＋ 既経過利息の額（源泉税控除後） － 解約手数料
上記以外のもの	貸付金債権等の定めに準じて評価

※　金融商品取引業者又は金融商品仲介業者が課税時期において買い戻す価額を別に定めている場合はその金額

7 無体財産権
8 その他の財産
9 みなし相続財産
10 贈与加算財産
11 債務控除
12 相続税がかからない財産

10　信託受益権

信託の利益を受ける権利の評価は、次に掲げるところにより評価します（評基通202）。

図表 8 -10- 1　信託受益権の評価

区　　分		評　価　方　法
元本と収益との受益者が同一人である場合		信託財産の価額※
元本と収益との受益者が元本及び収益の一部を受ける場合		信託財産の価額　×　受益割合
元本受益者と収益受益者とが異なる場合	収益受益者	課税時期の現況において推算した受益者が将来受けるべき利益の価額ごとに課税時期からそれぞれの受益の時期までの期間に応ずる基準年利率による複利現価率を乗じて計算した金額の合計額（A）
	元本受益者	信託財産の価額　―　上記（A）の金額

※　財産評価通達に定めるところにより評価した金額

【チェックポイント 8 -10- 1 】信託受益権

1　受益者連続型信託における収益受益権と元本受益権に分離（複層化）された受益権の評価
　　受益者連続型信託とは、例えば、父の所有する不動産を信託し、当初の受益者を父とし、父が死亡した場合には次の受益者を妻とし、その後順次、長男、孫に受益権を取得させるような信託をいいます。
　　受益者連続型信託に関する権利の価額は、次に掲げるところにより評価します（相基通 9 の 3 - 1 ）。

受益者連続型信託の取得ケース	評　価　方　法
受益者連続型信託に関する権利の全部を適正な対価を負担せず取得	信託財産の全部の価額
受益権が複層化された受益者連続型信託に関する収益受益権の全部を適正な対価を負担せず取得	信託財産の全部の価額
受益権が複層化された受益者連続型信託に関する元本受益権の全部を適正な対価を負担せず取得※	零として評価

※　当該元本受益権に対応する収益受益権を法人が所有している場合又は当該収益受益権の全部若しくは一部の受益者等が存しない場合を除きます。

2　信託が終了して、当該元本受益権を有する者が、当該信託の残余財産を取得したとき
　　当該信託の残余財産を当該信託の受益者等から贈与（当該受益者等の死亡に基因して当該信託が終了した場合には、遺贈）により取得したものとみなします（相基通 9 の 3 - 1 (3)（注））。

（参考 8 -10- 1 ）信託受益権の評価明細書の評価明細書

信託受益権の価額を評価の価額を評価するために使用する国税庁の作成した「信託受益権の評価明細書」は、右のQRコードから出力してください。

遺言信託により賃貸不動産を信託財産、信託期間10年、当初の信託受益権者を委託者である中央太郎とし（自益信託）、死亡時には収益受益権を中央花子、元本受益権を中央一郎とする信託を設定したケース

信託財産の所在・種類・数量	東京都墨田区向島〇-〇 宅地(450㎡)、建物(200㎡)			信託財産評価額4000万円		
委 託 者 の 住 所 氏 名	東京都墨田区向島〇-〇 中央　太郎			受益者と委託者が同一の自益信託の設定		
受 託 者 の 住 所 氏 名	東京都千代田区〇-〇 A信託銀行			信託期間10年		
受託契約締結の年月日	令和 1. 6. 1	受益の時期	元　本	令和 3. 5. 19		
			収　益	令和 3. 5. 19		
受 益 者 の 住 所 氏 名	東京都墨田区向島〇-〇 中央　花子			収益受益者　中央花子、元本受益権　中央太郎		
受 益 財 産 の 区 分	元　本	(全部)・一部）		（金銭・(金銭以外)）		
	収　益	(全部)・一部）		（(金銭)・金銭以外）		

1　元本と収益との受益者が同一人である場合又は元本と収益との受益者が元本及び収益の一部を受ける場合

中央太郎の相続開始日（評価基準日）の時期及び受益権者を記載します。

信 託 財 産 の 種 類	① 信託財産の相続税評価額	②受益者の受益割合	評 価 額 （ ① × ② ）
	円	%	円

2　元本と収益との受益者が異なる場合

イ　元本の受益権

信 託 財 産 の 種 類	A 信託財産の相続税評価額	B 収益の受益権の価額 （ D の 価 額 ）	C 元本の受益権の価額 （ A - B ）
宅地および建物	40,000,000 円	15,968,000 円	24,032,000 円

ロ　収益の受益権

受益の時期	① 将来受けるべき利益の価額	②課税時期から受益の時期までの期間に応ずる基準年利率による複利現価率	③（①×②）	摘　要　（「将来受けるべき利益の価額」の算定根拠等
第　1　年目	2,000,000 円	1.000	2,000,000	年間賃料200万円で当面推移するものと考えられる。
第　2　年目	2,000,000	1.000	2,000,000	
第　3　年目	2,000,000	1.000	2,000,000	
第　4　年目	2,000,000	1.000	2,000,000	
第　5　年目	2,000,000	1.000	2,000,000	
第　6　年目	2,000,000	0.999	1,998,000	
第　7　年目	2,000,000	0.993	1,986,000	
第　8　年目	2,000,000	0.992	1,984,000	
第　　年目				
第　　年目				
D　収益の受益権の価額（③の合計額）			15,968,000 円	

収益受益権相続人である中央花子の収益受益権の評価額は、15,968,000円
元本受益権相続人である中央一郎の元本受益権の評価額は、24,032,000円

（資4- 33- A4統一）
中央太郎

中央太郎の相続開始日（評価基準日）の基準年利率に応じる複利現価率を記載します。

第9章　みなし相続財産

1　生命保険金等

被相続人の死亡により相続人その他の者が生命保険契約※の保険金（共済金）又は損害保険契約※の保険金（偶然な事故に基因する死亡に伴い支払われるものに限ります。）を取得した場合においては、当該保険金受取人について、当該保険金（退職手当金等、定期金に該当するものを除きます。）のうち被相続人が負担した保険料の金額の当該契約に係る保険料で被相続人の死亡の時までに払い込まれたものの全額に対する割合に相当する部分を相続又は遺贈により取得したものとみなします（相法3①一）。

なお、相続人が取得した保険金のうち、500万円に当該被相続人の相続税法第15条第2項に規定する相続人の数を乗じて算出した金額が非課税となります（相法12①五）。

※　相続税法施行令第1条の2第1項生命保険契約及び第2項に規定する損害保険契約（傷害疾病定額保険契約を含みます。）

図表9-1-1　生命保険金等の課税関係

保険契約	保険料負担者	受取人の課税関係
生命保険契約又は損害保険契約（偶然な事故に基因するもの）の死亡保険金	被相続人	相続税（相法3①一）
	保険金受取人	所得税（一時所得）
	保険金受取人以外	贈 与 税（相法5①）

図表9-1-2　生命保険金等の評価

受取方法		受取人の課税関係
一　時　金		一時金の金額
年金	有期定期金	①　解約返戻金の金額 ②　一時金の金額 ③　給付金額の1年当たりの平均額　×　残存期間に応ずる予定利率による複利年金現価率　いずれか多い金額
	終身定期金	①　解約返戻金の金額 ②　一時金の金額 ③　給付金額の1年当たりの平均額　×　契約目的者に係る余命年数に応ずる予定利率による複利年金現価率　いずれか多い金額
	生存条件付定期金	有期定期金又は終身定期金として評価したいずれか少ない金額
	保証期間付終身年金	有期定期金又は終身定期金として評価したいずれか多い金額

【生命保険金等の評価算式】

$$\text{生命保険金等の金額} \times \frac{\text{被相続人が負担した保険料の金額}^{※}}{\text{払込保険料の総額}}$$

※　免除に係る部分の保険料は保険契約に基づき払い込まれた保険料には含まれません（相基通3-13）。

1　公益社団法人の会員に対する福祉共済保険制度により支払を受ける死亡共済金

　相続税法第3条第1項第1号に規定する「保険金」は生命保険契約の保険金又は損害保険契約の保険金として限定的に列挙されているところ、上記の死亡共済金は、限定列挙されている共済契約に該当しないことから、相続税の課税財産とはなりません。なお、本件の死亡共済金が共済契約に基づき、会員の死亡という給付事由が生じたことから、会員の遺族が給付金の支給を請求できるものと認められ、相続人の一時所得に該当するものと認められます。

2　保険金とともに支払を受ける剰余金等

　相続又は遺贈により取得したものとみなされる保険金には、保険契約に基づき分配を受ける剰余金、割戻を受ける割戻金及び払戻しを受ける前納保険料の額を含みます（相基通3-8）。

　なお、保険金の支払が遅延したことに伴う遅延利息は相続税の課税対象とはなりませんが、受取人の雑所得となります。

3　保険金の額から契約者貸付金等が控除される場合

　保険契約に基づき保険金が支払われる場合において、保険契約の契約者に対する貸付金若しくは保険料の振替貸付に係る貸付金又は未払込保険料の額があるため、保険金の額から契約者貸付金等が控除されるときは、次によります（相基通3-9）。

　イ　被相続人が保険契約者である場合

　　保険金受取人は、契約者貸付金等を控除した金額に相当する保険金を取得したものとし、控除された契約者貸付金等に相当する保険金及び債務はいずれもなかったものとします。

　ロ　被相続人以外の者が保険契約者である場合

　　保険金受取人は、契約者貸付金等を控除した金額に相当する保険金を取得したものとし、控除された契約者貸付金等に相当する部分については、保険契約者が取得したものとします。

4　無保険車傷害保険契約に係る保険金

　損害賠償金としての性格を有することから法第3条第1項第1号の規定により相続又は遺贈により取得したものとみなされる保険金には含まれません（相基通3-10）。

5　養育年金付こども保険に係る保険契約者が死亡した場合

　被保険者である子が一定の年齢に達するごとに保険金が支払われるほか、保険契約者である親が死亡した場合にはその後の保険料を免除するとともに満期に達するまで年金を支払ういわゆる養育年金付こども保険に係る保険契約者が死亡した場合における取扱いは、次に掲げるところによります（相基通3-15）。

　(1)　年金受給権に係る課税関係

　　保険契約者の死亡により被保険者等が取得する年金の受給権の課税関係については、次によります。

　　イ　保険契約者が負担した保険料に対応する部分の年金の受給権は相続により取得した保険金とみなします。

　　ロ　保険契約者以外の者（当該受給権を取得した被保険者を除きます。）が負担した保険料に対応する部分の年金の受給権は贈与により取得した保険金とみなします。

　　　(注)　イ及びロの年金の受給権の評価については、財産評価基本通達24-2を参照。

　(2)　生命保険契約に関する権利に係る課税関係

　　保険契約者の死亡後被保険者が一定の年齢に達するごとに支払われる保険金に係る生命保険契約に関する権利のうち保険契約者が負担した保険料に対応する部分については、当該保険契約者の権利義務を承継する被保険者について法第3条第1項第3号の規定を適用します。

6　被相続人の死亡を伴わない保険金

　被保険者の傷害（死亡の直接の基因となった傷害を除きます。）、疾病その他これらに類するもので死亡を伴わないものを保険事故として相続開始後に支払われる保険金又は給付金は、被保険者たる被相続人の本来の相続財産になります（相基通3-7）。

1　特別夫婦年金保険に係る課税関係

　簡易保険の「特別夫婦年金保険」の概要は次のとおりです。なお、保険契約者（主たる被保険者）はA、配偶者たる被保険者はBであり、保険料はAが全額負担しているものとします。

(1)　夫婦のうちいずれか一方が保険契約者（主たる被保険者）となり、夫婦の他方が配偶者たる被保険者となる。

(2)　夫婦のうちいずれか一方が死亡した日から夫婦のうち生存している者に年金を支払う。ただし、年金支払開始年齢に達する日前に夫婦のいずれか一方が死亡した場合には、年金支払開始年齢に達した日から夫婦のうち生存している者に一定の期間（保証期間）中、年金を支払う。

(3)　年金受給者である生存配偶者が保証期間中に死亡した場合には、その者の相続人に継続年金が支払われる。

2　人身傷害補償保険の後遺障害保険金を定期金により受け取っていた者が死亡した場合に支払われる一時金

　　　　A社の人身傷害補償保険の後遺障害保険金については、原則として後遺障害確定時に一時金として被害者（被保険者）に支払われるが、一定の場合に被保険者が選択したときには、逸失利益に対する損害補てん部分については、就労可能年限までの定期金による支払いを受けることができます。この定期金による支払いを受けていた被保険者が、その後、定期金支払い終了前に死亡した場合には、相続人に対して未払分が一括して支払われることになりますが、この被保険者の死亡により相続人に対して支払われる一時金は相続税の課税対象となりますか。

　なお、定期金により後遺障害保険金を受け取っていた者の死亡は保険事故ではありません。また、一時金は、保険契約によって受取人が指定されているものではなく、死亡した後遺障害者の全ての相続権者から委任を受けた者がその請求を行うことができるとされています。

3　建物更生共済契約に係る課税関係

　甲は、乙所有の建物の共済を目的とする建物更生共済に加入し、掛金を負担していました。甲又は乙について相続が開始した場合、建物更生共済契約に関する相続税の課税関係はどのようになりますか。

2　退職手当等

　被相続人の死亡により相続人その他の者が当該被相続人に支給されるべきであった退職手当金、功労金その他これらに準ずる給与[※1]（相続税法施行令第1条の3で定める給付[※2,3]を含みます。）で被相続人の死亡後3年以内に支給が確定したものの支給を受けた場合においては、当該給与の支給を受けた者について、当該給与を相続又は遺贈により取得したものとみなします（相法3①二）。

　なお、相続人が取得した保険金のうち、500万円に当該被相続人の相続税法第15条第2項に規定する相続人の数を乗じて算出した金額が非課税となります（相法12①六）。

※1　「被相続人に支給されるべきであった退職手当金、功労金その他これらに準ずる給与（退職手当金等）については、社会通念により判断することになりますが、その名義にかかわらず、実質上被相続人の退職手当金等として支給される金品をいうものと解されています（相基通3-18、3-19）。

※2　相続税法施行令第1条の3第8号に規定する「その他退職給付金に関する信託又は生命保険の契約」とは、雇用主がその従業員（その従業員が死亡した場合にはその遺族を含みます。）を受益者又は保険受取人として信託会社又は生命保険会社と締結した信託又は生命保険の契約で、信託会社又は生命保険会社が、雇用主の従業員の退職について退職手当金等を支給することを約したものをいい、掛金又は保険料の負担者が誰であるかは問わないものとされています（相基通3-26）。

※3　相続税法施行令第1条の3第9号に規定する「これに類する契約」とは、雇用主が退職手当金等を支給する事業を行う団体に掛金を納付し、その団体が雇用主の従業員の退職について退職手当等を支給することを約した契約をいうものとされています。したがって、この契約には、その掛金の一部を従業員が負担しているものやその掛金の拠出について雇用主での損金算入の有無、従業員への給与所得課税の有無に関

係なく、その雇用主の雇用する従業員の退職について退職手当金等を支給するものが含まれることとなります（相基通3-27）。

図表9-2-1　退職手当等の該当区分

区　分		退職手当等の内容
退職手当金等		・被相続人の生前退職による退職手当金等で、その支給されるべき額が被相続人の死亡後3年以内に確定したもの（相基通3-31） ・退職手当金等の額が被相続人の死亡後3年以内に確定していたが、3年以内に支給されなかったもの（相基通3-30） ・弔慰金等の限度額を超える金額のもの（相基通3-20） ・小規模企業共済法に基づいて支給を受ける一時金（相令1の三） ・確定給付企業年金法に基づいて支給を受ける年金又は一時金（相令1の三） ・確定拠出年金法に基づいて支給を受ける一時金（相令1の三）
本来の相続財産		・相続開始の時において支給期の到来していない俸給、給料等（相基通3-33） ・被相続人が受けるべきであった賞与の額が被相続人の死亡後確定したもの（相基通3-32）
相続財産とならないもの		・弔慰金、花輪代、葬祭料等（弔慰金等）のうち、次の金額の範囲内のもの 　業務上の死亡の場合は普通給与※の3年分に相当する金額、それ以外は普通給与の半年分に相当する金額（相基通3-20） ・労働者災害補償保険法、労働基準法等の規定により遺族が受ける遺族補償給付及び葬祭料などの弔慰金等（相基通3-23）
	受取人の所得（一時所得）	・被相続人の死亡後3年以内に退職手当金等が支給されることは確定していてもその額が確定していないもの（相基通3-30） ・被相続人の死亡後3年経過後に退職手当金等の支給が確定したもの

※　被相続人が非常勤役員である等のため、死亡当時に賞与だけを受けており普通給与を受けていなかった場合、その者が死亡当時の直近に受けた賞与の額又は雇用主等の営む事業と類似する事業における役員の受ける普通給与若しくは賞与の額等から勘案した普通給与の額を基準とします（相基通3-21）。

【チェックポイント9-2-1】退職金

退職手当金等に該当する生命保険契約に関する権利等
　雇用主がその従業員のために、次に掲げる保険契約又は共済契約（これらの契約のうち一定期間内に保険事故が発生しなかった場合において返還金その他これに準ずるものの支払がないものを除きます。）を締結している場合において、当該従業員の死亡によりその相続人その他の者がこれらの契約に関する権利を取得したときは、当該契約に関する権利は、退職手当金等に該当します（相基通3-28）。
　(1)　従業員の配偶者その他の親族等を被保険者とする生命保険契約又は損害保険契約
　(2)　従業員又はその者の配偶者その他の親族等の有する財産を保険又は共済の目的とする損害保険契約又は共済契約
　　(注)　退職手当金等とされる金額は、生命保険契約に関する権利で評価したときの金額によります。

【質疑応答】退職金

1　被相続人の死亡退職に伴い遺族補償金として支給された金額
　株式会社S社は、社員を被保険者とし、S社を保険契約者及び保険金受取人とする生命保険契約（2年ごとの掛捨て生命保険契約）を締結し、その契約に係る保険料を負担しています。
　当該被保険者たる社員が死亡した場合には通常の退職金のほかに、当該契約に係る保険金額（独身者200万円、妻帯者500万円、20年以上勤務者700万円）と同額の金銭を遺族補償として遺族に支給することとしています。この遺族が支給を受けた金額に対しては、相続税が課税されますか。

2　死亡退職金の課税時期
　　　相続税法第3条第1項第2号の規定は、「被相続人の死亡後3年以内に支給が確定したものの支給を受けた場合」と規定していますが、死亡退職金の課税時期は、死亡退職金の支給が確定した時か、それとも当該死亡退職金の支払いがあった時のいずれですか。

7 無体財産権
8 その他の財産
9 みなし相続財産
10 贈与加算財産
11 債務控除
12 相続税がかからない財産

　A（株）は、社長が死亡したため、株主総会及び取締役会の決議に基づき死亡退職金として１億円をその遺族に支払っていましたが、その後、遺族から退職金受領を辞退したい旨の申し入れがあり、１億円が返還されました。この場合、相続税の課税はどのようになるのでしょうか。

4　失踪宣告が行われたことに伴い死亡退職金の支払いがあった場合

　　　F社（株）の従業員甲、乙は、海外出張中の○年４月６日以後行方不明となっており、F社（株）では、利害関係人として両名の失踪宣告の申立てを行っていたところ、甲、乙の失踪宣告が○+12年７月確定しました。その結果、甲、乙両名は、失踪期間が満了した○+7年４月６日に死亡したものとみなされることになりました。そこで、F社（株）は、退職給与規程に基づいて、甲、乙の遺族に対して退職金を支給することとしました。

　この場合に、甲、乙の遺族に支給される退職金は、両名が死亡したとみなされた日から３年を経過した日以後に支払われることになりますが、当該退職金は相続税法第３条第１項第２号に規定する退職手当金等として相続税の課税対象となりますか。

3　生命保険契約に関する権利

　相続開始の時において、まだ保険事故（共済事故を含みます。以下同じ。）が発生していない生命保険契約（一定期間内に保険事故が発生しなかった場合において返還金その他これに準ずるものの支払がない生命保険契約を除きます。）で被相続人が保険料を負担し、かつ、被相続人以外の者が契約者である場合においては、契約者が当該生命保険契約に関する権利を相続又は遺贈により取得したものとみなします（相法３①三）（図表９-３-１のⅣ）。なお、被相続人が保険料を負担し、かつ、契約者である場合においては、本来の相続財産となります（相基通３-36⑴）（図表９-３-１のⅥ）。

　生命保険契約に関する権利の価額は、相続開始の時において当該契約を解約するとした場合に支払われることとなる解約返戻金の額（解約返戻金のほかに支払われることとなる前納保険料の金額、剰余金の分配額等がある場合にはこれらの金額を加算し、解約返戻金の額につき源泉徴収されるべき所得税の額に相当する金額がある場合には当該金額を減算した金額）※によって評価します（評基通214）。

※　被相続人が生命保険契約の契約者である場合、契約者貸付金又は未払込保険料の額（いずれもその元利合計金額とする。）があるときは、当該契約者貸付金等の額について債務控除の適用があります（相法13、評基通214（注）２）。

図表９-３-１　生命保険契約に関する権利等の課税関係

No.	生命保険契約の内容				死亡者	受取人、権利者の課税関係
	保険契約者	被保険者	保険料負担者	保険金受取人		
Ⅰ	A	B	B	D	B	Dの相続税（生命保険金）（相法３①一）
Ⅱ	A	B	C	D	A	課税関係なし（相基通３-36⑵）
Ⅲ	A	B	C	D	B	Dの贈与税（相法５①）
Ⅳ	A	B	C	D	C	Aの相続税（保険の権利）
Ⅴ	A	B	C	D	D	課税関係なし（相基通３-34）
Ⅵ	A	B	A	D	A	Aの契約を承継した者の相続税（保険の権利）※
Ⅶ	A	B	A	A	B	Aの所得税（一時所得）

※　本来の相続財産（生命保険契約に関する権利）となるので、遺産分割協議の対象となります。

生命保険契約に関する権利等の評価算式

$$\boxed{\begin{array}{l}\text{解約返戻} \\ \text{金の金額}\end{array} + \begin{array}{l}\text{前納保険} \\ \text{料の金額}\end{array} + \begin{array}{l}\text{剰余金の} \\ \text{分配額等}\end{array} - \begin{array}{l}\text{源泉徴収される} \\ \text{べき所得税の額}\end{array}} \times \boxed{\dfrac{\text{被相続人が負担した保険料の金額}^{※}}{\text{払込保険料の総額}}}$$

図表9-3-2　みなし相続財産等についての整理

区　　　分		相続財産となるもの
み な し 相 続 財 産	①生命保険金等（相法3①一） ②退職手当金（相法3①二） ③生命保険契約に関する権利（相法3①三） ④定期金に関する権利（相法3①四） ⑤保証期間付定期金に関する権利（相法3①五） ⑥契約に基づかない定期金に関する権利（相法3①六）	支払を受けた金額
	⑦特別縁故者^{※1}に対する相続財産の分与（相法4）	与えられた財産の時価に相当する金額
	⑧著しく低い価額の対価での財産の遺贈（相法7）	その対価と時価との差額に相当する金額
	⑨無償又は著しく低い対価での債務免除等（相法8）	その免除等された債務の金額に相当する金額
	⑩無償又は著しく低い対価での利益享受（上記⑧⑨を除きます。）（相法9）	その利益の価額に相当する金額
	⑪遺言等により委託者以外のものが受ける信託に関する権利（相法9の2〜9の6）	信託の利益
	⑫被相続人（特定贈与者）から相続又は遺贈により財産を取得しなかった相続時精算課税適用者（相法21の16）	相続時精算課税の適用を受けた財産（贈与時の価額）
	⑬特別の法人から特別の利益（相法65）	利益の価額に相当する金額
	⑭被相続人から農地等の納税猶予適用者（措法70の5）	納税猶予財産（死亡の日における価額）
	⑮被相続人から非上場株式等の納税猶予適用者（措法70の7の3）	納税猶予財産（贈与の時における価額）
	⑯特別寄与者^{※2}が支払を受けるべき特別寄与料の額で確定したもの（相法4）	特別寄与料の額に相当する金額
	⑰被相続人から教育資金の贈与税の非課税特例を受けた場合の管理残額（措法70の2の2⑫二）	管理残額^{※3}
	⑱被相続人から結婚・子育て資金の贈与税の非課税特例を受けた場合の管理残額（措法70の2の3⑫二）	管理残額^{※3}
そ の 他	①被相続人（特定贈与者）から相続又は遺贈により財産を取得した相続時精算課税適用者（相法21の15）	相続時精算課税の適用を受けた財産（贈与時の価額）
	②被相続人から相続又は遺贈により財産を取得した者が相続開始前3年以内に贈与を受けた財産（相法19）	当該贈与により取得した財産（贈与時の価額）

※1　相続人がいなかった場合に、民法の定めによって相続財産法人から与えられた者。

※2　相続人以外の親族で被相続人に対して特別な寄与をした者で、特別寄与者と相続人との協議によって決まります。協議が整わないときや協議ができないときは、家庭裁判所の調停や審判。

※3　死亡の日における非課税拠出額から支出された金額を控除した残額。

7 無体財産権

8 その他の財産

9 みなし相続財産

10 贈与加算財産

11 債務控除

12 相続税がかからない財産

第10章　贈与加算財産

1　課税価格に算入される贈与加算財産

相続税の課税価額に算入される被相続人から受けた贈与財産には、①相続開始前３年以内に贈与を受けた財産、②相続時精算課税適用財産、③贈与税の納税猶予適用財産、④教育資金の一括贈与の非課税を受けた財産、⑤結婚・子育て資金の一括贈与の非課税を受けた財産があります。

図表10-1-1　贈与財産の課税価格への加算

<table>
<tr><th colspan="3">贈　与　財　産</th><th>課税価額への加算</th></tr>
<tr><td rowspan="4">暦年課税</td><td colspan="2">相続開始前３年以内の贈与（相法19①）</td><td>贈与時の価額を加算（相基通19-1）</td></tr>
<tr><td></td><td>特定贈与財産（配偶者控除対象財産）（相法19②）</td><td>加算しません</td></tr>
<tr><td></td><td>住宅取得等資金の贈与（措法70の２）</td><td>加算しません</td></tr>
<tr><td colspan="2">相続開始前３年を超える贈与</td><td>加算しません</td></tr>
<tr><td colspan="3">相続時精算課税（相法21の９）</td><td>贈与時の価額を加算</td></tr>
<tr><td></td><td colspan="2">住宅取得等資金の贈与（措法70の２）</td><td>加算しません</td></tr>
<tr><td rowspan="2">非課税</td><td colspan="2">教育資金の一括贈与（措法70の２の２）</td><td>管理残額を加算</td></tr>
<tr><td colspan="2">結婚・子育て資金の一括贈与（措法70の２の３）</td><td>管理残額を加算</td></tr>
<tr><td colspan="3">贈与税の納税猶予適用財産（措法70の５）</td><td>相続開始時の価額を加算</td></tr>
</table>

2　相続開始前３年以内の贈与財産

相続又は遺贈により財産を取得した者が相続の開始前３年以内[※1]に被相続人から贈与により財産を取得したことがある場合においては、その贈与により取得した財産（特定贈与財産[※2]を除きます。）の価額を相続税の課税価格に加算した価額を相続税の課税価格とみなします（相法19）。

なお、相続開始の年に当該贈与により相続税の課税価格に加算されるものは、贈与税の課税価格に算入しません（相法21の２）。

[※1]　相続の開始の日からさかのぼって３年目の応当日から当該相続の開始の日までの間をいいます（相基通19-2）。

[※2]　相続開始の年の前年以前に贈与により取得した財産で、贈与税の配偶者控除の適用を受けた財産又は相続開始の年に贈与により取得した贈与税の配偶者控除の適用がある財産（相法19②二、相令４②、相規１の５）。

【チェックポイント10-2-1】相続開始前３年以内の贈与財産

> 1　相続又は遺贈により財産を取得しなかった者が当該相続の開始前３年以内に贈与を受けた財産
> 　相続開始前３年以内に被相続人からの贈与により財産を取得した者が当該被相続人から相続又は遺贈により財産を取得しなかった場合においては、その者については、法第19条の規定の適用はありません。なお、相続時精算課税適用者については、被相続人から相続又は遺贈により財産を取得しなかった場合であっても、適用があります（相基通19-3）。

2 みなし相続財産のみを取得した者

相続税法の規定によりみなし相続財産（生命保険金、退職手当金等）を取得した者は、相続又は遺贈により取得した者に含まれ、相続税法第19条の適用があります。

3 非課税財産のみを取得した者

相続又は遺贈により相続税の非課税財産のみを取得した場合であっても、その者は相続又は遺贈により財産を取得した者に含まれ、相続税法第19条の適用があります。

4 債務の金額が大きく、相続税の課税価格が零となる者

相続又は遺贈により取得した財産の価額より負担した債務の金額が大きいことにより、相続税の課税価格が零となる場合であっても、この者は相続又は遺贈により財産を取得した者に含まれ、相続税法第19条の適用があります。

3 相続時精算課税適用財産

贈与により財産を取得した者（受贈者）が贈与者の推定相続人であり、かつ、その贈与者が同日において60歳以上の者である場合には、受贈者が申告期限までに相続時精算課税を選択した場合に適用できる制度で、相続時精算課税の選択後における贈与者（特定贈与者）から贈与を受けた財産については、贈与税の申告の有無、又は相続時精算課税に係る贈与税の特別控除（2,500万円）の対象となった部分であるかどうかにかかわらず、特定贈与者に係る相続税の課税価格に算入され、その価額は相続時の時価に評価替えを行うのではなく、贈与時における価額によります（相法21の9、21の15①、21の16①、相基通21の15-1、21の15-2）。

【チェックポイント10-3-1】相続時精算課税適用者

相続時精算課税の選択をした年分前に財産の贈与を受けていた場合

相続時精算課税の選択をした年分前（相続の開始前3年以内）に、被相続人から贈与により財産を取得したことがある場合においては、相続税法第19条の適用があります（相基通19-11）。

4 直系尊属から教育資金の一括贈与を受けた場合の贈与税の非課税財産

直系尊属から教育資金の一括贈与を受けた場合の贈与税の非課税（1,500万円を限度）の適用を受けた金額（非課税拠出額）は、贈与税の課税価格に算入しません。なお、贈与者が、教育管理契約終了の日までに死亡した場合には、原則として[※1]、管理残額[※2]を、贈与者から相続等により取得したものとみなされます（措法70の2の2）[※3]。

※1　贈与者の死亡日において受贈者が23歳未満である場合など、一定の場合には相続等により取得したこととされません（措法70の2の2⑬）。なお、平成31年度改正及び令和3年度改正による管理残額に対する課税と教育資金の贈与を受けた日との関係は、図表10-4-1のとおりです。

※2　その死亡日における非課税拠出額から教育資金支出額（学校等以外の者に支払われる金銭については、500万円を限度）を控除した残額（令和3年3月31日までにされた非課税拠出額は、その死亡前3年以内にその贈与者から取得した信託受益権等の価額でこの非課税制度の適用を受けたものに対応する金額）。
なお、管理残額は教育資金管理契約をしている金融機関等で確認します。

※3　相続開始前3年以内の贈与財産の加算（相法19①）又は相続時精算課税制度（相法21の15①、21の16①）の適用がないことに留意してください（措令40の4の3⑲、措通70の2の2-9）。

7 無体財産権

8 その他の財産

9 みなし相続財産

10 贈与加算財産

11 債務控除

12 相続税がかからない財産

図表10-4-1　相続税の課税価格へ加算される教育資金の贈与額（管理残額）のイメージ

教育資金の贈与を受けた日	死亡前3年以内の教育資金	死亡前3年超の教育資金
平成25年4月1日から平成31年3月31日		
平成31年4月1日から令和3年3月31日	管理残額を加算	
令和3年4月1日～	管理残額を加算※	

※　令和3年4月1日以降に非課税拠出された金額については、贈与者の子以外の直系卑属に相続税が課される場合には、管理残額に対応する相続税額は2割加算の対象となります。

【チェックポイント10-4-1】教育資金の一括贈与を受けた場合の贈与税の非課税

1　贈与者が教育資金管理契約の終了後に死亡した場合

教育資金管理契約が終了した場合において、非課税拠出金額から教育資金支出額を控除した残額に対して贈与税が課税された後、贈与者が死亡したときは、その残額に対しては、相続開始前3年以内の贈与財産の加算又は相続時精算課税制度が適用されます（措通70の2の2-11）。

2　受贈者が贈与者から相続又は遺贈により管理残額以外の財産を取得しなかった場合

贈与者から相続又は遺贈により管理残額以外の財産を取得しなかった受贈者は、相続開始前3年以内の贈与財産の加算又は相続時精算課税制度の適用はなく、贈与した者の死亡に係る相続税の課税価格の計算の基礎に算入しません（措令40の4の3⑱、措通70の2の2-10）。

5　直系尊属から結婚・子育て資金の一括贈与を受けた場合の贈与税の非課税財産

直系尊属から結婚・子育て資金の一括贈与を受けた場合の贈与税の非課税（1,000万円を限度）の適用を受けた金額（非課税拠出金額）は、贈与税の課税価格に算入しません。

なお、贈与者が、結婚・子育て資金管理契約終了の日までに死亡した場合には、管理残額※1を、贈与者から相続等により取得したものとみなされます（措法70の2の3）※2。

※1　その死亡日における非課税拠出額から結婚・子育て資金支出額（結婚に際して支払う金銭については、300万円を限度）を控除した残額。なお、管理残額は教育資金管理契約をしている金融機関等で確認します。

※2　相続開始前3年以内の贈与財産の加算（相法19①）又は相続時精算課税制度（相法21の15①、21の16①）の適用がないことに留意してください（措令40の4の4㉑、措通70の2の3-9(2)）。

図表10-5-1　相続税の課税価格へ加算される結婚・子育て資金の贈与（管理残額）のイメージ

結婚・子育て資金の贈与を受けた日	死亡前3年以内のもの	死亡前3年超のもの
平成27年4月1日から平成31年3月31日	管理残額を加算	
平成31年4月1日から令和3年3月31日	管理残額を加算	
令和3年4月1日～	管理残額を加算※	

※　令和3年4月1日以降に非課税拠出された金額については、贈与者の子以外の直系卑属に相続税が課される場合には、管理残額に対応する相続税額は2割加算の対象となります。

1　贈与者が結婚・子育て資金管理契約の終了後に死亡した場合

　結婚・子育て資金管理契約が終了した場合において、非課税拠出金額から結婚・子育て資金支出額を控除した残額に対して贈与税が課税された後、贈与者が死亡したときは、その残額に対しては、相続開始前3年以内の贈与財産の加算又は相続時精算課税制度が適用されます（措通70の2の3-11）。

2　受贈者が贈与者から相続又は遺贈により管理残額以外の財産を取得しなかった場合

　贈与者から相続又は遺贈により管理残額以外の財産を取得しなかった受贈者は、相続開始前3年以内の贈与財産の加算又は相続時精算課税制度の適用はなく、贈与した者の死亡に係る相続税の課税価格の計算の基礎に算入しません（措令40の4の4㉑、措通70の2の3-9(2)）。

7 無体財産権

8 その他の財産

9 みなし相続財産

10 贈与加算財産

11 債務控除

12 相続税がかからない財産

第11章　債務控除

1　債務控除の概要

　相続（相続人に対する遺贈を含みます。）又は包括遺贈により財産を取得した者[※1・2]が無制限納税義務者[※3]である場合においては、相続又は遺贈により取得した財産[※4]の価額から次に掲げるものの金額のうちその者の負担に属する部分の金額を控除します（相法13①④）。

---

①　被相続人の債務[※5]で相続開始の際現に存するもの（公租公課を含みます。）
②　被相続人に係る葬式費用
③　特別寄与者に係る課税価格に算入した特別寄与料（相法13④）

　また、相続（相続人に対する遺贈を含みます。）又は包括遺贈により財産を取得した者が制限納税義務者[※6]である場合においては、相続又は遺贈により取得した財産の価額から被相続人の債務で次に掲げるものの金額のうちその者の負担に属する部分の金額を控除します（相法13②④）。

---

①　その財産に係る公租公課
②　その財産を目的とする留置権、先取特権、質権又は抵当権等で担保される債務
③　その財産の取得、維持又は管理のために生じた債務
④　その財産に関する贈与の義務
⑤　相続人が死亡の際この法律の施行地に営業所又は事業所を有していた場合においては、当該営業所又は事業所に係る営業上又は事業上の債務
⑥　特別寄与者に係る課税価格に算入した特別寄与料（相法13④）[※7]

※1　相続人又は包括受遺者に該当する相続時精算課税の適用者を含みます（相基通13-9）。
※2　相続を放棄した者及び相続権を失った者（相続欠格事由に該当する相続人、廃除された相続人）が特定遺贈により財産を取得した場合には、債務控除の適用はありませんが、その者が現実に被相続人の葬式費用を負担した場合は、その者の遺贈によって取得した財産の価額から控除しても差し支えありません。
※3　相続税法第1条の3第1項第1号又は第2号の規定に該当する者
※4　非課税財産となる墓所、霊びよう及び祭具並びにこれらに準ずる財産、当該公益を目的とする事業の用に供することが確実な財産（相続税法第12条第1項第2号又は第3号）の取得、維持又は管理のために生じた債務の金額は、控除金額に算入しませんが、課税価格に算入された場合においては、債務控除できます（相法13③）。
※5　債務は、確実と認められるものに限ります（相法14）。
※6　相続税法第1条の3第1項第3号又は第4号の規定に該当する者
※7　特別寄与者が制限納税義務者に該当する場合、支払いを受けるべき特別寄与料が法第10条の規定により法施行地外にあるものとされるときは、当該特別寄与料の額は当該特別寄与者に係る相続税の課税価格に算入されないことから、相続人が支払う当該特別寄与料について、債務控除の適用はありません（相基通13-8の2）。

図表11-1-1　納税義務者区分別の債務控除の範囲

納税義務者区分		債務控除の範囲
相続人 包括受遺者 相続時精算課税適用者※1	無制限 納税義務者	・被相続人の債務で相続開始の際に現に存するもの ・被相続人に係る葬式費用 ・特別寄与者に係る課税価格に算入した特別寄与料
	制限 納税義務者	・国内財産に係る公租公課 ・国内財産を目的とする留置権、特別の先取特権、質権又は抵当権で担保される債務 ・その財産の取得、維持又は管理のために生じた債務 ・その財産に関する贈与の義務 ・被相続人が日本国内に営業所又は事業所を有していた場合において、その営業上又は事業上の債務※2 ・特別寄与者に係る課税価格に算入した特別寄与料
特定受遺者	相続放棄者、相続権を失った者 無制限 納税義務者	・被相続人に係る葬式費用
	相続放棄者、相続権を失った者 制限 納税義務者	・なし
	上記以外の者 無制限 納税義務者	・なし
	上記以外の者 制限 納税義務者	・なし

※1　相続人又は包括受遺者に該当しない相続時精算課税適用者は、該当しません（相基通13-9）。

※2　源泉徴収した所得税等で相続開始の際に未納であったもの並びに当該営業所又は事業所において生じた消費税、揮発油税及び地方揮発油税、酒税等で相続開始の際に未納であったものを含みます（相基通13-8）。

【チェックポイント11-1-1】債務控除

相続を放棄した者等の債務控除
　相続を放棄した者及び相続権を失った者については、債務控除の適用はありませんが、その者が現実に被相続人の葬式費用を負担した場合においては、その者の遺贈によって取得した財産の価額から債務控除しても差し支えありません（相基通13-1）。

2　債　務

　被相続人に係る債務で控除対象となるものは、相続開始の際、現に存するもので確実と認められるものに限られていますが、必ずしも書面の証拠があることを必要としないものとされています。なお、債務の金額が確定していなくても当該債務の存在が確実と認められるものについては、相続開始当時の現況によって確実と認められる範囲の金額だけを控除するものとします（相基通14-1）。

7 無体財産権
8 その他の財産
9 みなし相続財産
10 贈与加算財産
11 債務控除
12 相続税がかからない財産

(1) 債務として控除できるもの

図表11-2-1　債務として控除できるもの

> ① 借入金、未払金、買掛金、支払手形、
> ② 預り金、預り敷金、保証金等（返還しなければならないもの）※1
> ③ 定期借地権設定契約において預託された保証金※2（平成16年10月19日裁決）
> ④ 未払医療費、未払介護費用、介護施設未精算金
> ⑤ 未払の公租公課（相続人等の責めに帰すべき事由により納付等することとなるものを除きます。）
> ⑥ 死亡後に確定した被相続人の公租公課（準確定申告にかかる所得税・消費税、相続開始年度分の固定資産税、住民税、事業税、不動産取得税）
> ⑦ 被相続人が加害者であった場合の被害者に支払う損害賠償金（被相続人の過失責任によるもの）
> ⑧ 一定の要件を満たす保証債務※3
> ⑨ 被相続人が雇用していた従業員（青色事業専従者を除きます。）に対し、相続人が事業を承継せず事業を廃止したことにより支払った退職金（国税庁質疑応答）※4
> ⑩ 被相続人が合名会社、合資会社の無限責任社員である場合において、被相続人の負担すべき持分に応ずる会社の債務超過額
> ⑪ クレジットカードの未精算金
> ⑫ 契約上の支払期日が到来していない前受家賃等

※1　ビルの賃貸に際し、賃借人から預託を受けた保証金債務は、形式上長期かつ無利息等であるが、本件保証金の利息と賃貸ビルの賃貸料の額の一部とを相殺して約定されているものであり、経済的利益の額はないものと認められる（昭和57年6月14日裁決）。

※2　無利息債務の相続開始時の評価額は、通常の利率と弁済期までの年数から求められる複利現価率を用いて相続開始時現在の経済的利益の額を控除した金額とします。

※3　主たる債務者が弁済不能の状態にあり、保証債務者がその債務を履行しなければならない場合で、かつ、主たる債務者に求償して返還を受ける見込みがない場合に限り、主たる債務者が弁済不能の部分の金額を控除することができます（相基通14-3）。

※4　なお、退職金の債務控除を認めなかった裁決例には、「被相続人のもとで事業に従事していた相続人が、その事業を引き継いだ後において、被相続人が経営していた当時の退職金として相続人及び従業員に支給することとした金員は、被相続人の当時には退職給与規定もなく、かつ、従業員が退職した事実も認められないので、相続開始時における被相続人の債務として確定していたものではないから、当該金員は相続財産から控除できる債務ではない」（昭和48年11月28日裁決）としたものがある。

(2) 債務として控除できないもの

図表11-2-2　債務として控除できないもの

> ① 団体信用生命保険付住宅ローン※1（昭和63年4月6日裁決）
> ② 墓地、仏壇等の購入未払金又はこれに係る借入金（相基通13-6）
> ③ 墓所、霊びよう及び祭具並びにこれらに準ずる財産、公益を目的とする事業の用に供する財産（非課税財産）の取得、維持又は管理のために生じた債務（相法13③）
> ④ 個人の公益事業用財産（非課税財産に該当するもの）に係る債務
> ⑤ 保証債務及び連帯債務（上記「債務となるもの」の⑧を除きます。）（相基通14-3）
> ⑥ 相続財産に関する費用（相基通13-2）
> ⑦ 相続財産の確保のための訴訟費用（東京地裁昭和46年6月17日）
> ⑧ 遺言執行費用（平成1年12月27日裁決）
> ⑨ 相続に係る弁護士・税理士費用
> ⑩ 特別寄与者が制限納税義務者に該当する場合において、特別寄与者に係る相続税の課税価格に算入されない相続人が支払う当該特別寄与料（相基通13-8の2）。
> ⑪ 特定遺贈により財産を取得した内縁の妻が負担した被相続人の債務（相法13）※2
> ⑫ 制限納税義務者が負担した被相続人の葬式費用（相法13）
> ⑬ 仮差押えされている物件を相続した制限納税義務者が負担した被相続人の損害賠償債務（東京地裁平成22年7月2日）

⑭　相続の開始の時において、既に消滅時効の完成した債務（相基通14-4）

⑮　限定承認した相続人が本来の相続財産の価額を超える債務を負担した金額

⑯　契約上の支払期日が到来している前受家賃等、定期借地権の前受収益

⑰　土地区画整理事業で見込まれる減歩部分に相当する金額（昭和52年2月24日裁決）

⑱　林道工事に係る受益者負担金（平成3年12月2日裁決）

⑲　ファイナンスリース契約に基づく支払期日未到来の期間に係るリース料及びリース期間終了後に支払う
べき譲渡代金の合計額（平成20年4月22日裁決）

※1　住宅ローンの返済途中で債務者が死亡した場合に、債務者に代わって生命保険会社が住宅ローン残高を支払う保険契
約（昭和44年5月26日申告所得税関係個別通達「団体信用保険に係る課税上の取扱いについて」）

※2　負担した債務が負担付遺贈に該当する場合には債務控除の適用はないが、財産の価額は、負担額を控除した価額によ
るものとされています（相基通11の2-7）。

【質疑応答】債務控除

1　加害者が死亡した場合における損害賠償金についての債務控除
　　被相続人の運転する自動車が交通事故を起こし、被相続人は即死し、同乗していた被相続人の配
偶者の妹は現在入院加療中です。そこで、配偶者は、妹に対して見舞金、治療費などとして300万
円を支払いましたが、この金額は、相続税の計算上債務として控除できますか。

2　被相続人が雇用していた従業員を相続開始後に解雇し退職金を支払った場合の債務控除
　　　　個人事業者が店舗焼失と同時に亡くなりました。相続人は、事業基盤がなくなったことから、
その事業を承継せず、被相続人が雇用していた従業員を解雇し、退職金を支払いました。この場
合の退職金は、相続税の課税価格の計算上債務として控除できますか。

3　合名会社等の無限責任社員の会社債務についての債務控除の適用
　　合名会社、合資会社の会社財産をもって会社の債務を完済することができない状態にあるときに
おいて、無限責任社員が死亡しました。この場合、その死亡した無限責任社員の負担すべき持分に
応ずる会社の債務超過額は、相続税の計算上、被相続人の債務として相続税法第13条の規定により
相続財産から控除することができますか。

4　限定承認をした後に退職手当金が支給された場合の債務控除
　　　　被相続人の消極財産（債務）の価額が積極財産の価額を上回るため、相続人は限定承認を行いま
したが、その後被相続人の関係会社から退職手当金が支給されました。この場合、相続税の課税
価格の計算上退職手当金の額から債務を控除することができますか。

3　葬式費用

(1)　葬式費用として控除できるもの

図表11-3-1　葬式費用として控除できるもの

①　葬式若しくは葬送に際し、又はこれらの前において、埋葬、火葬、納骨又は遺がい若しくは遺骨の回送
その他に要した費用（仮葬式と本葬式とを行うものにあっては、その両者の費用）（相基通13-4）

②　葬式に際し、施与した金品で、被相続人の職業、財産その他の事情に照らして相当程度と認められるも
のに要した費用（読経料、御布施、戒名料、車代等）

③　葬式の前後に生じた出費で通常葬式に伴うものと認められるもの（死亡広告費用、会葬御礼に要する費用、
お通夜の費用、飲食等に要した費用、死亡診断書の作成費用、納骨手数料）（相基通13-4）

④　相続を放棄した者及び相続権を失った者が負担した葬式費用（相基通13-1）

⑤　死体の捜索又は死体若しくは遺骨の運搬に要した費用

⑥　告別式が行われた後、死後49日目に行われた偲ぶ会、お別れの会（平成26年1月10日裁決）

⑵ 葬式費用として控除できないもの

図表11-3-2　葬式費用として控除できないもの

① 香典返戻費用（相基通13-5）
② 墓碑及び墓地の買入費並びに墓地の借入料（相基通13-5）
③ 法会に要する費用（初七日、49日、1周忌等が含まれます。）※（相基通13-5）
④ 医学上又は裁判上特別に処置した費用（遺体解剖費用）（相基通13-5）
⑤ 制限納税義務者が負担した葬式費用（相法13）
⑥ 遠隔地から葬式に参列するための親族の交通費等（平成30年2月1日裁決）
⑦ 葬儀に際して支払った親族の喪服借用料
⑧ 永代供養料（東京地裁平成30年11月30日）
⑨ 葬式当日の葬式終了後に行われた会食の費用（平成10年6月12日裁決）
⑩ 位牌購入費（白木位牌を除きます。）、仏壇仏具購入費

※ 告別式と初七日を同時に行った場合は、親族や身内のみで行われる法会とは異なるものと考えられ、葬式の前後に生じた出費で通常葬式に伴うものと認められるので、葬式費用に含めて差し支えないものと考えます。

【チェックポイント11-3-1】葬式費用

　告別式を2回に分けて行った場合の相続税の葬式費用の取扱いについて
　告別式を死亡時の住所地であるA市と出身地であるB市の2か所で行い、納骨はB市での告別式の約1月後に行った場合、A市及びB市での告別式に要した費用のいずれも葬式費用に該当すると解して差し支えない（平成22年11月5日名古屋国税局 文書回答事例）。

7 無体財産権

8 その他の財産

9 みなし相続財産

10 贈与加算財産

11 債務控除

12 相続税がかからない財産

第12章　相続税がかからない財産

1　非課税財産

次に掲げる財産の価額は、相続税の課税価格に算入しません（相法12）。

図表12- 1 - 1　非課税財産等の概要

取 得 者		相続（遺贈）取得財産
相続人		墓所、霊廟、墓地、墓石、おたまや、祭具、庭内神し、神たな、神体、神具、仏壇、位牌、仏像、仏具（相法12①二）
		死亡保険金で非課税限度額までの金額（相法12①五）
		死亡退職手当金等で非課税限度額までの金額（相法12①六）
		国、地方公共団体に申告期限までに贈与をした相続財産（措法70①）
		公益社団法人若しくは公益財団法人その他の公益を目的とする事業を行う法人に申告期限までに贈与をした相続財産（措法70①⑩）
		相続により財産を取得した者が、申告期限までに特定公益信託に支出した金銭（措法70③）
	宗教、慈善、学術その他公益を目的とする事業を行う者※1	当該公益を目的とする事業の用に供することが確実と認められる相続財産（相法12①三、相令2）
	幼稚園等の事業の承継者	一定の要件を満たす教育用財産（相令附則④）※3
	心身障害者を扶養する者	心身障害者扶養共済制度に基づく受給権（相法12①四）
受遺者※2		墓所、霊廟、墓地、墓石、おたまや、祭具、庭内神し、神たな、神体、神具、仏壇、位牌、仏像、仏具（相法12①二）
		国、地方公共団体に申告期限までに贈与をした相続財産（措法70①）
		公益社団法人若しくは公益財団法人その他の公益を目的とする事業を行う法人に申告期限までに贈与をした相続財産（措法70①⑩）
		遺贈により財産を取得した者が、申告期限までに特定公益信託に支出した金銭（措法70③）
	宗教、慈善、学術その他公益を目的とする事業を行う者※1	当該公益を目的とする事業の用に供することが確実と認められる遺贈財産（相法12①三、相令2）
	心身障害者を扶養する者	心身障害者扶養共済制度に基づく受給権（相法12①四）
	幼稚園等の事業の承継者	一定の要件を満たす教育用財産（相令附則④）※3
	国若しくは地方公共団体	遺贈財産（相法1の3）
	持分の定めのない法人	相続税又は贈与税の負担が不当に減少する結果となると認められない遺贈財産（相法66④）
	上記以外の法人	遺贈財産（相法1の3、相基通9 - 2）

※1　社会福祉事業、更生保護事業、家庭的保育事業、小規模保育事業又は事業所内保育事業、学校又は認定こども園を設置し、運営する事業その他の宗教、慈善、学術その他公益を目的とする事業で、その事業活動により文化の向上、社会福祉への貢献その他公益の増進に寄与するところが著しいと認められるものを行う者。ただし、その者が個人である場合には、その者若しくはその親族等の特別関係者に特別の利益を与えることの事実がない場合に限ります。その者が法第66条第1項に規定する人格のない社団又は財団である場合には相続税施行令第2条第1項第2号及び第3号に掲げる事実がない場合に限ります。

※2　代表者又は管理者の定めのある人格のない社団又は財団を含みます（相法66）。

　　なお、法人に対する遺贈については、受贈法人に法人税が課税され、遺贈者（被相続人）には、遺贈財産を時価で譲渡したものとみなされ所得税が課税されます（所法59①）。

※3　被相続人により当該被相続人からの相続の開始の年の5年前の年の1月1日前から引き続いて行われてきた幼稚園等の事業を当該被相続人の死亡により承継し、かつ、教育用財産を当該被相続人からの相続又は遺贈により取得してこれを当該事業の用に供する相続人で、当該相続の開始の年以後の年も当該事業を引き続いて行うことが確実であると認められるもの（相規附則③）。

【チェックポイント12-1-1】非課税財産

> 1　非課税とならない祭具等
>
> 　金の仏像や金の仏具は、日常崇拝の目的に供されず趣味、観賞用又は投資のために保有されるものについては、非課税財産とはなりません（相基通12-2）。
>
> 2　相続を放棄した者が取得した死亡保険金、死亡退職金
>
> 　相続を放棄した者は法定相続人の数には算入されますが、相続を放棄した者が取得した死亡保険金や死亡退職金について非課税規定の適用はありません。
>
> 3　退職年金の継続受取人が取得する権利
>
> 　退職年金を受けている者の死亡により、その相続人その他の者が当該年金を継続して受け取ることとなった場合（一時金を受け取ることとなった場合を含みます。）においては、その被相続人の受給権が退職手当金等に該当していたものであっても、非課税規定の適用はありません。

【質疑応答】非課税財産

> 1　庭内神しの敷地等
>
> 　自宅の庭の一角に、弁財天を祀るための祠とその附属設備として鳥居があります。祠の敷地やその附属設備は相続税の非課税財産に該当しますか。　
>
> 2　町内会に寄附した相続財産
>
> 　　町内会に遺贈した財産は、相続税法第12条第1項第3号に規定する非課税財産に該当しますか。
> なお、町内会では、当該財産の果実をもって、町内会の経費に充てる予定です。
>
> 3　相続開始後に相続財産である山林について宅地開発を行い道路部分を市に贈与した場合の租税特別措置法第70条の適用
>
> 　相続により山林を取得した者が、相続税の申告書の提出期限までに当該山林について宅地開発を行い、開発によって生じた道路部分を市に贈与した場合には、租税特別措置法第70条第1項の適用がありますか。　
>
> 4　相続財産の寄附を受けた公益法人が当該財産の売却代金を法人の事業の用に供した場合
>
> 　　租税特別措置法施行令第40条の3第6号に規定する更生保護法人に対し、相続財産（区分所有建物の区分所有部分）を贈与しました。当該法人は、当該財産を売却し、その売却代金をその目的事業である更生保護事業のための資金に充てています。この場合、租税特別措置法第70条の適用に当たっては、当該財産は当該法人の公益目的事業の用に供されたこととなりますか。

2　災害減免法による減免

　相続等により取得した財産が、申告期限前に災害によって被害を受けた場合において、次の①又は②のいずれかに該当するときには、相続等により取得した財産の価額から、被害を受けた部分（保険金、損害賠償金等で補てんされた部分を除きます。）の価額を控除して課税価格を計算することになります（災害減免法6）。

　なお、この特例を適用される場合は、相続税の申告書に、被害の状況や被害額等を記載した相続税等の財産の価額の計算明細書を添付し、原則として申告期限内に提出する必要があります。

①　相続税の課税価格の計算の基礎となった財産の価額（債務控除後の価額）のうちに被害を受けた部分の価額（保険金、損害賠償金等により補てんされた金額を除きます。）の占める割合が10分の1以上であること。

$$\frac{被害を受けた部分の価額（保険金等により補てんされた金額を除く）}{課税価格の計算の基礎となった財産の価額（債務控除後の価額）} \geqq \frac{1}{10}$$

②　相続税の課税価格の計算の基礎となった動産等※の価額のうちに動産等について被害を受けた部分の価額（保険金、損害賠償金等により補てんされた金額を除きます。）の占める割合が10分の1以上であること。

$$\frac{動産等について被害を受けた部分の価額（保険金等により補てんされた金額を除く）}{課税価格の計算の基礎となった動産等※の価額} \geqq \frac{1}{10}$$

　※　動産等とは、動産（金銭及び有価証券を除きます。）、不動産（土地及び土地の上に存する権利を除きます。）及び立木をいいます。

7 無体財産権

8 その他の財産

9 みなし相続財産

10 贈与加算財産

11 債務控除

12 相続税がかからない財産

監修者紹介

渡邉 定義 （わたなべ　さだよし）

昭和55年、東京国税局採用後、国税庁総務課、人事課、東京国税局国税訟務官室、国税不服審判所（本部）、国税庁資産税課、国税庁資産評価企画官室、麻布税務署副署長、東京国税局査察部、調査部、杉並税務署長、東京国税局資産課税課長などを歴任後、平成25年国税庁首席監察官、平成27年熊本国税局長を最後に退官。平成28年８月税理士登録。

著者紹介

天 池 健 治 （あまいけ　けんじ）

昭和57年、東京国税局配属。資産税、所得税、法人税調査、土地評価、審理事務に従事。平成19年川崎北税務署を最後に退職。同年に税理士登録（東京税理士会所属）。天池＆パートナーズ税理士事務所開設、証券アナリスト協会検定会員、宅地建物取引士、税務会計研究学会会員、社団法人日本租税研究会会員　政治資金監査人、公認不動産コンサルティングマスター。

【主な著作】 税経通信2007年11月号「信託活用事例と税務」（税務経理協会）、税務弘報2008年２月号「「著しく低い価額」の判定」（中央経済社）、税務弘報2008年６月号「営業権評価の改正と問題点」（中央経済社）、別冊宝島1383号『税務署員が教える！バッチリ税金を取り戻せる方法』（宝島社）、『図解・表解 確定申告書の記載チェックポイント』『図解・表解 純損失の繰戻しによる還付請求書の記載チェックポイント』『図解・表解 小規模宅地等の特例 判定チェックポイント』（中央経済社）、『実務家のための所得税重要ポイント実践ガイド』（税務研究会出版局）

【事務所】 〒102-0083　東京都千代田区麹町５－２　K-wingビル６F
http://www.amaiketax.com/

平 岡 　 良 （ひらおか　りょう）

昭和55年、東京国税局配属。東京国税不服審判所横浜支所審査官、武蔵野税務署特別国税調査官、東京国税局税務相談官などで資産税事務に従事。平成30年税理士登録。

【主な著作】 『税務相談事例集―各税目の視点から解説（平成29年版）』（共著）（大蔵財務協会）、『相続税 更正の請求―Ｑ＆Ａと事例解説―』（共著）（新日本法規出版株式会社）

山 野 修 敬 （やまの　なおたか）

平成18年、東京国税局配属。国税庁や税務大学校、東京国税局等で資産税事務、審理事務等に従事。平成30年東京国税局課税第一部審理課を最後に退職。同年に税理士登録（東北税理士会所属）。山野修敬税理士事務所開設。東北税理士会会員相談室相談員。

【主な著作】 『相続税 更正の請求―Ｑ＆Ａと事例解説―』（共著）（新日本法規出版株式会社）、『非上場株式の評価実務ハンドブック 二訂版』（共著）（大蔵財務協会）

【事務所】 〒989-6116　宮城県大崎市古川李埣１－９－56　TEL：0229-87-5668
　　　　　　URL：http://www.yamanotax.com

図解・表解
財産評価ハンドブック

2021年11月10日　第1版第1刷発行

監　修　渡　邉　定　義
　　　　天　池　健　治
著　者　平　岡　　　良
　　　　山　野　修　敬
発行者　山　本　　　継
発行所　㈱中　央　経　済　社
発売元　㈱中央経済グループ
　　　　パブリッシング

〒101-0051　東京都千代田区神田神保町1-31-2
　　　電　話　03 (3293) 3371 (編集代表)
　　　　　　　03 (3293) 3381 (営業代表)
　　　　　　　https://www.chuokeizai.co.jp
　　　　　　　印刷／文唱堂印刷㈱
　　　　　　　製本／誠　製　本㈱

ISBN 978-4-502-40021-6　C3034